维柯著作集

Giambattista
VICO

大学开学典礼演讲集

［意］维柯 著　张小勇 译

上海人民出版社

中文版序言

意大利全国研究理事会（CNR）维柯研究中心（Centro di Studi Vichiani）衷心欢迎加姆巴蒂斯达·维柯（Giambattista Vico）的系列著作在中国翻译出版。维柯是意大利最伟大的哲学家之一，张小勇在从事维柯翻译工作的这几年中，跟我们有过多次合作。我们最初认识他是在2005年10月，那时他来到那不勒斯参加“维柯与东方：中国、日本和韩国”国际研讨会。他在发言中解释了他将维柯的拉丁文作品译成中文时所采取的标准。[1] 后来他获得中国国家留学基金奖学金，2008—2009整个学年在我们的研究所做客。他泡在我们的图书馆，时常跟我们的研究人员见面探讨，既探讨单个术语的意义和翻译，也探讨对维柯思想总体的解释。

维柯研究中心是在皮埃特罗·皮奥瓦尼（Pietro Piovani）的倡议下，作为一个学术研究团体，于20世纪60年代末在那不勒斯成立的，其后继领导者先后有富勒维奥·特希托雷（Fulvio Tessitore）和朱塞佩·卡恰托雷（Giuseppe Cacciatore）。它在20世纪80年代初成为意大利全国研究理事会的分支机构。维柯研究中心的主要宗旨曾是，现在也仍然是推进自由而开放的维柯思想研究，自由是指不拘于成见俗套，开放则是面向不同的解释，但前提基础是要对文本从语文学角度来精心释读。正是出于这个目的，维柯研究中心自成立之日起承担的首要的也是基本的任务就是，开始并完成维柯著作的系列批判版。该版本的初级目标是仔细严谨地核对由朱塞佩·费拉里（Giuseppe Ferrari）在19世纪和后来由贝内德托·克

[1] D.Armando，F.Masini，M.Sanna（eds.），*Vico e l'Oriente*：*Cina*，*Giappone*，*Corea*. Atti del Convegno Internazionale（Napoli，10—12 Novembre 2005），Roma，Tiellemedia，2008，pp.339—342.

罗齐（Benedetto Croce）与福斯托·尼科里尼（Fausto Nicolini）在20世纪提供的文本。克罗齐和尼科里尼的版本作为拉泰尔扎出版社（Editore Laterza）的宏伟系列“意大利作家”（Scrittori d'Italia）之一种，出版于1914—1941年间，它提供了一个有意简化的现代的维柯著作版本，其目的是将维柯从意大利传统文化中拯救出来。在使这些被传统忘却的作品便于阅读的过程中，克罗齐和尼科里尼没有逐字逐句忠实于原文。他们大量修改标点符号，改变拼写形式，插入方便阅读的段首，不拘小节地干涉文本。所有这些都属于一个特别的语文学时期。由于维柯研究中心的工作，人们可以认为，如今这个时期已经彻底宣告结束，维柯的著作已经有了更为可靠的版本。

迄今为止，维柯研究中心已经按照批判版预定的总计划出版了8卷，[1]其中包括维柯主要著作《新科学》未曾出版的1730年版。之后，在2012年将出版此书最为人所熟知的最终版本1744年版的批判版。这几卷书不仅在语文学规则，而且在外语翻译问题上引起了活跃而持久的争论。维柯翻译自19世纪后半叶就开始增加，而后逐渐扩展到新的国家和地区，[2]在这个过程中，那不勒斯研究中心的批判版文本得到了越来越多的利用。

除了批判版工作，维柯研究中心还有其他重要的编辑创举，特别是“维柯研究”（Studi Vichiani）文库和《维柯研究中心学报》（BCSV）杂志。这些编辑活动总是追随维柯的教导，即让语文学层

[1] G.G.Visconti（ed.），*Le orazioni inaugurali. I—VI*，Bologna，Il Mulino，1982；C.Pandolfi（ed.），*La congiura dei principi napoletani*，Napoli，Morano，1992；M.Sanna（ed.），*Epistole. Con aggiunte le epistole dei suoi corrispondenti*，Napoli，Morano，1992；G.G.Visconti（ed.），*Varia. Il'De mente heroica' e gli scritti latini minori*，Napoli，Guida，1996；M.Sanna（ed.），*Le gesta di A.Carafa*，Napoli，Guida，1997；G.G.Visconti（ed.），*Minora. Scritti latini storici e d'occasione*，Napoli，Guida，2000；P.Cristofolini，M.Sanna（eds.），*La scienza nuova 1730*，Napoli，Guida，2004；G.G.Visconti（ed.），*Le iscrizioni e le composizioni latine*，Napoli，Guida，2004.

[2] 关于《维柯与东方》（*Vico e l'Oriente*）出版以前的情况，卡恰托雷的报告仍然有用［参见G.Cacciatore，A.Stile（eds.），*L'edizione critica di Vico: bilanci e prospettive*，Napoli，Guida，1997］，另外，还有五年一期的《维柯研究文献》（*Bibliografia vichiana*）。

面与哲学层面保持平衡。

这个立场在2001年由于有了新的动力而得以保持并发展。那年，维柯研究中心并入意大利全国研究理事会下属现代科学与哲学思想史研究所（ISPF），从而不仅在学术地域上，而且在学术领域上都得到了扩展。由于计算机技术的帮助和网络的利用，[1]这些年里我们同全世界关心维柯思想的学者们加强了关系，维柯研究中心总是给予他们特别的高度关注。维柯研究中心始终有兴趣来了解维柯思想的传播，跟来自欧洲、美国、南美洲的学者们保持着紧密联系。在最近十年来，除了这些地区，我们跟远东国家的联系也越来越紧密，其中，首先是跟中国的联系。汉学家马西尼（Federico Masini）帮助我们跨越了这个对我们来说仍未探索的区域的语言障碍。他在2004年发表了一篇文章，阐释了中国维柯研究的起源以及最近的研究方向。他的文章表明，对这位那不勒斯哲学家的兴趣已经扩散到中国许多大学的校园，从北京到上海，从武汉到延安。[2]维柯研究中心每隔五年就编纂一部《维柯研究文献》，包括全世界出版的维柯本人和关于维柯的著作，其中就介绍了在2001—2005年间出现的10篇中文评论，而在2006—2010年间又有2篇。[3]正如马西尼所强调的那样，也正如在“维柯与东方”学术研讨会上所显现的那样，维柯在中国以及其他邻近国家所引起的兴趣似乎有着不同起源。马克思主义历史编纂学和英美学术界的研究，特别是中国的文化传统，对这种兴趣起了作用。实际上，维柯思想的特征之一就是批判笛卡尔所表述的西方理性主义，正是因为这个原因，维柯才被借来代表

[1] 自2009年起，现代科学与哲学思想史研究所创立了以“维柯门户”（Portale Vico）为名的门户网站，汇集维柯作品及维柯研究资料：http：//www.giambattistavico.it。此前，自2004年起，就开始出版电子杂志ISPF-LAB：http：//www.ispf-lab.cnr.it。

[2] F.Masini，“Vico in Cina e la Cina in Vico”，in *Bollettino del Centro di Studi Vichiani*，XXXIV，2004，pp.269—282.

[3] D.Armando，M.Riccio，*Settimo contributo alla bibliografia vichiana*，Roma，Edizioni di Storia e Letteratura，2008；A.Scognamiglio，*Ottavo contributo alla bibliografia vichiana*，Roma，Edizioni di Storia e Letteratura，2012.

东西哲学的碰撞点。

2005年的研讨会自然而然体现了发展意大利和中国维柯研究者之间关系的一个非常重要的时刻。[1] 值此机会，意大利的哲学家、历史学家和语言学家们将维柯完成的重要的独创性工作凸显出来，以便将东方也融入他的历史理论、社会起源理论和语言理论当中。而东方世界在维柯时代的意大利还只有很少的资料，由旅行者和传教士传递过来。从亚洲来到这里的学者们向我们揭示了在他们国家，维柯研究的成果是多么丰厚。中国北京大学历史系主任，历史学教授高毅描绘了中国的西方历史研究的一般画卷；上海社会科学院的陆晓禾研究员用中文和英文写过许多维柯研究作品，她在会上解释了参考研究这位那不勒斯哲学家的著作，如何能够在下述方面起到根本作用，即重建中国哲学基础，并使之有能力对当代社会问题作出回答；香港城市大学比较文学教授张隆溪强调了维柯遗产在跨文化研究和东西方沟通上的重要性。在该研讨会上，另一位汉学家萨巴蒂尼（Mario Sabattini）深化了哲学家和文学批评家朱光潜的形象，后者是将维柯《新科学》译成中文的第一人，该译文最初出版于1986年。

朱光潜并没有从意大利文原文，而是从英译本来翻译《新科学》，[2] 后来维柯作品的翻译也大都是以英译本为基础转译的；只有陆晓禾在从利昂·庞帕（Leon Pompa）选编的《维柯选集》（*Selected Works*）英译本翻译的同时，参考了意大利文原文。相反在日本，首先是上村忠男（Uemura Tadao）直接从意大利文和拉丁文翻译了许多维柯作品，韩国的 Cho Hanook 在翻译《新科学》时也是如此。张小勇的新的译作之所以非常重要，正是因为它们是直接从原文将维柯作品译成中文的系列翻译的开端。维柯是一位思想复杂、难于解释的哲学家，他的作品也充满了细腻色彩，而这只有熟知他的语言

[1] D.Armando，F.Masini，M.Sanna（eds.），*Vico e l'Oriente*：*Cina*，*Giappone*，*Corea*，cit.

[2] Cfr. Zhu Guangqian，"Postcript"，in *New Vico Studies*，V，1987，pp.186—188.

才能充分深入地理解。因此，张小勇的翻译满足了深入理解维柯文本的急切需要，而这也是维柯研究中心所开展的批判版工作的基础，同样也是对18世纪那不勒斯思想家编纂的原始文本的尊重。我们研究所提供了维柯文本的电子光盘，张小勇在那不勒斯留学期间，以及回到中国之后，就参考利用了这些原始文本。

从语言角度来看，在这部珍贵的译著中所包含的维柯作品特别复杂。译者在翻译过程中使用了保罗·克里斯托弗里尼（Paolo Cristofolini）编订的《维柯哲学著作选》（*Opere filosofiche*）所提供的拉丁文本，因而避免了通过意大利文转译的障碍。这展现了一种正确的方法论立场，当然应作为典范，但更重要的是，这一翻译工作使得更多的、更广泛的读者大众能够跟我们一起来厘清，什么是久存于我们心中的“维柯问题”。我们祝贺张小勇获得成功，并祝愿他在这条路上继续走下去。

意大利维柯研究中心

Manuela Sanna，

David Armando

2012年2月

译者序言

维柯生平与著作

维柯（Giambattista Vico，1668—1744）是意大利近代以来最具创新性的伟大思想家。他 1668 年生于意大利，终生都在意大利南部那不勒斯度过，终生都守着那不勒斯大学的一个修辞学教职，终生都生活在异族的统治之下[1]，而他的伟大著作也终生都未得到同时代人的真正喝彩。维柯死后多年，他的星光才逐渐将世界照亮。维柯在他生命的前半段（39 岁以前）差不多沉浸于古希腊、古罗马的思想资源当中，这时期他有两大导师，一位是柏拉图，一位是塔西佗。只是在 39 岁以后，维柯才逐渐将思想重心转移到近代，这时他遇到的两大导师，一位是培根，一位是格劳秀斯。此外，尽管他一直将亚里士多德与柏拉图对立而贬抑前者，但维柯很多思想资源显然来自亚里士多德。尽管他根本不把笛卡尔看作他的导师，只是看作思想对手，但笛卡尔对维柯思想的影响却横贯始终。尽管维柯终生沉浸于古典思想之中，也以教授古典思想为业，但他从未脱离近代科学文化潮流。相反，他对古典思想的精深理解，使他对近代科学的批判更加入木三分。

纵观他的思想和作品，维柯仿佛就是从古典世界走出来的异客，他的思想发展好像就是逐渐与现代思想相合相融的过程。古典与现代初步结合产生的结果就是最早的六个大学开学演讲（1699—1707），倡导的主要是古典精神；而后他开始对现代思想进行批判，在批判中整合古今文化资源，产生了《论我们时代的研究方法》

[1] 维柯在世时，先是西班牙（1521—1707），然后是奥地利（1708—1733），最后是法国（1734—1860）统治那不勒斯。

(1708)；然后进一步融合的结果竟然是用最古老的哲学智慧来解决近代思想最前沿的根本问题：知识与真理，这是维柯融贯古今文理思想的第一次尝试，产生了《论意大利最古老的智慧》第一部《形而上学》(1710)；自 1713 年开始，维柯开始着手写作他的历史作品《安东·卡拉法的生平》，并于 1717 年出版，同时批注格劳秀斯的《战争与和平法》，哲学、历史和法律开始融合；自 1720 年至 1722 年，维柯先后出版了他的拉丁文巨著《普遍法》的三个部分：《论普遍法的唯一原则和唯一目的》、《论法学家的恒定一致》和《注释》，这里他第一次采用哲学、史学和法学三位一体的方法，从法哲学的角度将古典与现代世界衔接起来，他所做的仍然是试图从古代世界去寻找整个人类世界的普遍图景，只是他的作品最终仍然落入近代以来的法学形而上学的窠臼。

意识到这一点，维柯开始构思他的"新科学"。1725 年，维柯先后写了两个版本的《新科学》，先是采用否定形式，但因卷帙浩繁、论述繁复而未能付诸印刷，原稿也已遗失；在同年采用肯定形式匆匆成书，此即第一版。到 1730 年第二版，维柯在写作体例上有了重大变化。第一版里，哲学与历史虽然在精神上统一，但形式上仍然分立。第二版里，哲学与历史就真正融合起来了。如果与《普遍法》相比，可以看出维柯思想越来越远离形而上学路线，或者不如说形而上学越来越融入，甚至消失在历史和法律当中。1744 年第三版不过是一些增删补正，虽说对第二版有所丰富，但并无重大变化。

概要介绍

提起维柯，我们总是将他与他的名著《新科学》联系起来。在维柯的时代，"新科学"这个名词是极为常用的，然而能够作为"新科学"存留至今，且历久弥新的，却寥寥无几——不过，我们可以肯定地说，维柯的《新科学》当之无愧。但是，维柯的思想是如此之新，以至于维柯曾经慨叹自己的作品“犹如送入了沙漠之中”[1]，在那不勒斯沉寂了半个多世纪，而他自己则仿佛是一个行走在欧洲的荒原上的“新人”[2]。直到库克（Vincenzo Cuoco，1770—1823）的《关于那不勒斯革命的历史评论》（*Saggio storico sulla rivoluzione napoletana*，1799），才开始将维柯塑造为一个与他的时代“隔绝”的形象，认为他批判了当时那不勒斯的思想革命运动，且与当时欧洲的启蒙运动相对立；同时他又认为，维柯超越了他的时代，并且是18世纪和19世纪德国文化的先驱。[3]米什莱（Jules Michelet，1798—1874）在他的《谈谈维柯的体系和方法》（*Discours sur le systèma et la vie de Vico*）中肯定了库克所描述的维柯形象，从此开始了维柯的欧洲命运。但此时的维柯研究主要服从于当时用历史方法反对笛卡尔主义的需要，并且将历史科学与自然科学对立起来。意大利复兴时代的唯心主义者克罗齐（Benedetto Croce，1866—1952）以及《维柯全集》的编纂者尼科里尼（Fausto Nicolini）加深了人们的这种印象。不过，克罗齐主要是从他的唯心主义出发来解释维柯的哲学的，他把维柯描述为自己的唯心主义的先驱。现代的维柯研究者罗西（Paolo Rossi）也支持上述关于维柯与当时文坛隔绝的神话，他把维柯解释为一个孤独褊狭的修辞学教授。[4]支持这种观点的学者们说，维柯既未从18世纪的欧洲文化中吸取什么有价值的素养，也没有教育他的同时代人，而他自己却是一个伟大的天才，伟大的总是让人误解。[5]然而，如今意大利的维柯研究者们通过细致的研究梳理，证明维柯不仅没有和18世纪欧洲的启蒙运动相隔绝，而且他本身就构成了这一伟大思想运动的一部分，是意大

[1] *Opere*，a cura di Battisttini，p.308，Al padre Giacco.

[2] Ibid.，p.309.

[3] *Questioni di storiografia filosofica*，*dalle origini all*，*Ottocento*，a cura di Vittorio Mathieu，Editrice La Scuola，1974，pp.586—587.

[4] 参见《维柯著作选》，利昂·庞帕编，陆晓禾译，商务印书馆1997年版，第7页。

[5] 同上书，第2页。

利对启蒙运动的重要贡献。他们证明，维柯在哲学思想上吸取了洛克的经验论和斯宾诺莎基于柏拉图和新柏拉图主义的文艺复兴哲学传统，在自然科学上也并未完全脱离当时的最新科学倾向。这方面的工作是由意大利的尼古拉·阿巴尼亚诺（Nicola Abbagnano）开创的，意大利那不勒斯的维柯研究中心贡献良多。他们也证明，维柯思想通过各种潜在的途径传入18世纪的欧洲其他地区，例如苏格兰的荷马研究，西班牙的诗学研究和法国卢梭关于人类社会起源的研究等。[1]当然，毫无疑问，几个世纪以来，维柯只是在意大利被奉为最伟大的民族哲学家，然而在意大利之外，尽管欧洲许多大思想家都在某种程度上可以追溯到维柯那里——正如现代哲学史家们所肯定的——但他们并没有给予维柯足够的重视。直到“二战”以后，随着英语世界维柯著作译本的问世，才在全世界兴起了一股维柯研究热。因为人们发现，不同时代、不同学科和不同立场的思想家们都可以与维柯进行有意义的对话，甚至把维柯看作是自己的先驱。维柯的主要著作《新科学》不仅构成了近代思想史的一部分，同时还跨越了近代思想，甚至当代思想，成为反思和批判现代性的必要工具；在哲学、法学、语文学、历史学、教育学、伦理学、政治学、社会学、修辞学、人类学、美学等各种学科领域的研究中，如果离开了《新科学》那就不能说不是一种缺憾，甚至是最严重的缺憾；无论是激进主义、保守主义还是自由主义者们，都能从维柯那里找到所需的资源。在维柯的思想与近现代思想的关联和文本互读上已经产生了无数丰硕的成果。从这方面来讲，维柯俨然一位现代的柏拉图。

然而，维柯思想有没有一个根本意图？如果有，那又是什么呢？考虑到这个问题，就必须对维柯思想有一个通盘的评价。意大利的维柯研究者们从20世纪初就开始了这项艰巨的努力，例如《维

[1] 参见《维柯著作选》，利昂·庞帕编，陆晓禾译，商务印书馆1997年版，第13—14页。

柯全集》第一卷的编纂者菲拉利（Ferrari）在该卷卷首所撰的文章《维柯的思想》（1914）以及柏拉图主义者阿科里（F.Acri）的《维柯的观念理论》。[1] 20世纪60年代以来，对于维柯思想整体的研究得到了全面发展。这体现为交互相关的两条路线。维柯研究者们不仅仅加深了维柯时代的文化背景和维柯思想产生的文化效应，而且开始突出关注维柯思想的古典来源和古典精神。前者强调的是向后的效应史，后者强调的是向前的谱系史。关于向前的谱系史维柯自己已经指明了方向，那就是他的四位导师。他将思想之根深深扎在古希腊哲学中（柏拉图），然而却更多地从罗马法和罗马史中（塔西佗）吸取营养，他要充分消化近代科学文化的宏伟发展（培根），要通过一种唯一的理性将一切科学艺术（首先是法学）融会贯通在一起（格劳秀斯），最后他还必须为基督教文化与异教文化找到一种共同的原则（奥古斯丁）。维柯面临的最大挑战就是笛卡尔所代表的近代性的挑战。为了对付这种挑战，维柯不仅诉诸包括古希腊、古罗马和基督教文化在内的古典思想和古典精神（早期六个人文演讲和《论我们时代的研究方法》），而且要穷究深挖处于哲学之前的诗性智慧和哲学之外的凡俗智慧（从《论意大利最古老的智慧》到《普遍法》，再到《新科学》），以期重新理解和塑造近代世界和人类精神。这样，在我们面前就展现出了一幅宏伟的思想史画卷。结果证明，维柯不仅新到比现代思想还新，而且老到比柏拉图还老。如此说来，研究维柯思想就必须研究整个西方思想史和问题史。只有同时把握这两个方面，才能够真正把握维柯的思想整体。当然，要把握维柯的思想整体和根本意图，全面理解维柯的著作就是必然要进行的工作了。

对维柯著作的理解同样存在两种方法。一种方法是仍然按照效应史的思路，把维柯思想的前后承继和关联看作研究对象；另一种

[1] "Delle teorie delle idee secondo G.B.Vico", in *Videbimus in aenigmate*, Bologna, Parmeggiani, 1907, pp.287—313.

方法则以对维柯的根本问题的理解为核心，通过对维柯的各种文本的全面解读，不断深化理解。但无论按照哪一种方法，对维柯文本的全面研究都是必不可少的。本书的翻译和详尽注释正是为了满足这方面的需要而做的。

编译说明

1698 年，维柯通过竞选方式赢得了那不勒斯大学的修辞学教授职位，这一职位的正式职责之一就是要求他每年的 10 月 18 日发表一篇新学年开学典礼演说。当然，由于大学教育制度的变革和当时政治形势的复杂变化，这一制度并没有一直传承下去。除了在维柯的《自传》中所讲到的八个演讲之外，维柯在《新科学》第二版出版之后两年又发表了第九个演讲，即《论英雄心灵》，前七个演讲在时间上连接较近，但第八演讲和第九演讲都相隔甚远。本书收集了维柯生平所作的大学开学典礼演讲，包括早期的六个演讲（1699—1707），第七个演讲《论我们时代的研究方法》(1708，简称《研究方法》)，第八个演讲在维柯的《自传》中虽有摘要（1719），但原稿已经丢失，题目《论一切知识的原则和目的》是编者根据内容摘要加上去的。[1] 第九个演讲《论英雄心灵》是在《新科学》第二版出版之后两年（1732）所作的。维柯自己曾经想把前面七个演讲放在一起出版，并且用这样的标题：《论学习的各种目的与方法》(*De finibus et ratione studiorum*)。不过，只有第七个演讲在作者演讲后的第二年出了单行本，不过是经过大大扩充了的，因此这个演讲比其他演讲都长得多，特别是其中论法学部分。第八个演讲虽然原稿已经丢失，但是

[1] 巴蒂斯蒂尼的注释说："这篇演讲从其题目来看，就已经显示出维柯这时的思想深受奥古斯丁的影响，并且渗透着新柏拉图主义。但这篇演讲的原文内容已经丢失。不过，这里的摘要被用于《普遍法》的撰写之中了，这部作品就是在同一时期创作的。"(《维柯著作选》，巴蒂斯蒂尼编，1990 年版，第 1287 页。)

其主要内容和观点都反映在同年所撰写的拉丁文巨著《普遍法》的概要和序言当中，故而编者在此将两者收录了进来，以便使读者能完整地看到维柯在人类教育方面的思想发展脉络。第九个演讲《论英雄心灵》是维柯在《新科学》第二版出版之后，对人类教育的一个重新思考，可以说是《新科学》在教育和政治方面的一个实践。本书选编理由基于两点，一是它们都是维柯的大学开学典礼演讲，二是它们正好都围绕着人类知识和人的教育这个重大问题展开。

关心维柯思想发展的读者可以从这里把捉维柯思想的来源、产生、形成和成熟，不过关于维柯的形而上学则需要再研读《论意大利最古老的智慧》(1710，简称《古代智慧》)。一般来说，六个早期演讲是维柯对人类世界的最初探索，其中就包含了后来几乎一切重大问题的萌芽；《研究方法》和《古代智慧》就是《普遍法》和《新科学》的材料准备、方法准备和思想准备阶段，在这个阶段形成了维柯的形而上学；《普遍法》开始把哲学、语文学和法学综合在一起，是对人类民族世界的自然法和普遍法的第一次伟大探索；《新科学》才把这三者真正融合在一起，特别是1730年版和1744年版，代表着维柯的思想达到了完全的成熟。在这个过程中，读者可以看到各种古代思想和近代思想之间进行着激烈的交锋，无论是从教育哲学史的角度来看，还是从哲学史和思想史的角度来看，都是那么的荡气回肠，他的开创性道路一直延伸到了当代的心灵和精神，等待着我们来重新阐发。

本书还突出了维柯研究的另一条道路，那就是通过人的教育问题来贯通维柯的思想发展和问题意识。在这里尤其适用上述维柯研究的第二种方法，也就是通过文本互读来逐渐深化对维柯的主导问题的理解。本书的内容说明了教育哲学的兴趣贯穿了维柯思想发展的始终，而这个问题恰恰和柏拉图思想的旨趣与意图相互照应。一般认为，维柯在早期演讲时期关注的是人类的个体教育问题，在《新科学》时期关注的则是人类的民族教育问题。由于维柯是遵循着人类的发育次序来思考人类教育问题的，因此通常就说维柯是从早期的人类个体发育理论过渡到后来的人类群体发育理论的。维柯的人类个体教育问题就反映在他的全部演讲中，从这个角度来看，他的演讲已经具有非同寻常的独立意义。如果考虑到上述问题意识和阅读方法，维柯的人文演讲的意义将得到进一步加深。一方面，从人文演讲来看《新科学》，很清楚的，它的主导线索就是教育和人性，正是通过这一点维柯才把古典和现代、哲学与历史完美地联结起来，而结合点就在于立法和释法的审慎智慧。另一方面，如果我们从《新科学》之后的第九个演讲来看全部开学演讲的话，可以说它们都是基于基督教背景下的理性时代的人的图像，面临的共同任务都是如何维护人类文明，使之不致遭受第三轮野蛮回归的腐蚀，培养全面的人和全面的公民。这个判断立刻使我们免除了对维柯人文演讲的流俗理解。从这一点上来看，我们也很容易将维柯与那个时代的三大教育思潮区别开来：人文主义的教育哲学、笛卡尔主义的教育哲学和耶稣会的教育哲学。文艺复兴时期的人文主义教育有两种基本形式：拉伯雷（François Rabelais，1483 或 1494—1553）的以知识本身为目的的知识形式主义和伊拉斯谟（Desiderius Erasmus，约 1466—1536）的以文学审美为目的的文学形式主义，他们和维柯一样都强调知识整体和古典文明，然而和维柯的公民教育——包括政治智慧和公民德性——却截然不同。据此，这里所讲的人文教育必须和人文主义的教育区别开来，或者说维柯的人文教育思想是一种新人文主义的教育。[1] 同理，笛卡尔主义的教育讲究的是清楚分明的观念和思维程序，可以说是某种理智形式主义。耶稣会的教育方式和教育体制无疑对维柯产生了巨大的影响。很明显的一点就是，耶稣会的教育首先是基督教教育的工具，教育的目标是为了培养虔诚的基督徒，他们毫无历史感地利用各种古希腊、古罗马的古典资

[1] 参见爱弥尔·涂尔干《教育思想的演进》中第十五、十六和十七讲，李康译，渠东校，上海人民出版社 2003 年版。

源。反映在维柯那里，就是如何处理宗教教育与公民教育之间的关系，实际上也就是宗教与政治的关系。至于当时随着自然科学的兴起而出现的实验经验的教育路线，同样也应该纳入公民教育这个主导线索中。

维柯的教育哲学

早期六个人文演讲在作者生前均未面世，直到19世纪才出现，于1868年由格拉索（Galasso）整理出版。在此之前，人们对这六次演讲的认识仅限于维柯在《自传》中通过并不完全忠实的摘要所做的介绍。坎托尼（Cantoni）曾在1867年写过一部维柯研究专著，但直到1870年他对维柯的六个人文演讲也只是用下面这番简评草草打发了事：维柯的人文演讲没有包含任何“很新鲜的东西……也没有得出任何结论”，而且“也没有脱离成千上万的开学演讲的流俗话语”。[1] 直到1884年，弗林特（Flint）才开始重视维柯在早期人文演讲中的哲学思想，主要是探讨维柯哲学思想的诞生情况。[2] 而后和克罗齐齐名的意大利哲学家金蒂莱（Giovanni Gentile，1875—1944）主要从维柯当时的思想环境上来考虑维柯思想的形成情况，他揭示了早期演讲的人文主义和新柏拉图主义的背景。[3] 相反的解释方向反映在科尔萨诺（Corsano）的专著《文艺复兴和宗教在维柯那里》，他认为，如果我们要认识到早期演讲的重要性，就不应该仅仅关注它们在维柯思想发展中的作用，而应该关注它们对于古典修辞的品味和模仿，特别是西塞罗。[4] 由此，对早期演讲的关心至少

[1] C.Cantoni，*G.B.Vico*，Torino，Galasso，1867. 他的评论见同一出版社的《新文集》(*Nuova Antologia*)，第十四期。

[2] R.Flint，*Vico*，Edimburg-London，1884.

[3] G.Gentile，*La prima fase della filosofia vichiana*，estratto dal volume in onore di Francesco Torraca，Perrella，Napoli，1912.

[4] Corsano，*Rinascimento e religione in G.B.Vico*，Laterza，Bari，1935.

可以从下面几条线索来看：它的古典源泉，包括苏格拉底、柏拉图、西塞罗和昆体良；它的近代源泉，包括新柏拉图主义、笛卡尔主义和以伽利略为代表的实验自然科学；它对于维柯后来思想发展的作用；它的独立意义也包含在它的人文教育思想中，从这个角度可以考察的就是在当时的人文主义教育、笛卡尔主义教育、耶稣会教育等教育思潮中，维柯的教育哲学有什么样的独特意义。关心这些问题的读者要留心本书中丰富的注释，它们提供了这方面研究的大量资料。

在早期演讲中，前三个演讲讨论的是学术研究的人性目的，第四、第五个演讲讨论了学术研究的政治目的，第六个演讲讨论了学术研究的基督教目的，合起来就是学术研究的目的这个课题。从第六个演讲开始，维柯就过渡到了学术研究的内容和次序问题。[1] 第六个演讲是尤为重要的一个桥梁。它将前面五个演讲的内容综合在一起，发展出了教育的几个原则。第一个是人性原则，教育必须符合人类的本性，必须在人类本性的基础上培养更为完善的人性，这个问题就是从第一个演讲的主要论点“认识你自己”开始的。从人性这方面来看，第一个演讲讨论人的神圣本性，第二个演讲讨论人的愚蠢本性，第三个演讲讨论人的无智本性，第四、第五个演讲讨论人的社会本性，第六个演讲讨论人的堕落本性，并且在第六个演讲中，一切人类本性就表现在人的神圣本性和堕落本性这两股张力之间，而社会性则贯穿始终。第二个是公民原则，在这个原则下面要求培育的就是在理性时代中的智慧公民，每一个公民都要培养出真正的政治智慧和公民德性。公民都有双重国籍：普遍城邦和国家城邦，相应的政治智慧和公民德性就是其公民权。第三个是整体智慧原则，它要求每一个人和每一个公民都要利用人类智慧的所有方面全面培养语言、心灵和精神的各种能力，改正这三个方面的堕落

[1] 参见维柯，《自传》，收入《新科学》1744 年版，朱光潜译，商务印书馆 1989 年版，第 670 页。

本性，因此，这个原则实际上要求的是用整体的智慧来培养整体的人和整体的公民。从这方面来讲，智慧就包括雄辩、知识和审慎，分别培育人的语言、心灵和精神。第四个是人类个体的发育次序原则，也就是学习研究的各项目的和各项内容必须从人类个体不同发育阶段的不同自然本性出发来安排，从这个角度来看，人类个体的精神教育必须分为三个阶段，即儿童时期、青少年时期和成人时期，在三个不同的阶段有着不同的学习内容和学习目的，例如儿童时期主要学习语言和历史，青少年时期学习数学和自然科学，然后通过审慎智慧和雄辩术的培养逐步过渡到成人阶段，最终成为真正的人和真正的公民。前面三个原则就这样融会在第四个原则之中了。在这个阶段，教育的两个基本要素可以归结为：智慧教育和德性教育。

这个时期的维柯在继承吸收笛卡尔哲学的时候，使理性推理和哲学反思在很大程度上支配了上述人类教育的两个基本要素，因而在创造力和人的能力的全面培养上重视不足。在智慧教育上，维柯虽然提出了与个体发育的不同阶段相适应的教育内容、目标和次序，但对于人类智慧的各种具体内容还未加探讨，特别是近代知识和古代智慧之间的关系还含混不清，因此不仅很难对笛卡尔哲学进行批判，而且还要把反思知识看作是智慧培养的首要目标或关键目标；在德性教育上，他虽然认识到了各种心灵能力的神圣性，并且提出了公民德性这个教育目标，但是还没有对人类的各种能力加以批判，例如各种智慧与各种能力之间的关系、各种能力的独特功能和局限以及灵魂能力的本性等，其中一个关键问题就是感性能力和理性能力各自的本性和关系，因而维柯偏重于理性反思能力的培养，主张削弱感性的记忆力和想象力。这些问题是在《论我们时代的研究方法》中得到解决的。

解决上述问题的关键就是对笛卡尔主义的批判。维柯的第七个演讲《论我们时代的研究方法》就是一种拒斥，甚至排除与笛卡尔的《谈谈方法》的对话，探讨的是方法论和认识论，其根本问题就是要在一切艺术科学门类中探讨人类认识的本性、价值、能力和界限。如果说《研究方法》是站在人类教育角度对笛卡尔主义的方法批判，那么《古代智慧》就是从形而上学角度对笛卡尔主义的真理批判、知识批判和能力批判。

维柯对笛卡尔主义的批判是从古今智慧的全面批判开始的。正是这样一种整体智慧的眼光使维柯认识到了笛卡尔主义的弊端，从而走上全面批判笛卡尔哲学的道路。同时，这种批判就是对理性时代的人类教育进行检讨，也就是我们用什么内容、什么工具、什么方式来进行教育，最后要达到什么样的目标。只有先对教育内容进行全面的检讨，才有可能正确地提出人类个体的教育原则和教育次序。从内容上来看，《研究方法》涵盖了从古代到近代科学技术和文化艺术的方方面面，包括几何学、代数学、物理学、机械学、化学、医学、伦理学、政治学、神学、法学、绘画、雕塑等各门科学艺术，以及显微镜、望远镜、指南针、活字印刷、船舰制造、圆顶教堂等各种工具和技术，我们可以将其分为文学艺术、审慎智慧和科学技术三个大的类别。对当时的新工具和新辅助物的检视说明，维柯充分吸收和理解了当时时代的各种新知识，包括笛卡尔形式主义科学方法、经验主义科学方法、人文主义方法等各种思潮。对笛卡尔主义的批判这时集中在研究方法上，特别是笛卡尔的批判法和分析法。其核心线索有两条：一是整体智慧的培养，二是创造力的培养和人类的创新精神。服务于这个目的，有两个问题主导着这篇演讲，用维柯自己的话说："其主要任务就是将各门科学研究中所用的方法和古人的方法相比，以便看到各自的优点和缺点，特别是我们的方法有哪些缺陷以及如何避免，如果不能避免又如何能用古人的优点加以补救；其主要目的则是将人的知识和神的知识能统一在一个唯一的原则之下，也就是使得一切神的和人的知识都能处处受一种精神的统治，并且在其所有部分都恒定一致，因而各门知识之间将会互有助益，不至于互相妨碍。同时，根据这种观点，维柯后来发展出了《普遍法》及其附录《论法学家的恒定一致》。”[1]《古代智慧》则进一步集中于笛卡尔知识论的核心，亦即几何学和物理学上面，并且将矛头直指笛卡尔的形而上学，最后确立了维柯自己的真理观、知识观和能力观，至此人类个体的教育哲学就最终确立了。

要注意的是，维柯批判笛卡尔主义的同时并没有完全拒斥笛卡尔主义，而是要给笛卡尔的方法划定界限，纠正它的缺陷和防止人们对它的滥用。这个特点贯穿于方法、真理、知识和能力批判中，即维柯要为人类精神的创造能力和创造成果划定界限，哪些是我们不能够说、不能够想和不能够做的，哪些是我们能够说、能够想和能够做的，我们又能说到、想到和做到什么程度，以及怎么去说、去想和去做。因此不能像站在克罗齐立场上的新观念主义者一样，把此时的维柯看作是怀疑论和不可知论者。事实上，维柯此时是既反对独断论，又反对怀疑论的。这个态度在《古代智慧》中就格外明显了，维柯的真理观就是同时针对这两者的。在《研究方法》中，维柯首先承认笛卡尔的批判法给予了我们第一真理，承认分析法解决了古人未能解决的几何问题，这些新工具给我们提供了前所未有的便利和好处，具有极大的优越性；各门科学和艺术互为工具，相互交叉，也带来了新创造和极大优点。但维柯的重点是要谈现代方法的弊端，以便从古代方法中找出补救措施；正是从现代方法的弊端中，维柯开始深思和批判现代方法的根基：真理观与能力观。

当然维柯并不局限于考察现代方法的弊端，维柯的目的是寻求极大地扩展人类智慧和能力的各个方面。即使维柯断定，批判法和分析法对于各类审慎智慧和文学艺术所要求的记忆能力和想象能力都有所损害，然而他在论述诗歌艺术和绘画雕塑等艺术的时候，还是大力肯定了几何训练对诗性谎言和诗性真理创造的有益作用，因为“诗人们也从观念和一般来考察真理”。哲学家和诗人们都同样从

[1] 参见维柯，《自传》，收入《新科学》1744年版，朱光潜译，商务印书馆1989年版，第675—676页。

事着人类教化的工作，只不过“诗人们在娱乐中教化，而哲学家们则严肃为之”。这种次序在《新科学》中颠倒过来，就是从诗性真理中诞生出哲学真理，而神学诗人们就是后来哲人形象的起源。不过，在审慎智慧和文学艺术教育中最主要的方式还是范例教育，几何训练和批判法只是帮助人们寻找更为恰当的真理方式。在范例教育中训练的是各种感性能力和模仿能力，同时也为理性能力的培养提供平台。所以维柯非常重视古代经典在学问研究中的教育作用。同时他又批评了范例教育的弊端，提出优秀的艺术典范虽然有益于但却更可能阻碍了任何一门艺术的创造和发展，因为艺术教育的本质就是创造力教育，艺术创造的本质就是人类天性的创造，而范例教育在提供了模仿对象和模仿标准的同时，却又压制了创造力的自由发展。但这不等于维柯不批判笛卡尔主义，因为即使是范例教育也已经压制了人类想象力和创造力的发挥和发展，更不用说理性反思的形式教育了，笛卡尔的批判法和分析法都属于此类。我们从维柯的论述中可以总结出：(1) 范例教育应该是人类教育的最初形式和基本形式，当然也应该先于笛卡尔式的理性教育；(2) 在推行尊崇理性教育的同时，范例教育应该是理性教育的补救方式；(3) 从人类创造着眼，创造力教育应该是理性教育和范例教育的根基，在理性和范例遏制了人类创造力的发展的时候，有必要推翻理性反思和经典范例，以便创造出新的理性和新的经典。因此，无论理性反思还是经典范例都不是至高无上的。

最能体现维柯与笛卡尔方法鲜明对立的人类知识领域就是各种审慎智慧研究：伦理学、政治学说、雄辩术、法学、神学等。在《研究方法》中维柯开始认识到近代思想中知识与审慎的分野：“今天我们研究的唯一目的是真理；而我们致力于事物的本性研究，是因为它看似精确；我们放弃人类本性的研究，是因为它由于意志而极不确定。”但这并不等于维柯反对知识的确定性和精确性。相反，维柯的《新科学》确立的就是关于人性科学的确定知识。更不是说维柯提倡人类教育应该恢复到古代的智慧教育和创造力教育，完全反对近代的理性反思的形式主义教育。不说维柯早期演讲把理性教育看作是教育的关键阶段和成熟标志，甚至要求理性能力压制和削弱感性能力；即使是《研究方法》和《古代智慧》都是极为强调人的理性能力培养的，缺少理性能力培养的人根本就不可能成为一个城邦中的合格公民，也不可能具有任何一个公民所必需具有的公民心灵。显然，维柯并不是像有些学者所错误地理解的那样，因为审慎智慧不具有科学所要求的确定性，因而批判科学知识的确定性标准；[1]相反，维柯将力图给予审慎智慧和人性科学某种确定性，甚至精确性，尽管可能并非笛卡尔主义意义上的科学确定性。此时的维柯还没有发现他自己的理论武器来对抗笛卡尔主义的确定性，确立人性科学的确定性。所以维柯此时并未要求人性学问成为科学，他的主要批判武器来自柏拉图的政治哲学路线，这一路线也是维柯自从发现柏拉图以来所终生坚持的思想路线。这一路线要求以人的精神而不是心灵为核心来对待人类教育，例如心灵是精神的心灵，而不是相反；这样最为人性的智慧当然就是伦理学说和政治学说，它们处理的是人类精神的善恶和人类社会的正义。相应地，修辞学也就是公民性、社会性和政治性三者统一的公民艺术。按照这一路线，苏格拉底把逻辑知识、自然知识和伦理知识归入到审慎智慧之下。据此，维柯批判笛卡尔主义即近代理性向古代物理学回归了，亦即近代科学将各种审慎智慧要么按照数理逻辑形式标准打入另类，要么就是力图把它们划归物理学名下，按照物理学原则来解释一切人性现象。我们还可以进一步把这里的物理学原则扩展为形式主义原则。无精神的形式主义不仅通过形式的确定性和精确性取消了人性学问的崇高地位，而且还进一步取消了精神这个政治观念，力图通

[1] 参见英译本《维柯论人文教育——六个开学典礼演讲》[*Giambattista Vico on Humanistic Education* (*Six Inaugural Orations* 1699—1707), translated by Giorgio A.Pinton and Arthur W.Shippee with an introduction by Donald Phillip Verene] 的导言。

过心灵来构造所谓的精神。按照这一看法，我们可以把近代思想发展看作是心灵取代精神的过程。这个过程的实质也就是政治哲学被阉割为政治科学的过程。从人类教育上来说，也就是心灵教育取代精神教育而成为教育的主导形式。其特点就在于回避由于人类意志自由而不确定的精神善恶，专注于人类心灵理性认知的真假。这已经是近现代人类教育的通病。由于现代知识教育正如笛卡尔所要求的那样，通过清楚分明的观念和推理，通过清楚分明的理性程序，就可以达到毋庸置疑的确定性，因此也就不再需要演说和雄辩；但是按照精神教育的原则，上述三种知识都应该践行于雄辩术中，以便通过雄辩术培养出智慧的公民。在维柯那里，科学与审慎的区分不是认识论的区分，而是政治哲学的区分，人类教育的区分。这种区分就奠基于人类精神这个标准。从这个标准维柯区分了四种人：愚人、聪明的文盲、不审慎的学者和智慧之人。这个区分把笛卡尔之流归入到不审慎的学者之类，柏拉图则属于既具有知识又具有智慧的人类立法者。这个标准表明实践生活优于沉思生活，审慎智慧优于知性科学，精神培养优于心灵培养。这个时期维柯的思想与早期演讲中的思想不同，在那个时候精神与肉体是一种完全对立的关系，尽管他并没有采取笛卡尔的精神与肉体截然分开的二元论，但肉体完全是应该用精神控制和削弱的对象；从《研究方法》开始，维柯就采取了精神与肉体的协同论，来对抗笛卡尔的思维实体和广延实体的二元论。关于这一点主要体现在维柯对雄辩术的政治功能的理解上，维柯虽然承认现代社会用法律来管理确实是人类的进步，然而演说雄辩的政治功能不应该被削弱或放弃，它仍然应该作为精神的直接治疗方式而加以保留。审慎智慧最重要的部分就是法学智慧。维柯从《研究方法》正式开始了他的法哲学研究，特别是第十一章论法学部分。在这一章维柯结合古罗马政体探讨了罗马法的演变，最早提出了他的阶级斗争思想，后来的《普遍法》和《新科学》都是从这里开始酝酿起来的。在这里论题法毫无疑问是先于批判法的。

最为突出的地方还在于维柯对于科学技术这方面的批判。维柯大力提倡人类在这方面的创新精神，一直到晚年的《论英雄心灵》，他还说“世界直到现在还很年轻”，尚有无数的成就等待我们去发现和创造。他批判笛卡尔物理学和几何学主要根据两个方面：一方面，他批判笛卡尔用分析法或者代数学教授几何学、用几何学教授物理学都遏制了人类创造力，压制了人类创新精神；另一方面，从真理观上来看，笛卡尔的形式主义把仅具有真似性的物理真理看作是绝对真理，他在几何学和物理学的关系上，提出了他那有名的论断：“我们能明证几何 [真理]，因为我们创造了它们；而如果说我们能够明证物理 [真理]，那就是我们曾创造了它们。[1] 因为，所谓真正的事物形式只存在于唯一的至大至善的上帝中，自然就是依据这些事物的形式而形成。因此我们只是像哲学家一样去研究物理学，实际上也就是构造我们的精神。”笛卡尔主义忽视综合法，偏重分析法；忽视实验经验，偏重理性思维；忽视归纳，偏重演绎。这些都是与物理真理的本性和人类精神的本性不相符的。所以，应该在辨明真理本性的基础上，以培养创造理性为目的，通过形式，通过综合法来学习几何学，这是对几何学弊端的补救；在物理学中，代数方法要以几何方法为中介，要重视实验方法和综合方法，要注意培养创造力，这是最好的补救方法。最后，政治哲学则是对科学技术的补救。

最后，与古希腊整体智慧观念相应的就是现代的大学教育，这里通过各种科学艺术来全面培养人在语言、心灵和精神各方面的德性，而这是古希腊所不具有的。

[1] 这个原则也许可以说是《论我们时代的研究方法》中最为人所熟知的论述，也正是《论意大利最古老的智慧》的真实与创造原则的先决条件，并在该书第七章末尾被引用；同样也是《新科学》第二版的先声（参见《新科学》1744年版，第331节）。不过，这里维柯考虑的仅仅是自然知识，尚未考虑历史世界，即历史世界由人创造，因而对人来说也是可知的。

维柯在《研究方法》中提出了整合判断教育方式。整合判断教育的基本原则就是：论题法教育先于批判法教育，常识教育先于理论教育，感性能力教育先于理性能力教育，艺术教育先于科学教育，范例教育先于逻辑教育，最后再做出整合判断。这实际上加深了维柯早期的整体智慧教育理论。这种教育方式的目标是："在科学研究中发本求真，在实践生活中审慎睿智，在论说言辩方面博大精深，在诗艺绘画上富于想象，而在法学上博闻强记。"在判明了各种能力的本性之后，就要求全面发展各方面的能力，以求协调均衡，不同的能力特性要求用不同的智慧内容和形式来加以培养。其中，语言、习俗、宗教必然是最初的以至最后的教育方式；其次是各种文学艺术；然后是各门科学知识以及宗教神学；培养政治智慧的要求贯彻始终，只不过在不同的年龄和能力阶段所要求的内容和形式不同，例如在童年和青少年时期要求的是较为感性的自然方式，主要是模仿和习俗；在具有了科学知识和理性反思之后，那么就要求有理性的推理，意志要服从理性；然而审慎智慧之所以是审慎，就在于它本质上并不是任何艺术或知识。最后不是要用理性来约束感性，而是要求用智慧来约束理性和感性两者；因为理性和感性一样提供的都是智慧的质料和形式，理性并非万能，感性亦非无知。它们共同的基本能力形式就是创造力，在创造这个层面上它们拥有共同的发言权。形式艺术也具有自己的真理形式，正如数理逻辑科学一样；自然物理知识和其他经验知识一样都是或然性的，最后都要服从于人类智慧的调控。在创造这个意义上，它们的真理形式是同一的。

第八个演讲显示出了维柯在前面所有演讲中所要追求的一个目标，那就是把一切知识都融合在一个唯一的大原则之下，该演讲的摘要清楚地显示了这一点。但这个原则同时被另外一个兴趣占据了，那就是要把一切原则解释到它们的原初形式上去，上帝代表着形而上学这方面的最初原则和唯一目的，语文学则要揭示出一切原则在历史意义上的最初形式。如果要理清维柯从早期演讲到这个时期的思想转化，《古代智慧》自然是必不可少的，因为是在那里确立了真实与创造之间相互转化这个真理原则，在那里确立了上帝作为一切知识的最终原则。也正是在那里开始了古代智慧的语文学探讨，但是这两者并没有在历史的意义上结合起来。在那里，语文学的证据毋宁说是维柯形而上学的一种注释，而不是证明。不过，从真实与创造之间相互转化这个真理标准出发，维柯有可能给原则找到一个新的定义，那就是原则不仅意味着一种永恒的形式，而且还意味着一样事物的真正开端，前者作为一种开端存在于形而上学之内，最终存在于上帝之内，后者作为一种开端存在于历史之中，必须由语文学来加以揭示。这预示着后来在《新科学》中的一条基本原理，那就是哲学必须和语文学相结合，真实必须和确定相结合，理性必须和权威相结合，这些原则在《普遍法》中已经提出来了。另一点比较重要的就是关于智慧的概念。我们在《论我们时代的研究方法》中可以看到，维柯通过对法学智慧的探讨，已经开始把智慧和法学智慧联系起来了，而且也更为强调后一种实践的智慧。如果下一个比较大胆的结论，那就是维柯的智慧概念从古希腊人转到了古罗马人身上，古罗马人的智慧是把古希腊人的智慧转化为实践智慧的智慧，其中最为关键的就是立法智慧和释法智慧。古罗马人的这种智慧比古希腊人的哲学智慧更为古老，也更为有效。拉丁语比起古希腊语来，也更多地保存了古代思想和制度的遗迹。因此，一切知识的起源和目的这个标题就通向了两个方向，一个是哲学，另一个是语文学，这两者必须通过宗教和立法才能结合起来。

第九个演讲中所表达的教育哲学理念可以看作是《新科学》的实践。维柯写作《论英雄心灵》时，已经判定当时是理性的人的时代，那么主要问题就是如何继续保持和发展已经发育成熟的人类文明，不致沦入第三轮野蛮复归状态。其关键就在于人类教育。维柯对这个问题的思考应该参考他的所有教育演讲。在这个演讲中，维柯谈到了教育的人性起点，教育的价值目标、德性目标和基本原则，以及教育的内容与方式等，前述演讲中很多地方在这里又重新提出来了。只不过，维柯给予它们新的尊严：英雄心灵。

文风文体与译名讨论

维柯的这几篇文章都是以演讲的形式出现的，在不吝啬使用文艺复兴后期的拉丁语汇的同时，又竭力恢复古典时代典雅华丽的风格，这种风格特别以西塞罗为代表。维柯大量使用比喻、排比等各种修辞手法，喜欢使用结构复杂谨严的长句，往往一个意思要用各种相近的词语来表达，因而气势雄浑壮丽，同时又有清晰的逻辑。因此，翻译难度之高实在令人望而生畏。如果不是由于译者的无知和坚毅，如果没有意译本和英译本的帮助，译者实在不敢将这些译文奉献在读者面前。即使有了这些译本的帮助，其中的错误和不当之处肯定还是很多，希望细心的读者能不吝指正，以便以后能够逐步完善。

关于一些重要的译名，在注释中已有详尽的讨论，读者可参见相应的注释。在这里要预先提出来的是下面几个：一个是 virtus，意大利文为 virtù，英文为 virtue，一般译作德性。必须注意的是，德性这个概念并非现代的伦理道德意义上的抽象德性。在古代乃至维柯时代，这个词的含义仍然具有两重特性，既指德性，又指能力，德就是能，能就是德。在《古代智慧》一书中，virtus 的主要命意就是能力（参见该书第四章）。关于此参见本书第 177 页注释［3］。另一个是 prudentia，意大利文为 prudenza，英文为 prudence，这个词在词源上讲具有预见、远见之意，后来的用法中既有审慎小心的意思，又有智慧明断的含义，一般译作审慎，也译作审慎智慧，以强调其智慧一面。参见本书第 178 页注释［1］。还有一个词是 ars，意大利文为 arte，英文为 art。维柯通常把 artes 和 scientiae 放在一起使用，也就是艺术和科学。有时候也单独使用，单独使用的时候一般都是包括艺术和科学两者在内，译者统一译作“艺术”。有一个要注意的地方是，维柯在 artes 前通常加上了 ingenuae（高贵的）、bonae（好的，优秀的）、humanae（人性的，人的）等限定语，意译本和英译本通常一律理解为 artes liberales，意大利文为 arti liberali，英文为 liberal arts，中译界有人译作“自由文艺”。第五个演讲中的 bonis literis，英译本也译作 liberal arts。不过，译者以为，维柯的“自由文艺”概念是有特定含义的，他自己从来没有直接使用过这个拉丁词组。故而译者宁愿直接按照字面意思来翻译这些术语。参见本书第 2 页注释 [3]。关于 literae，译者一般译作“学问”，是各种科学艺术乃至礼乐法度、文章教化的总称，不过在第五个演讲中由于它和武功相对，故而译作“文教”。参见本书第 2 页注释 [3] 和第 67 页注释 [2]。此外，可以提醒读者的是，维柯从来没有用过我们现在所说的“文化”（拉丁文和意大利文都是 cultura）一词，在类似的意义上他都是用 civilis（文明的，公民的）和 literatus（有学问的，有教养的）等来代替。

版本说明

本书中除第八个演讲中“《普遍法》概要”是从意大利文原文译出外，其余均根据拉丁文原文翻译，并参照意译本和英译本。意大利那不勒斯的维柯研究中心在得知译者决心从拉丁文和意大利文翻译维柯著作之后，给译者寄来了维柯著作初版的凸版复制光盘作为译文依据，在此深表感激。

1. 六个早期演讲（1699—1707）：均译自拉丁文原文，参考版本为保罗·克里斯托弗里尼的《维柯哲学著作选》(*Opere filosofiche*, testi, versioni e note a cura di Paolo Cristofolini, Sansoni Editore, 1990)。该版本中的拉丁文原文主要依照《意大利作家》系列中的金蒂莱和尼科里尼的校勘版《维柯著作集第一卷》(*G.B.Vico*, *Opere I*, Bari, Gius. Laterza & Figli, 1914)，并由克里斯托弗里尼校订，意大利译文由阿尔多·弗拉托亚尼（Aldo Fratoiani）翻译。其中，尼科里尼的拉丁文版是对维柯的拉丁文本进行语文学重构的最好结果，弗拉托亚尼的意大利文翻译也是最为清晰、最为紧密地遵照原文的。

关于演讲的注释，译作完成后，译者又参照了平顿和希培根据韦斯康蒂的校正注释版所译的英文本［*Giambattista Vico on Humanistic Education* (*Six Inaugural Orations 1699—1707*), from the definitive latin text, introduction and notes of Gian Galeazzo Visconti, translated by Giorgio A.Pinton and Arther W.Shippee, with an introduction by Donald Phillip Verene］。韦斯康蒂的拉丁文—意大利文对照版本是目前校正最为完善、注释最为丰富的本子，英译本移植了其中几乎所有的注释，并补足了引文。文中注释主要根据英译本译出，且标明为“英译本注”，实际上绝大部分应归属于韦斯康蒂，这一点是应该向读者说明的。译者的注释均标明为“中译者注”，下皆同此。

演讲的摘要摘自维柯《自传》，见安德雷·巴蒂斯蒂尼选编的《维柯著作选》(*Opere*，a cura di Andrea Battistini，1990，Arnoldo Mondadori Editore S.p.A.，Milano)。摘要原文为意大利文。应该说明的是，维柯这里所做的摘要并不完全忠实于原文内容。摘要中的注释标明为“意文本注”的，应归属于巴蒂斯蒂尼。

关于演讲的标题，在1709年5月到1710年2月间，维柯写下了七个演讲论点的纲要性陈述，想要把它作为希望出版的书的目录，完整的手稿包括从1699年到1708年发表的全部七篇演讲。参见克罗齐所编的《维柯文献目录》(Benedetto Croce，*Bibliografia Vichiana*，rev. and enlg. by Fausto Nicolini，2 vols.，Naples：Ricciardi，1947—1948，1：11)，亦可参考维柯，《自传》，收入《新科学》1744年版，朱光潜译，商务印书馆1989年版，第670页。

2. 第七个演讲《论我们时代的研究方法》和第九个演讲《论英雄心灵》均利用了意大利维柯研究中心的马佐拉（Roberto Mazzola）和切利诺（Ruggero Cerino）根据初版所做的维柯著作凸版复制光盘中的拉丁文原文，该光盘由意大利那不勒斯的现代哲学和科学思想史研究所编成，由鲁蓓蒂诺出版社于2004年出版。其中，前者由斐利奇·莫斯卡出版社出版于1709年，后者由那不勒斯大学的约翰·弗朗西斯帕奇出版社出版于1732年。译者同时参照了巴蒂斯蒂尼选编的《维柯著作选》，该版本为拉丁文—意大利文对照版。文中注释标明为“意译本注”的归属于巴蒂斯蒂尼。这个版本也是根据金蒂莱和尼科里尼的拉丁文版重新校勘的。此外，上海社科院的陆晓禾根据利昂·庞帕的英译《维柯选集》所翻译的《维柯著作选》（商务印书馆1997年版）选译了《论我们时代的研究方法》中的第一、二、三、四、七章，对译者也帮助良多。

第七个演讲的副标题为“在那不勒斯王国的皇家学院向青年学子们所作的庄严演讲，后经扩充”，考虑到这个标题对内容来说无关紧要，译者为在排版时美观统一起见，没有在演讲正文中列入。整个著作开篇的概要在 1709 年初版中并不存在，而是由尼科里尼从维柯在同一版本中为划分著作内容而作的眉批中摘录而来的，至于段落划分则属于尼科里尼。

3. 第八个演讲的原稿已经散失，它的摘要系根据维柯《自传》翻译而来，根据的本子就是巴蒂斯蒂尼选编的《维柯著作选》。正文内容选的是《普遍法》的概要和序言，其中，《普遍法》概要的原文为意大利文，序言的原文为拉丁文。在参照上述维柯研究中心的光盘版的同时，也参照了克里斯托弗里尼所编的《维柯法学著作：普遍法》(*Opere giuridiche*：*Giambattista Vico*，*Il diritto universale*，introduzione di Nicola Badaloni，a cura di Paolo Cristofoloni，1974，BY G.C.SANSONI S.P.A.，FIRENZE)，该版本为拉丁文—意大利文对照版。在翻译完成后参照英译本（*Universal Right*，translated from latin and edited by Giorgio Pinton and Margaret Diehl，Amsterdam-Atlanta，GA，2000）作了校订。

文中注释分为四类，有维柯原注、意译本注、英译本注和中译者注，都分别标明。

目录

一　全面培育我们的心灵的神圣能力

本演讲发表于1699年10月18日，提出要在其所有功能方面培养我们的心灵的神圣能力，其论点为："'认识你自己'是任何人尽快把握任何学术领域的最大动力"。维柯证明，人类心灵就相当于人之上帝，正如上帝就是大全的心灵。[1]他分别阐明了人类心灵的功能的种种神妙，无论是感知力、想象力、记忆力、创造力还是推理能力，它们都以何等快速、轻易而有效的神力，能在同一时间进行许许多多极不相同的工作。他阐明，人们可以发现，尚未沾染堕落的情欲和恶习的儿童，在三年或四年的游戏当中，就已经掌握了他们的土语的全部词汇。他还阐明，与其说苏格拉底把道德哲学从天上唤下人间，还不如说他提升了我们的精神。那些因其创造发明而被升入上天、列于众神之间的人，不过就是我们每个人的创造力。正如烟雾对于眼睛、恶臭对于鼻子都是有害的，同样，无知、受骗、错误也是心灵的敌人，因此，疏懒是完全应该遭到唾弃的。然而，无知之人仍然如此之多，这确实令人惊奇。我们之所以没有在所有方面都极为博学，那只是因为我们没有这样的要求，而当我们有了真正的意志，并受到灵感的指引，从而做出一些成就之后，我们会惊奇于这些成就仿佛不是由我们自己，而是由神来完成的。因此他得出结论：如果一个青少年在短短几年内没有遍及全部知识领域，首先就是因为他没有要求自己这样；如果他有这样的要求但却没有完成，那就是或者因为缺乏良师指

[1] 人的心灵作用于人的肉体犹如上帝作用于世界这个论点，是文艺复兴时期新柏拉图主义的思想，斐奇诺（Ficino）、泰勒斯（Telesio）和坎帕内拉（Campanella）均持有相同的观点。这个看法早在金蒂莱的《维柯研究》（G.Gentile，*Studi Vichiani*，Firenze，Sansoni，1927，pp.44—67）中就已经提出来了。这种关系后来在《意大利哲学史》（E.Garin，*Storia della filosofia italiana*，Torino，Einaudi，1966，II，pp.929—930）中又得到了肯定。——意文本注

点，或者因为缺乏良好的学习方法，或者因为他的学习目的并不是为了培养我们精神的某种神性。[1]

[论点]

“认识你自己”是任何人尽快把握任何学术领域的最大动力

的确，“我们的先辈们已经有了无数充满智慧的发明创造和习俗制度”[2]，在这些基础上创建的社会文明，其目的就是要通过各种安排，使得我们的生活能够美满而幸福；其中最有远见卓识的却是，他们规定，在每年的今日，我们要全面恢复因暑假而中断的学习研究，并要求我们用演讲来庆祝新学期的开始，且以此劝勉青年学子们，让他们以愉悦的精神准备好开始辛勤耕耘。然而，既然人的本性就是好逸恶劳、畏避艰险、舍难求易，所以非常需要，甚至有必要晓之以理，使他们决心投身于各门高贵的艺术和科学[3]的学

[1] 这里表现出来的热情和乐观主义，使人可以谈论维柯的某种“教育上的预言家思想”。这个思想贯穿了整个人文教育演讲以及维柯的《自传》。这个动因可以说是柏拉图式的，或者后来的斐奇诺式的。维柯这里直接取自西塞罗。参见西塞罗，《图斯库廊辩论》(Cicero, *Tusculanae Didputationes*)，I，52。——意文本注

[2] 西塞罗，《论自有住宅》(*De domo sua*)，1。——英译本注

[3] 各门高贵的艺术和科学(ingenuas artes et scientias)：意译本和英译本均译作通常所说的自由文艺，拉丁文为 artes liberales，意大利文为 arti liberali，英文为 liberal arts。关于自由文艺，古代用法主要指的是三科四艺，包括语法、修辞和逻辑三科，以及算术、几何、音乐和天文四艺。近代用法主要是指大学文理科，诸如文学、历史、语言、哲学、数学、科学等区别于技术学科或者职业教育学科的各种提供一般文化信息的学术学科。要注意的是，维柯从来没有直接使用过 artes liberales 这个术语，而宁可使用 ingenuae artes(高贵的艺术)、bonae artes(善的艺术，好的艺术)、humanae artes(人性的艺术)等用语，英译本经常把这些术语甚至 bonis literis(好的文教、文化，好的学问，见第五个演讲)等一律译作“自由文艺”。根据维柯本人的考证和用法，所谓的 artes liberales 本身真实的原初含义就是高贵的艺术，也就是 ingenuae artes，最初是和出身与身份相联系的，并且 liberalis 的词根 liber- 的复数形式 liberi 的意思就是贵族子女，而最早的贵族就是当地出生的人，即 ingeniti，也就是古希腊人所说的“大地的子孙”，这个词和 ingenuus 属于同一词源。参见《新科学》1744 年版，第 370、537、556 节。除此之外，考虑到维柯的这种用法可能具有的其他重要意义，同时更不愿歪曲维柯的原意，故而遇到这些术语的地方，中译者都直接按照拉丁文原文翻译，而不考虑意大利文和英文的移译。另外，通常情况下维柯把艺术和科学两者放在一起说，但有时也单独使用“艺术”来指代两者，类似于古希腊语中的 Τέχνη。——中译者注

习研究。因为，无论研究哪一门科学艺术，都离不开精神的最大努力，离不开高度的专心致志和辛勤汗水，离不开持之以恒的勤奋和敏锐的洞察力。和平社会的一切成果，很大程度上就汇聚在各种各样的学问研究中，它们要求我们必须加以培育；而我要说，所有这些成果就像大树孕育于种子一样，汇聚在这项极为有用的制度之中。我们这个时代的一个极为值得称赞的特征，或更可以说在这种社会文明中各种学问的幸运之处就在于，人们自幼年时起，就被一种对这些学问的令人惊叹和不可思议的渴望所吸引；他们并不热衷于某种凡俗而平庸的肤浅学说，而是要通过学习研究，孜孜以求达到对事物更加神圣和更加深刻、丰富多彩和多种多样的认识。[1] 正当我在思考这些问题的时候，恰好掌管此事的校长几天前给了我这样一个任务；虽然这个任务给得不合时宜，并且出人意料，我本可以有理由拒绝，但我当时认为这毫不困难，亦不麻烦，于是我就非常愉快地接受了。事实上，我还认为这对于一个无论如何不善言辞之人都是轻而易举的，因为他的演讲在于呼吁青年学子们去研究各门好的学问，而这些青年学子们怀着这样一种精神来聆听他的演讲，即他们为满足他们的学习渴望，甚至毫无节制，放任精神的无限热情。实际上这是一种追随圣贤的高度热忱，是它导引和驱使我采取了这个不够审慎的判断。因为，虽然当时我认为我的思考是根据正确的方法得出的正确结论，但是现在看起来已经不仅不能服人，而且从起点上就让人灰心失望。因为，具有高贵天赋的青年朋友们，你们并无必要，也不适宜用这些论证来引导你们热爱智慧；因为你们只要将你们的精神投入这些艺术之中就够了。有了这些艺术，如果你追求用益，那么就会有无比丰厚的成果；如果你追求愉悦，那么就将有无比的甘美在等待着你；如果你追求辉煌和伟大，你将会无比

[1] 西塞罗，《论演说家》(*Orator*)，163："人们应该选择最悦耳的言辞，但并不像诗人那样专门为了悦耳而选择，这些词汇应该取自日常语言"；也可参见贺拉斯，《诗艺》，243。——英译本注

荣耀，并且会发现，你能够无比确定而稳固地奠定不朽的名声。不过，实际上你们早已经熟悉了这个论点，并且认为这是众所周知的，毫不新奇。所以你们期望，我今天会讲出更为崇高的东西；而且尤其是，因为在你们的胸中涌动着的不是一个如此渺小的精神，以至于仅仅满足于某种单一的学说，并将一切容纳于其中。还可以这么说，在你们心中涌动着这样一股高贵的求知欲，即假如他并没有很好地耕耘过所有的学术领域[1]，也没有在任何学说上有如此精细入微的全面掌握，犹如仅仅在这一方面，他已经穷尽毕生之力，你们谁都不会认为他已经无比博学。那么我的听众们，我要奉献出什么内容，才能配得上你们的期望，并以此满足你们洋溢着青春气息的高贵精神，同时，这个论点又不委屈你们的希望和你们的尊贵呢？有什么能配得上这个无比神圣的智慧圣殿呢？又有什么论点配得上这极为宽广、极为辉煌的讲堂呢？这是我第一次来到这里准备我的演讲，尚不习惯；但看到你们济济一堂地团团围坐在我周围，每个人的面容和表情流露出热切的期待，这些不仅鼓励和感动了我，使我获得了力量和肯定，而且推动着我向着那更高的主题进军。于是今天我就向你们推出这个论点，以便仅仅通过这个论点，就使你们每个人都能认识到，不仅人人都能胜任，而且都能更好地迅速掌握各门优秀艺术和科学的整体。我所要讲的问题范围将围绕着这个核心和关键点而展开："认识你自己"是任何人尽快把握任何学术领域的最大动力。你们就是那高贵的青春的花朵和枝芽，我的这篇演讲也主要是为你们而作，所以振奋精神，倾心聆听吧；因为我信赖你

[1] 参见昆体良，《雄辩术原理》(Quintilian, *Rules of Rhetoric*)，I，10，1："我现在将简略地讨论一下，在把孩子们交给雄辩术老师之前，他们还应该具有哪些其他的艺术修养。因为正是通过这些学习研究，教育课程才被古希腊人描述为'百科全书式教育'，或者说一般教育应有的充分准备。"威特鲁维斯，《论建筑艺术》(Vitruvius, *On Architecture*)，I，8，12："所以他们就一个一个地开始走了出来，并开始接触到社会，这样他们就自觉地恢复起来了，因为体会到希腊风俗的快乐，便放弃了他们那粗鲁和野蛮的方式。因此……那些野蛮人就被文明的魅力软化了。"(Vitruvius，*The Ten Books on Architecture*，trans. Morris Hicky Morgan, New York，Dover，1960，p.55.）——英译本注

们的善意，希望它卓有成效，以使今天对我来说是一次成功的演讲，又能给你们带来丰厚的收获。

在为获得幸福生活而尊崇的许多最具智慧的箴言中，其中有一条无论从哪一方面来看，都绝对而完全地是为幸福这个目标而设，它就包含于古人在希腊德尔菲的太阳神庙用镶金字母所刻的两个词中：Γνῶθι σεαυτόν（认识你自己）[1]。这条律令是如此地广为称道，以至于无数人将它归于毕达哥拉斯，许多人归于米利都的泰勒斯，一些人归于比亚斯（Bias），另一些人则归于斯巴达的基罗（Chilo），他们每个人无论如何去看，都可以被认为是人类智慧发展史上的高峰；但由于在这条极为简短凝练的箴言中饱含了如此丰富的精美食粮，以至于要从任何极为智慧的哲人身上剥离出去，并且所有人都一致赞同，将它归于皮提亚神谕。如果对这条箴言作庸俗的理解，即人们之所以想到这个问题，就是为了压制精神的虚骄和消除人类的狂妄，那么它就不会如此著名了，因为到处都有不计其数的乃至无限的关于人性的脆弱和不幸的讨论。[2] 智者中的大雄辩家和雄辩家中的大智者西塞罗，他对此理解得较为深刻，他以其舌灿莲花之口揭示了这条箴言的神圣力量："人们说'认识你自己'，也就是说认识你的精神。因为肉体当然只是一个容器，或者说是精神的某种容身之所；任何出自你的精神的东西，也就是出自于你。因此所知若非具有神圣性，就不会是出自更为敏锐的心灵的教导，也就是说

[1] 柏拉图，《斐里布篇》(*Philebus*)，48c；《查密迪斯篇》(*Charmides*)，164e—165a："我几乎可以说，自我认识就是自制的本质，并且正是在这个意义上，我与那位把'认识你自己'敬刻于德尔菲神庙的先哲意见一致。如果我没有弄错的话，这句碑铭是作为神对进庙的人所打的招呼而放在那里的——但是把它看作是像日常的'嗨'一样那就不正确了，看作一种告诫即'要节制'要好得多……然而这就像是一个先知通过谜语的方式，把'认识你自己'和'要节制'表述成同一件事情，正像我所坚持的那样，也正如这句话暗含的意义，当然，它也可能作其他不同的理解。"《普罗泰格拉篇》(*Protagoras*)，343b；《大西庇阿篇》(*Greater Hippias*)，282e："苏格拉底，你一无所知……"——英译本注

[2] 参见西塞罗，《致昆图斯，他的兄弟》(*To Quintus, His Brother*)，III，5，7："你绝不能停下你的摇桨的手，也绝不能有这样的想法，即那广为人知的 *nosce teipsum*（认识你自己）仅仅是为了压制人的狂妄；它还意味着我们应该认识自己的天赋。"——英译本注

出自上帝的赠与。”[1]西塞罗就足够使我们理解到，这个无比智慧的神谕所关注的是，推动和引导人类去追求他们应该追求的和能够胜任的任何伟大而崇高的东西，因为人类的神圣创造力往往被过分的谦卑所打击，受到不自信的压抑，并消磨于对伟大事物的绝望之中。所以，认识你自己吧，青年学子们，生为智慧就要去追寻智慧。

“你会说：创造力的伟大动力就是从感觉中召唤心灵，从习俗中走向思想。”[2]是的，伟大的动力的确常常是伟大的进步。故聆听(collige)[3]你自己并认识你自己吧；认识你的精神吧；如果你不欺骗你自己的话，你会承认并且会发现，你的精神是如此高贵、如此伟大和如此卓越。“心灵的敏锐可以洞察一切，但在关注自己本身之时却会削弱自己”。[4]仅凭此你就要认知你的精神的神圣性，理解它是至大至善的上帝的影像（simulacrum）。就像上帝是通过一切被造物和一切包含在宇宙中的事物而被认识的一样，同样，精神是通过理性，精神正是由于理性而超越万物，通过感知和活动，通过记忆

[1] 西塞罗，《图斯库廊辩论》(*Tusculan Disputationes*)，I，52：“最重要的一点就是要认识到，灵魂只能靠灵魂自身才能去看，并且这肯定是阿波罗的那句箴言的含义，它忠告每个人应该认识自己。因为我不认为这一箴言的含义是我们应该认识我们的肢体、我们的体重或体形；我们的自我并不是身体，因为在我这样和你们讲话的时候，我并不是在和你们的身体讲话。当阿波罗说‘认识你自己’，他说的是‘认识你的灵魂。’”柏拉图，《阿克拜第篇》(*Alcibiades*)，I，124a；西塞罗，《图斯库廊辩论》，V，70；《论最高的善》(*On the Greatest Good*)，III，73；V，44；《论法律》(*On Laws*)，I，58，61。另外，还可以参见斐奇诺，《关于精神不朽的柏拉图神学序言》(*Preface to Platonic Theology on the Immortality of Souls*)，I，15—17：“那条神谕‘认识你自己’极为有力地强调，谁如果希望认识上帝，首先就要认识他自己。”(Marsilio Ficino: *Books of Epistles*，I，1 in *Marsilii Ficini Florentini*，*insignis philosophi Platonici*，*medici atque theologici clarissimi Opera ... Basileae*，*anno 1561*，p.659，34.）据考证，维柯所用的西塞罗版本为1549年使用了错误标题的版本，该书标题为《图斯库廊辩论，书第五部》。——英译本注

[2] 西塞罗，《图斯库廊辩论》，I，38；参见柏拉图《斐多篇》(*Phaedo*)，67c—d：“所以现在为我注定的这条道路，对任何其他同样相信他的心灵已经通过净化而做好准备的人来说，会给他们带来一个美好的前途……而净化……就在于尽可能地把精神从肉体中分离出来，并且使精神习惯于从所有肉体接触中抽身而出，自身关注自身，使他拥有自己的寓所，然后尽可能地独善其身，远离肉体的桎梏，无论现在还是未来。”西塞罗，《论众神的本性》(*On the Nature of the Gods*)，II，45；《西庇阿之梦》(*Scipio's Dream*)，29。——英译本注

[3] colligere：收集，采集。——中译者注

[4] 西塞罗，《图斯库廊辩论》，I，73；I，67。——英译本注

和创造力，而被理解为具有神圣性的。[1] 精神是上帝最为清晰的影像。精神在肉体中犹如上帝在世界中。上帝充盈于世界各种元素之中，同样精神也充盈于肉体各个部分；两者都纯粹而又轻盈地运行于任何分总离合以及任何肉体物质中。[2] 虽然上帝于世界中、精神于肉体中无处不在，但又不局限于任何地方。因为虽然上帝在天上移动星辰，在空气中发出闪电，在海中刮起风暴，最后在大地上滋生万物，但天空、大海和大地都不是上帝的囿身之所；人的心灵听于耳，视于目，怒于胸，笑于脾，知于心，理解于大脑，也不在身体的任何部分有其固定之寓。上帝包容一切，控制一切，上帝之外没有任何事物存在；[3] 而精神则如萨卢斯特（Sallustius）所说："它是人类的领袖，自身支配一切，拥有一切，而并不为谁所拥有。"[4] 上帝永远能动（actuosus），精神也永远劳作（operosus）。世界存活着，因为有上帝存在；但即使世界死了，上帝也仍然会存在。肉体能感知是因为精神的力量，但即使肉体消亡，精神却依然不朽。最

[1] 参见西塞罗，《图斯库廊辩论》，I，67："……力量、智慧、记忆力、运动的迅捷。这些事物都是真正重要的，都是神圣的，都是永恒的。"——英译本注

[2] 参见上书，I，66："灵魂的起源不可能在地上发现；因为在灵魂中并没有任何相混与结合的痕迹，或者任何微粒……因为在这些元素中没有什么拥有记忆、思考、反省的力量，也没有保存过去、预见未来或是把握现在的能力，这些能力只能是神的；不可能找到任何源泉，它到达人这里却不出自神……并且被我们所领悟的神本身，实际上只能被领会为被解放的自由的心灵，它与一切易朽的事物相脱离，能够意识一切、推动一切，并且自己就具有永恒的运动。"又见奥古斯丁，《上帝之城》（*City of God*），XXII，20："因为是上帝把生命的气息吹入泥土的面孔，人才被赋予了活的灵魂；这就像是说，你只是有灵魂之泥土，是你曾不是的东西；如果没有灵魂，你仅仅是泥土而已，这是你曾是的东西。"（trans. Marcus Dods，New York，Modern Library，1950；Marsilio Ficino *Books of Epistles*，I，1 = *Opera*，p.659，34—36）——英译本注

[3] 参见斐奇诺，《柏拉图神学》（*Platonic Theology*），XV，5（*Opera*，p.337、347）："灵魂的整体存在于身体的每一个微小部分中。"又参见普罗提诺，《九章集》（Plotinus，*Enneads*），V，1，2；VI，4，12。——英译本注

[4] 萨卢斯特，《朱古达战争》（*The War with Jugurtha*），2，3："简而言之，身体的善和财富的善既然有开始也就有结束，有起也有覆，有盈也有亏；只有精神是永不腐朽的，是永恒的，是人的主宰，它赋予一切事物以生命并支配着它们，而它自身却不受支配。"又参见柏拉图，《法律篇》（*The Laws*），896b—c："精神……已经展现自身为所有变化和运动的普遍原因了吗？……精神是先于肉体的，肉体则是第二位的，派生的，精神统治着事物的真实秩序，肉体则从属于精神的统治。"——英译本注

后，完全可以说，上帝是自然的创造者，精神则是艺术的上帝。哦，精神的这种独一无二的禀赋，如果不是因为肖似于至大至善的上帝，又怎么能够恰当而合理地解释呢？[1] 你一旦知道了精神的这种肖似性，也就知道了它的本性。这就是一种神圣的思想能力。哦，永恒的上帝，它的速度有多快！它的运动快如电光火石！它的职能多方多面，无穷无尽！它又是多么的灵巧而精准！但愿我的密涅瓦女神能赐予我足够丰富多样的演说形式，以使你们用思想，我用言词来捕捉精神的诸种德性！

对于这些德性我仅仅做一指引，而你们则去判断它们到底多么重要。首先，我们能在同一时间点上，通过感知或者信息（nuntius）理解千差万别的事物；以及精神作为极为睿智的法官，在众多事物的同一属中觉知到如此之多的不同差异，这样所辨别的差异越多，就越能有效地精细入微。对于这些如何来解释呢？是因为有这么一种语言，它拥有无限丰富的词汇，因而能给每一种个别的颜色以专有名称，从其特征区别出每种味道的不同，用许多不同的词汇描述所有气味吗？这实际上是一种塑造事物形象（imaginem）的能力，亦即想象力（phantasia）。当它生成和构造新的形式的时候，当然也就表明和肯定了它的起源的神圣性。它创造了无论头等民族还是次等民族的不同神祇；[2] 它同样创造了不同的英雄；它时而改造，时而联结，时而分离事物的各种形式；它将相距极远之物置于眼前，

---

[1] 参见西塞罗，《图斯库廊辩论》，V，38。——英译本注

[2] 维柯在这里提到了在古罗马宗教中大神和小神之间的区别，这个区别对于理解维柯后来关于贵族和平民之间的区别的思想是相关联的。大神（朱诺女神，维斯塔女灶神，密涅瓦智慧女神，克瑞斯谷物女神，黛安娜月神，维纳斯女神，马尔斯战神，墨丘利信神，朱庇特天神，内普顿海神，乌尔坎火与锻冶之神，阿波罗太阳神等）为最富有和有教养的上层人所崇拜（即贵族神），小神（赫拉克勒斯，卡斯特神，波吕斯神，埃斯科拉庇俄斯医药与康复之神等）则是因其出类拔萃的功绩而被大神提升至上天的（即平民神）。维柯在《新科学》中扩展了这个观念，参见第317、392、734节。关于此可参见拉克唐修，《神圣原理》（Lactanctius，*Divine Institues*），I，24；西塞罗，《论法律》，II，19；《图斯库廊辩论》，I，29；《论众神的本性》，II，62；奥古斯丁，《上帝之城》，VIII，5。——英译本注

将散乱无章之物融为一体，接近那不可接近之物，打开那幽暗封闭之门，于道路绝灭之处开山铺路。它的速度有多么快，多么不可思议！只要我说出麦哲伦大陆，你们就已经经过它了；只要我提到新地岛（Zemblam），你们就已经接近它了；当我言及海洋时，你们已经跨越它了；而当我呼唤上天的时候，用诗人的话说，你们就已经穿越了“世界之围墙”(moenia mundi)。[1]我们至今惊奇于太阳的运动路线，为完成一周它需要二十四小时的时间；而世界上还有这样的人，他们为每月一个夜晚而苦恼和抱怨！

但这只是关于人类心灵的神圣能力在较低层次上所能说的东西。因为心灵的知觉力多么敏锐！它的结合与分解的能力又是多么精微！它的推理运算又是多么的迅捷！[2]当我说到被亚里士多德赞叹备至的隐喻（tralacionem）时，例如我把葡萄酒杯称作“酒神巴克斯的圆盾”(Bacchi clypeum）时，在你们每个人心中激起了多少飞快的活动，比言语还快！[3]首先，在你们任何人的眼前都会出现战神马尔斯和酒神巴克斯，接着想到圆盾和酒杯。然后马上就把战神马尔斯和圆盾，酒神巴克斯和酒杯联系起来，确知战神用圆盾作为武器，酒神用酒杯来喝酒；然后根据它们各自所属的地方和区域，可知战

[1] 卢克莱修，《物性论》(*On the Nature of Things*)，I，73：“就这样，他的心灵的活力所向披靡；就这样，当他在思想和想象中游遍了无穷无尽的宇宙的时候，他就一直前进，直到穿越天空那烈焰熊熊的墙宇。然后他作为一个征服者回来领取他的奖品，那就是知识。”在17世纪，地理的研究和发现进入了一个不寻常的发展时期。关于这个问题参见英里努斯（Stephanus Morinus in *Dissertatio de Paradiso Terrestri*，in *Samuelis Bocharti Opera Omnia*，... *Lugduni Batavorum ... apud Guilielmum vande Water*，1692）的描述。其中，涉及了澳大利亚、极北地区、冰岛、格陵兰岛、新地岛以及现在俄罗斯的北部海岸。读者还可参见本书《论英雄心灵》，在那里维柯又赞美了这个时代伟大的地理发现。——英译本注

[2] 参见西塞罗，《论最高的神》(*On the Greatest Good*)，II，45：“在人与较低级动物之间的许多区别之中，最大的区别就是自然赋予了人以理性，赋予了他积极能动的理解力，使他能够在同一时间以不可思议的速度进行各种不同的操作，并且使他具有一种敏锐的嗅觉，让他能够辨明事物的原因和结果，让他引申出相似性，联结分开的事物，将未来与现在联系起来，总揽整个余生。”参见拉克唐修，《神圣原理》，VII，8；斐奇诺，《柏拉图神学》，XIII，3 in *Opera* p.297，23—25）。——英译本注

[3] 参见亚里士多德，《诗学》(*Poetics*)，1457b，20—22。——英译本注

神马尔斯和酒神巴克斯同属于上天，而圆盾和酒杯则属于大地；然后我们立即周游大地的各个角落，从其原因来界定其目的，并考虑圆盾和酒杯的特有用途，那么前者用于抗敌，后者用于止渴；我们继续沿着这种相似性，即酒神用酒杯犹如战神用圆盾，一个用于止渴，另一个用于抗敌；此外，当我们比较圆盾和酒杯的形状的时候，我们发现它们都属于圆形之物！我们再马上把这四种形状横向交叉起来，首先把酒杯画在战神马尔斯的左边，然后把圆盾画在酒神巴克斯的右边，最后人们就知道，圆盾是战神马尔斯的酒杯，而酒杯则是酒神巴克斯的圆盾。

哦，哲学，迄今为止你对精神这些活动的尊严揭示得是多么的少，因为你把心灵的这种劳作仅仅看作它的原初知觉（perceptiones），其实无数的以及如此多种多样的构造（compositiones）和推理（ratiocinationes），都是内在于这种劳作之中的。事实上，人类心灵借以在自身中构造事物，以及将事物从自身中区分出来的这种能力是如此的巨大，同时它也被赋予了灵巧和精准，以至于无论再雄辩之人也从未能够将其阐释清楚，更不用说我了。因为如何解释，仅仅通过眼睛的一瞥，我们就看到了事物的丑陋卑贱或歪曲畸形，如果不是这样，即在某一时间点上，举例来说，在透视和综观人的躯体的各个部分时，我们就在自身中构造、整理和察知到所有部分的尺度和功能，并且发觉何者和谐，何者出格，何者残缺或多余，以至于肉体分为多少部分（当然是几乎无限的），我们在同一时刻内就会形成多少判断？又如何解释，当精神一旦达到能够运用它的伴侣即理性的年纪，就在心中激起了对至大至善的上帝的崇拜呢？因为它认识了自己。当然，神的哲学做出了一系列和一整套的长长论证，阐释了它们之间如何相互关联以及在其自身内的所有合理性，通过这些人们才可以勉强说，他从对自己的认识过渡和上升到对上帝的认识。

听众们，稍稍听从我的判断吧，让我们聆听哲学的声音，聆听她证明和阐释我们精神的神圣性。

虽然人的心灵可以悬疑和质疑一切事物，但却从来不能怀疑“我思”这件事，因为怀疑本身就是思维。他也不能不承认他良知（conscia）到自己在思维这件事；从这种思之良知（cogitandi conscientia）可以得出的第一个结论就是某物存在，因为如果什么也没有，那么谁在思维呢？从而他自身感知到某种无限之物的概念（notionem）的固有存在，然后又可以得出结论，事物之内的所有东西应该就在于产生事物本身的原因中；这样又一次得出结论，即无限事物的观念必来自无限事物。这样人也就承认了自己的有限和不完善，同样，结果就是，他的观念诞生于某种无限之物，而他自己则是这种无限之物的某种特殊之物。由此可知，所谓无限之物在自身就容纳一切，并不从自身排除任何东西；这样又可以理解，观念本身来自至为完善的本性。这又可以推导出：至为完善者必定汇聚了所有的完善性质；然后再一次得出结论：任何事物都不能与之分割。由此可知，完善就是那存在。最后我们得出结论：这就是上帝。因为上帝就是一切，所以也就配得上一切的爱。哦，人类心灵的神奇力量，在自身内翻转自身，便引导我们达到对那最高的善亦即至大至善的上帝的认识！[1]

但你们之中可能有人会非常惊奇，并且发誓否认他在这个年龄（更不用说小孩儿了）通过这种所谓的理性锁链达到了对上帝的认识。到达确实是到达了；但其精神却不自知。你们之中任何人都可以每天盯着画家的画，但却看不到画家自己所看到的无数东西；他可以每天听着交响乐和歌唱，但“受过这方面训练的专家所能领会的许多美妙却自他的耳边溜走”。[2] 这是怎么回事，为什么呢？因为

---

[1] 整个这一段可以看作是笛卡尔《第一哲学沉思集》的一个简明的摘要，特别是第三个沉思。金蒂莱在《维柯研究》(Gentile，*Studi Vichiani*，third edition，Florence，Sansoni，1968，pp.54—56）中曾说，早期的维柯是一个“柏拉图式的笛卡尔主义者”。——英译本注

[2] 西塞罗，《前期学园派》[*Academica Priora*（Lucullus）]，20。——英译本注

他没有运用视觉艺术和听觉艺术，即绘画和音乐。你们之中任何人自孩提时代就有着伟大哲学家的表征，但由于他缺乏哲学训练，所以他一点也察觉不出来。那些为自己赢得了人类的永恒盛誉的哲学家、历史学家、演说家和诗人们，他们并不是因为别的原因而备受称赞，而只是因为他们能够比别人更为正确和更为敏锐地用心发掘那些人类精神的自然本性所带给我们的东西。这就是精神推理的速度，如我们所看到的；它就像一个旋转的陀螺，看起来静止，实际上运行速度无比之快。

但我为何要有失严肃地用这种游戏之物来解释如此庄重的问题？因为如果我用作为永恒之光的伟大源泉——太阳来作比喻的话岂不是更好？太阳也看似静止，却于静止之中完成了漫长的旅程。但"我要用更好的方式来称赞记忆力"[1]，因为有什么能比储藏万物和语词的无比丰富的人类心灵宝库更值得赞美和更为神圣呢？[2]所以，不朽的上帝啊，我们要尽早尽快地充实和丰富它；因此，每隔两年或三年，我们就要很好地记住所有应用于社会共同生活的语词和事物；这些语词和事物，如果一个词典编纂者要将其有条有理地编纂起来的话，写出的书籍必然汗牛充栋。又如何理解，给人类带来特殊用途或者伟大的奇迹和愉悦之人（或许不包括那些异教徒们，他们并不认识自身），他们要么将荣耀归于诸神，要么尊为诸神的赐予呢？由于法律是社会生活得以存续的手段，所以狄摩西尼

[1] 西塞罗，《图斯库廊辩论》，I，59。——英译本注

[2] 参见奥古斯丁，《忏悔录》(*Confessions*)，X，8："我要超越我本性的力量，拾级而上，趋向创造我的天主。我到达了记忆的领域和记忆的宽阔殿堂，那里是从各种各样的感官对象带进来的无数影像的宝库。那里也储藏着我们所思维的东西，亦即我们对那些感官知觉得来的事物进行增删或者以某种方式改变而成的东西。此外，我们思维的对象还包括其他被保存和储存在那里，还没有被忘却独占和埋葬的任何东西。当我置身其中的时候，可以随意征调各式影像，有些一呼即至，有些姗姗来迟，好像从隐秘的容器中抽拔出来，有些正当我找寻其他时，成群结队，挺身而出。"（中译本参见奥古斯丁，《忏悔录》，周士良译，商务印书馆 1963 年版，第 192 页。——中译者注）亦见同书，X，14。——英译本注

(Demosthenes) 将它称作“众神的赠与”[1]；其实这是类似于你们的人类的精神的赠与。人们说苏格拉底把道德哲学从天上唤下人间，[2]更不如说是他把精神引入上天。古希腊人将医学归于阿波罗神[3]，将雄辩术归于墨丘利神[4]；这些诸神就如同你们每个人。[5]俄耳甫斯[6]的七弦琴和阿耳戈斯[7]的船都被列于诸星座之中，这就以显明的证据肯定了你们的人类心灵的神圣性。简而言之，即所有因为造福人类社会而被古人置于上天的神，就是你们自己。[8]哦，令人惊叹的自我认识，看你把我们提升和抬举得如此之高！听众们，你们每个

[1] Marcianus Capella，*On the Laws and the Decrees of the Senate and on the Established Practice*，I，3，2；Demosthenes（Pseudo-），*Orations*，25，16.——英译本注

[2] 参见西塞罗，《图斯库廊辩论》，V，10：“另一方面，苏格拉底是第一个把哲学从天上唤回人间的哲学家，他将哲学置于城邦之中，并且带到每一个家庭，强迫人人对生活、伦理和所有事情都要问一个善恶。”又见西塞罗，《学园派哲学》[*Academica*（Varro）]，15：“瓦罗以下面的话开始：‘这是我的观点，并且得到了普遍同意，即苏格拉底第一个将哲学从由自然本身掩盖着的神秘面纱中召唤了出来，此前的哲学家都是站在那个角度上进行研究的。苏格拉底把哲学变成了日常生活的论题，以便探究各种德性和邪恶，以及一般意义上的善和恶，并且认识到，天上的事物要么离我们的知识非常遥远，要么即使它们完全被知道了，也与善的生活毫无关系。’”培根在《论学术的价值和进展》，I（*De Dignitate et Augmentis Scientiarum*，I，in *The Works of Francis Bacon*，in 10 vols.，London，1819，7: 85—86）中说道：“人称苏格拉底将哲学从天上唤下人间，也就是说，他抛开了物理学而仅仅推崇道德哲学和政治哲学。但是天和地都是以同样的方式协同一致地保护和帮助人的本性的，因而两种哲学都应该维护对于人来说基本和重要的东西，抛弃那些空洞的沉思与一切无用和无价值的东西。这样，科学……就将与哲学联姻，并且共同产生正直而有用的果实。”——英译本注

[3] 阿波罗神：Apollo，司预言、音乐、医药、诗歌之神。——中译者注

[4] 墨丘利神：Mercurius，罗马雄辩、商业之神。——中译者注

[5] 参见西塞罗，《图斯库廊辩论》，III，1；老普里尼，《自然史》（Pliny the Elder, *Nature History*），XXIX，I，2；贺拉斯，《颂歌》（*Odes*），I，10，1—3。——英译本注

[6] 俄耳甫斯：Orpheus，希腊歌神。——中译者注

[7] 阿耳戈斯：Argus，百眼巨人，希腊神。——中译者注

[8] 《旧约·诗篇》，82: 6（*Vulgate*，81: 6）：“我曾说，你们是神，都是至高者的孩子。”又参见皮科，《论人的尊严》（Giovanni Pico Della Mirandola，*On the Dignity of Man*，trans. Charles Glenn Wallis，Library of Liberal Arts，Indianapolis，Bobbs-Merrill，1965，p. 7）；斐奇诺，《书信集》（*Books of Epistles*），I，1；西塞罗，《西庇阿之梦》，26；《老加图论老年》（*Cato the Elder. On Old Age*），81：“此外，你真的没有见过比睡眠更像死亡的了；并且只是在身体睡眠时，灵魂才最清楚地显现出它的神圣本性；因为当它被解放并获得自由的时候，就能看见许多即将到来的事情。所以当它从肉体的束缚中完全释放出来之时，我们就知道灵魂的未来情形是什么。为此，如果我说的是真的，**那么就像珍爱神一样珍爱我吧**。但是另一方面，如果我的灵魂将与肉体一同腐朽，你这把众神当作这美丽宇宙的守卫者和统治者来崇敬的人，还会将我留在深情和神圣的回忆中。”（强调为英译者标出。）——英译本注

人都有自己的精神，如同自己的上帝：看的能力、听的能力、生成事物形式的能力、理解力、判断力、思考能力（colligere）以及记忆力，都是神圣的能力。看、听、发现和创造（invenire）、构造、推论以及记忆，都是神圣的。[1] 精神的明智、敏锐、精准、才能、创造力和敏捷，都是伟大而神圣的，都令人惊叹。

既然事情就是这样，既然人类就其本性来说已拥有许许多多如此优越的手段来探索智慧，还有什么阻碍和限制他们对各种学问的最美好的热爱呢？这种惊奇感我一直极为看重，因为探求真理就是人的第一特性，[2] 所以我们每天都渴望看见、听见和学到一些东西，而且每当我们发现了新事物或未知事物中的真实和确定之物时，内心就充满了快乐。自然造出我们就是要我们追求真理，创造力引领着我们，惊奇感支撑着我们；所以当我看到无知之人竟然如此之多，这确实让我极为震惊。因为正如烟雾对于眼睛、噪音对于耳朵、恶臭对于鼻子都是有害和敌对的，同样，错误、无知和受骗都是人类心灵的敌人。[3] 人若如此就再也不能认识他自己：他认识不到精神

[1] 参见柏拉图，《阿克西奥丘斯篇》（*Axiochus*，伪作），365e；西塞罗，《图斯库廊辩论》，I，65，66；V，38；老普里尼，《自然史》，II，5，14；拉克唐修，《神圣原理》，VII，22。——英译本注

[2] 西塞罗，《论义务》（*On Duties*），I，13："首先，追求真理和探究真理是人类之天性。所以，一旦我们从不可避免的事务繁忙中抽出闲暇，我们就热切地想看到、听到和学到新的东西，并且从中引出为幸福生活所不可缺少的对一切隐秘的或神奇的事物的认识。这样我们就可以理解到，一切真正的、纯粹的和真诚的东西是最适合人的自然本性的。不过在这种发现真理的激情之外，还要加上对高贵感的渴望，以便由自然所打造完好的精神不会屈服于任何人，除了制定行为规则的人，或者传授真理的老师，或者为了公众用益并且根据正义和法律而统治的人，由此诞生出精神的伟大和对世俗事务的蔑视。"（中译本参见西塞罗，《论义务》，I，王焕生译，中国政法大学出版社 1999 年版，第 15 页。——中译者注）——英译本注

[3] 同上书，I，18："对真理的认识最为切近地触及人的本性。因为我们都被吸引和牵引到一种对学习和知识的热切渴望之中；而且我们认为，在这方面出类拔萃是一种荣耀，相反，把陷入谬误、偏离真理、愚昧无知和误入歧途看作是卑贱和不道德的。"I，94："在拉丁语中所谓的 *decorum*（恰当，美好）和伦理上的善是分不开的；因为所谓恰当的也就是在道德上正确的，而在道德上正确的也就是恰当的。道德和恰当之间的区别的本质易于感觉，而难于表达。因为无论恰当是什么，都只有在道德公正已经存在的时候，才有可能显现出来……因为恰当就是合理地运用理性和语言，就是审慎处理所从事的事情，就是在任何事情中都辨别真理和坚持真理。相反的方面就是判断错误、迷失真理、陷入谬误和误入歧途——这就是不恰当的，它们使人精神错乱和失常。所有正义的事物都是恰当的，而所有非正义的……就是不恰当的。"——英译本注

的神圣力量，也把握不了所能从事之伟业。于是他们被遗弃在对崇高之物的无知之中，因为他们从未尝试借助精神的各种功能振翅高飞，将自己与任何伟大相提并论。别的人

能够，因为他们看起来就是有能力；[1]

然而为什么我们虽然有能力，但却看起来不能？所以只要我们尝试我们能做到什么，也就很容易确知我们已经能够做到什么。让我们唤醒内在于第一真理或几乎从它本身中涌流出来的事物的种种观念吧，它们幽闭于精神之中，仿佛是被埋葬的火种；同时也燃烧起对全部学问的热情吧。[2] 大家都知道柏拉图所讲的苏格拉底与一个少年的故事，那个少年虽然对于几何学一无所知，但却在一步一步地回答哲学家苏格拉底的极为容易和众所周知的小问题的过程中，阐明了几何学中正方形的面积问题。[3] 所有科学都是属于你们的，青年学子们，如果你们能够正确地认识你自己，那就是无上的幸运。所以要心无旁骛地倾心于各门科学的研究中。哦，那极为不名的好逸恶劳之声，绝不会沾上圣贤之人！为什么呢？因为他们绝不需要；当我们想要成为有智之人时，最为关键的就是意志（voluntas），关于它的巨大而令人惊叹的力量，诗人们说得很好：当他们渴望凭借想象力的帮助以把握某种伟大而崇高的东西时，就极为热情地投入其精神；当他们远离意志的动力，将这种伟大和崇高付诸诗行的时

[1] 维吉尔，《埃涅阿斯纪》(*Aeneid*)，V，231。——英译本注

[2] 西塞罗，《图斯库廊辩论》，I，57："我们从儿童时期就掌握了这么多重要而内在的观念，仿佛刻在我们的精神之中一样，实际上这不可能有其他的途径……除非是精神在进入肉体之前，就曾积极地追寻知识了。"《论法律》，I，33："自然对我们如此规定：我们彼此分有正义的感觉，并且将它传递给所有人。在整个讨论中我要大家理解的是，我们所称的大写的自然就是［自动印在我们身上的自然］。" 同样可参见《图斯库廊辩论》，III，2；《论最高的善》，V，18。——英译本注

[3] 参见柏拉图，《曼诺篇》(*Meno*)，82a—85e；西塞罗，《图斯库廊辩论》，I，57。——英译本注

候，精神那风一样的活动就离他们远去了，所以他们相信，这是属于某种更为高级的心灵的能力，而不是他们自己特有的能力。[1] 相应地可以如此肯定：如果精神不是被贪欲和邪恶的欲念瓜分殆尽，那么就不可能是这样，即当他们倾心于智慧研究时，却从来就不能极为轻易而迅速地认识和理解从前贤高人那里发现和传承下来的任何学问。但就算他们投身其中，也可能毫无进展或者成就寥寥。这或者是由于没有足够的良师指点，或者是由于教导无方导致他们的天资泯灭。不过也许得遇良师，又有正确的教导，然而却仍然未能把握整个科学王国，那么他们对于各门科学的学习必定是抱着另外的目的，或者因为用益而致力于此，或者因为愉悦而致力于彼，或者因为荣耀而致力于别的。但现今无比幸运的是，你们拥有无数圣贤良师，其学识教养非前人可遇。他们正襟危坐在这里，准备好给你们提供帮助。他们付出了极大的精力和汗水，为你们准备好所要

[1] 参见柏拉图，《申辩篇》(*Apology*)，22a—c；《斐多篇》(*Phaedrus*)，245a；《伊安篇》(*Ion*)，533d—534e；《法律篇》，719c—d："当一位诗人站在缪斯的祭坛上时，他的判断就向他告别了。他就像一个喷泉，赋予水的激流以自由的路线。"西塞罗，《论占卜》(*On Divination*)，I，80："诗歌的灵感也证明，在人的精神之内存在着一种神圣的力量。德谟克里特说，要成为一位伟大的诗人，没有一种狂热状态是不可能的，柏拉图也说过同样的话……那么你自己在法律诉讼方面的言谈如何呢？如果你的精神没有激动，你的律师陈述能够热情洋溢、气势磅礴、口若悬河吗？"《为阿奇亚斯辩护》(*In Defense of Archias*)，18："然而我们把这看作是具有最高和最博学的权威的论断，即当其他艺术都是科学、程式和技术的处理对象的时候，只有诗歌却要依赖于某种内在的能力，要由一种纯粹心灵的活动来唤起，要贯注一种超自然的灵感。我们的诗人埃尼乌斯（Ennius）不是正确地把诗人们称作'神圣的'吗？因为他们能够来到我们身边，似乎只是出于神的仁慈的赠与。"《论演说家》，II，194："因为我常常听说……如果内心没有一种热情之火，没有被某种类似狂热的东西点燃灵感的话，没有人可以成为一个优秀的诗人。"《图斯库廊辩论》，I，64："对我的心灵来说，即使是更为人知和更为著名的那些成果领域，似乎也不能排除神性的影响，我也不能想象一位诗人能够没有任何神圣的灵感，却能涌出严肃而猛烈的诗行，也不能想象雄辩的口才流淌着滔滔不绝的言词和丰厚的思想，却没有某种更高者的影响。"贺拉斯，《诗艺》，296—297；奥维德，《岁时记》(Ovid, *Treatise on Roman Calendar*)，VI，5—6："在我们内部有一位神存在。他一挑拨，我们的心胸就为之激动；正是他的推动才播下了灵感的种子。"克里斯托弗洛·朗狄诺（Cristoforo Landino，1424—1498）的相似理解和表述参见 *Comento di Cristofaro Landino fiorentino sopra la Comedia di Dante Alighieri poeta fiorentino*；*impressa in Venetia Per Bartholomeo de Zanni da Portese*，*1507*，c. 8r，10—11；波利蒂昂（Politian，1454—1494）的说法参见 *Angeli Politiani Sylva*，*cui titulus Nutricia* in *Opera Omnia ...*（*tom.III*）. *Apud Seb. Gryphium*，*Lugduni 1533*，p.196 vv.182—187。——英译本注

传授的知识学说，并且有信心、有能力通过简易的途径和有理有序的方法将它们教给你们。这些教授们以其极高的荣誉（这是他们用难以置信的审慎和智慧赢得的，犹如对他们的学问的奖赏），引导着你们完成你们的学业，直至你们走入社会，尽职尽责地报效国家。现在的和平年代，是极为强盛的西班牙国王查理二世所赐予我们的，也邀请你们去摘取这些和平的果实，而这些果实绝大部分就在于这些艺术中。整个制度（ordines）竞相爱戴和启用任何博学之人，整个社会也争着给予他们以名誉和光荣，并希望你们也能满腹经纶。你们可以看到，到处都是学习各种善的艺术的典范，到处充满着激励，[1]到处涌流着动力，既有无比丰富的学问宝库，又有无比优越的学习环境；而你们生来就是为了熟练而迅速地掌握所有学问知识。那么还用说什么呢？只要你们别说不。

[1] 维柯在邀请这些学生们投身于重要的学习研究的同时，也鼓励他们在社会和政治体制之内寻求有前途的、良好的社会地位。他说明了他对于发生在他的时代中的社会的和政治的变革的理解，看到了新的贵族文人有能力代替传统的血缘贵族而涌现于权力舞台之上。实际上，那不勒斯的西班牙政府在1650年就已经开始在任命公共职务上采取能力和绩效标准制度，并且从社会团体而不是从贵族中雇用社会公职人员。维柯所在的那不勒斯大学，就是以其在法学和公共管理方面的课程和教学设置，成为培养这类人才的机构的。维柯在每一次演讲的最后一段都再三强调了类似的勉励。——英译本注

二　用德性和智慧塑造我们的精神

本演讲发表于1700年10月18日，它要求我们遵照心灵的各种真理以德性来塑造我们的精神，其论点为："愚人对自己之危害和敌对较之任何敌人之于敌人都尤以为甚"。他将整个宇宙看作一个伟大的城邦，在这个城邦里，上帝以其永恒的法律来惩罚愚人[1]，让他们进行着自己反对自己的战争。这条法律如此写道："在他的法律中，上帝以其万能的手写了多少神圣条文，那么事物也就有多少本性。我们要记住关于人的这一章：人的肉体将终有一死，而精神则永生。人将为两种事物而生，即真理和荣耀（honestum）[2]，也就是仅仅为我而生。人的心灵将识知真伪。人的感觉将不能凌驾于心灵之上。人的理性将成为人的生活的原则、向导和主宰。人的欲望将听从人的理性。[人的心灵将不是从意见而是从良知出发来对事物加以判断。人的精神也不是根据情欲而是根据理性来拥抱善。]人将以其精神的

[1] 作为对第一个演讲的补充，第二个演讲重提斯多亚学派、柏拉图以及最后伽桑迪等关于愚人的形象（等同于伦理意义上的罪人）这个论点。这里与皮科的《论人的尊严》作一对照将不无启迪。——意文本注
这一讲发展了柏拉图主义和斯多亚学派的路线，说明了愚人如何是他自己最大的敌人。维柯隐喻性地描述了一场愚人发动的反对自己的战争，关于此皮科在《论人的尊严》(pp.10—11）中有所描述："父亲们，实际上我们之间有各种的不和谐，我们家里的内部争端之严重甚于内战：如果我们不愿意进行这样的战争，如果我们愿意为和平努力——和平能将我们提高到与造物主所赐予的尊贵等同的地位，那么只有道德哲学才能有效地平息我们之间的战争，并带来安宁。首先，如果我们愿意与敌人休战，敌人也将会慑服各种肆无忌惮的野蛮攻击、凶猛的争斗以及愤怒之情。那么，如果我们愿意听从正确的劝告，想要为自己得到永久和平的保证，它就会来到我们的面前，慷慨地满足我们的祈求。[让我们]宰杀牲畜[作为牺牲]，比如一头猪吧，这将最为郑重地订立肉体与精神之间最神圣的和约。辩证法将平息在演讲术的口舌之争和三段论的欺骗之间的理性的混乱。自然哲学将制止意见的不和与纷争，这些不和与纷争搅乱和撕裂不平静的灵魂，令她受到伤害。"——英译本注

[2] 荣耀（honestum）：现代含义一般是诚实、正直、高尚等，但这里用的应该是较为古老的含义，也就是光荣、荣耀、尊严、荣誉等。这个词的词根是honor，意思是荣耀、光荣，与第四个演讲中的honestas（荣耀）相同。参见本书第54页注释[2]。——中译者注

各种善的艺术来为自己获取不朽的声名荣耀。他也将以德性和坚贞来追求人的幸福。然而愚人却将由于恶意欺骗，或由于荒淫奢侈，或由于懒惰闲散，或更多地是由于缺乏审慎（imprudentiam）[1]，从而行事却恰恰相反[2]，他背负着叛逆之名向自己宣战。”[3]他对于这种战争作了悲剧性的描述。[4]从这个地方人们就可以清楚地看到，早在这个时候，他就在精神中酝酿着后来在他的《普遍法》中所要处理的问题了。

[论点]

愚人对自己之危害和敌对较之任何敌人之于敌人都尤以为甚

如果你们中间有人一旦以其思想和心灵把握了万物之整体，那么他自然就会发现，整个天上、地上和海中的所有事物，一切的一切，都持存于一种确定而清晰的纽带中；而且如人所说，任何事物的职分在世界之初一经给定，也将按照唯一的、恒定的方式来完成；他还会发现，万物均带有为之而生的永恒功用。[5]那么最后他也就

[1] 1728年版和Fubini版中为impudentiam，意思是无耻、狂妄等，与原文上下文含义不符。取imprudentiam。——意文本注

[2] 行事却恰恰相反：原文为secus faxit，西塞罗式结构。参见西塞罗，《论法律》，II，8，19。——意文本注

[3] 引号内的引文为拉丁文，但与原文稍有出入，这里按《自传》中的表述翻译。方括号内为根据原文所加。——中译者注

[4] 实际上，关于将人囚禁于肉体的监狱的感觉和努力解放自身的心灵之间的斗争，可以说发展成了维柯所有的开学演讲的共同话题，但在这里却描述得特别生动和富有戏剧性。——意文本注

[5] 西塞罗，《论演说家》，20—21：“演说共有三种风格，每一种风格都曾有人成功，但是极少有人能够达到我们的理想，即在三种风格上都同样取得成功。宏伟华丽风格的演讲者……以气势恢弘的思想力量和雄伟的言辞示人；他们刚强有力而又多才多艺，博大精深而又庄重深沉，训练有素并能随时唤起和控制听众的情感……处于另一个极端的则是这样的演讲者：朴实扼要，紧扣要点，他们宁愿把一切都解释清楚，把每一个问题都搞得分明，而不是旨在给人以深刻的印象，使用一种精练、简明的风格，去除一切雕饰……走中间路线的则是一种我称为温和的风格，既不运用后者智力上的吸引力，也不运用前者炽烈的威力；它与两种风格都相似，但在任何一种风格上都不出色，这种风格就是俗话说的‘四平八稳’，有的只是单调和平静。”——英译本注

会毫不迟疑地肯定，万物显然是按照某种永恒的模型而创造的，并且受永恒律令的调控。然而事实上，当他以同样的思想力度把目光转向人类，并在对人类的思考中关注其心灵的战场之时，他就会察觉到，人类的欲望不仅千差万别、相互矛盾，甚至违背和损害人的共同本性；[1] 他也会发现，他们中任何人都可以在仅仅一个时间点上，以各种奇特的甚至可悲的方式异于自身、变为他者，在一个小时内就对自己不满；他还会随处遇到，热爱真理者为谬误包围，身为理性者屈从于情欲，仰慕德性者淹没于恶习，渴望幸福者却屡遭不幸，向往长生不死者却在虽生犹死的荒逸中衰弱腐朽；[2] 所以我担心，他会做出这样轻率的判断，即由于天体的永恒碰撞和摩擦，从天上掉下能够滋生人类的某种质料，[3] 这种质料散落并生长于大地之上，最后毫无任何目的地产生出人类。[4] 但谁如果更为正确和更为深刻地来看待这里的事情，他就会发现，这种观点是和理性相差甚

[1] 参见卢克莱修，《物性论》，III，1053—1070："恰在人们清楚地感到，有一副重担在压迫着自己的心灵，并且使心灵疲倦的时候，如果他们能同样清楚地认识到它的原因，以及何以会有这么多的悲苦像山一样压在心上，他们也许就不会再过这样的生活，像现在我们看见他们一般所做的那样：每个人不知道自己所要的是什么，每个人都在找寻着改换地方，好像这样就能把重担丢掉。比如那些人在家里待得极度厌倦了，就离开他的堂皇的大厦到外面去，但是他即刻就又转回来，因为他觉得出去并没有更好。他驱着他的老马疾驰而去，疯狂地赶往他的乡下别墅……就是这样，每个人都想逃开自己——而这个自己，正如你所预料的，他怎样逃也逃不开；甚至还与他的意愿相反，这个自己还紧紧地抓住他；他憎恨自己，因为他生了病，但却不能认识他病痛的原因。"——英译本注

[2] 萨卢斯特，《喀提林战争》(*The War with Catiline*)，2，8："但是许多人成了口腹之欲、醉生梦死的奴隶，终其一生在没有文化、没有教养中度过，仿佛就是纯粹的过客。我们看到，在这些人身上，与大自然的意图相反，肉欲就是快乐的源泉，灵魂反而是一种负担。从我自己这方面来说，我认为这种人的生与死可以说都差不多，因为关于他们的生死没有任何记忆可以留下来。"也可参见塞内卡，《书信集》(*Epistles*)，60，4："因此那些被萨卢斯特称为'听从自己肚子'的人，应被算作动物而不是人；但是某些人实际上甚至连动物都不能算，而应与死人为伍。为许多人发挥作用的人是在真正地活着，能够让自己发挥作用的人也是在真正地活着。可是那些爬进洞里麻木冬眠的人，在他们的家里也和在自己的坟墓里差不多。你可以在这些人房屋的大理石门楣上刻下他们的名字，因为他在活着的时候就已经死了。永别了。"——英译本注

[3] 参见卢克莱修，《物性论》，I，80—81。——英译本注

[4] 维柯指的是斯多亚学派关于人的起源的理论。这里他几乎逐字翻译了西塞罗的《论法律》，I，24。又参见泰伦斯，《阉奴》(*The Eunuch*)，134。——英译本注

远的，因为所有人的心灵都会对之嗤之以鼻并加以拒绝。[1]这种观点认为，即便缺乏理性的无生命之物和有生命之物，都是基于永恒律令而创造的，并且受神意（divina providentia）的调控；然而，尽管我们同意事实上只有人类是一切被造物的君王，自然生育出丰富多产的万物就是为了他的舒适和供他使用，以致大地万物和海中所有都向人类开放，并且听从于人类，但我们却把人类自己的诞生看作出于偶然，由于命运的机缘而被抛落在这里或那里。[2]

既然事情是这样，并且我们能感知到我们的人类本性的荒谬、很少自身一致，甚至明显地违背自身，这样就可以说，我们的古人，包括先知或者在圣事起源问题上对神的心灵的阐释者们，是说出了某些真理，他们说我们生来就是为了赎罪的，赎由于我们前生的邪恶而必须由今世来偿还的罪。当然所有罪罚中最残酷的罪罚莫过于生活犹如愚人。他们之所以承受这样的罪罚，并不是因为神学诗人们所设想的那些罪过，当然因为我们那时还不存在，所以我们也不可能犯错；而是因为我们违背了至大至善的上帝借以创建整个世界

---

[1] 西塞罗，《论命运》（*On Fate*），47："这只是一厢情愿的想法，不是探究。因为你并没有说原子的位移和转向应归因于某种外力的推动，也没有指出有任何因素可以导致在虚空中穿行的原子不再作直线运动，更没有说明在原子自身之内发生了什么变化，该变化可以使它不再保持由它的重量造成的自然运动。相应地，虽然他没有讲出任何道理使你转变看法，他却以为自己在谈论着有意义的东西，实际上所有人的心灵都会对这种东西嗤之以鼻。"——英译本注

[2] 西塞罗，《论法律》，I，25："可是，德性既存在于人身上，同样也存在于上帝之内，但却不在任何其他生物之内；德性无非就是完善和发展到极限的自然；因而在上帝和人之间是有一种相似性的。既然这是真的，那么还有什么关系能比这个更加切近和更加清楚的呢？由于这个原因，自然慷慨大方地产生了如此巨大的财富以为人类的便利所用，以至于他所产生的一切似乎都是赐予人类的礼物，而不是偶然地迸发出来的。"这就是第二个演讲的核心和论点。关于此也可参见皮科关于上帝为人类所立的法律的著名段落（《论人的尊严》，pp.4—5）："亚当，我们没有给你任何固定的位置，没有给你任何专有的形式，也没有给你任何特有的天赋，让你可以得到任何你想要的位置、形式和天赋，并把它们视为己有、持为己有和占为己有。其他生物的有限的本性已经被限定在我们所写下的法律中了。然而我将你置于自由判断之手，按照这种自由判断，你是不受任何束缚限定的；而且你将为你自己订立你的本性的界限。我将你置于世界的中心，以便你能够更为方便地寻找和观察世界中所有的一切。我们创造得使你既非神圣也非世俗，既非必死也非不朽。你就像一位必为尊贵的法官，你将是你自己的模型和作者；你可以把你雕成任何你想要雕成的样子。你可能下降为无理性的低等自然，也可能通过你精神的理性上升到神圣的自然。"——英译本注

文明的永恒法律，即任何事物如果要保全自身和保全大同世界，那么任何被造物都要遵循各自的自然本性，而人则要遵循智慧的引领。在他的法律中，上帝以其万能的手写了多少神圣条文，那么事物也就有多少本性和权能（potestas）。但我们则要记住上帝写下的和我们相关的东西，那就是人的概念：“人的肉体将终有一死，而精神则永生。人将为两种事物而生，即真理和荣耀，也就是仅仅为我而生。人的心灵将识知真伪。人的感觉将不能凌驾于心灵之上。人的理性将成为人的生活的原则、向导和主宰。人的欲望将听从人的理性。人的心灵将不是从意见而是从良知出发来对事物加以判断。人的精神也不是根据情欲而是根据理性来拥抱善。人将以其精神的各种善的艺术来为自己获取不朽的声名荣耀。他也将以德性和坚贞来追求人的幸福。然而愚人却将由于恶意欺骗，或由于荒淫奢侈，或由于懒惰闲散，或更多地是由于缺乏审慎，从而行事却恰恰相反，他背负着叛逆之名向自己宣战。”[1] 上帝为人类所订立的法律就是智慧。如果我们倾心于对智慧的热爱和研究，我们就遵循了我们的本性；然而如果我们抛弃智慧而转向愚昧，那么就脱离了我们的本性，并违背了上帝的那条法律。这条法律规定了如此直接而明确的酷刑，即它最直接的惩罚就是那罪过本身；邪恶的刽子手也不会推迟行刑时间，他给犯人戴上锁链、手铐和枷锁，行以肉刑，用铁钩拖拽，那些犯人们自己则承受着无比残酷和无比严苛的惩罚；所以我今天要向你们做下述演讲：愚人对自己之危害和敌对较之任何敌人之于敌人都尤以为甚。所以，出类拔萃的青年学子们，你们拥有幸运的禀赋从而远离了愚昧，并且倾心热爱智慧；还有你们，从事智慧事业的智者们，以及你们，具有无比伟大的职责的父老们；最后，还

[1] 参见西塞罗，《论法律》，II，18—19：“法律就是最高的理性，它根植于自然之中，推行应该的行为，禁止相反的行为。当这种理性牢牢地固定在人类的心灵中，并在其中充分发展起来的时候，就是法律。所以人们相信法律就是智慧，它的自然功能就是推行正确的行为，禁止错误的行为。”——英译本注

有在学识和教育方面无比博学的前辈们，我诚恳地请求你们，不要拒绝以你们的善意和专注来聆听我的演讲。即使我的言词和风格可能会使我的演讲有些沉重，但它也会因其在简短的时间内解决极为重要的问题而得到谅解。

我当然能够重述在任何历史时代敌人之间的残酷而野蛮的征服；但哪一页人类活动的历史，或者编年史，或者回忆录，不是到处充斥着对读者来说“沉重得难以描述，残酷得难以承受”的东西呢？[1] 所以我在这里就不过多地引经据典了，只要你们用你们的精神想象那残酷而可怕的战争场景就可以了。交战双方将人马拉出大营，布阵于战场之上，一旦将领一声令下，便马上爆发出一片呼喝之声，双方士兵势如猛虎奔驰于战场之上相互厮杀。在谁的胸中不是激荡着何等残忍而敌对的仇恨，燃烧着何等不可遏止的激愤呢？作为勇猛的不可分割的伴随者——狂怒，何尝不是弄瞎了心灵的眼睛？[2] 还有，多么疯狂的杀戮欲望占据了他们的精神呢？所有人都如凶神恶煞一般威胁着要杀死敌人，每个人都眼中喷火，握紧残暴的拳头，挥着嗜血的利刃，急欲给敌人以致命一击。如若一方受挫而退却，另一方就紧追不舍；如若一方严守阵形，另一方就发狠猛攻；而如果一方军心溃散，另一方就挺进直击。当两军密集交接进行胶着的肉搏战时，人人必取对方性命而后快；而当双方都列队围攻时，便在移动中对敌人残酷杀戮；如果一些人战死，那么其他人便补充上来加入战斗；只要有人刚刚由于疲劳和受伤而从前线撤退，那么马上就有士兵补充上去接着战斗。[3] 其所渴求者无非夺人首级，其所嗜好者无非制造杀戮；一言以蔽之，消灭敌人。所有这一切都

[1] 西塞罗，《图斯库廊辩论》，II，20。——英译本注

[2] 西塞罗，《论自有住宅》，64。——英译本注

[3] 恺撒，《内战记》（Caesar，*Civil Wars*），III，94，2：“就在这时，恺撒命令直到此刻还没有行动、安守在阵地上的第三线向前推进。这样，一面既有精力旺盛的生力军来接替体力不支的人，背后又有别的人赶来攻击，庞培的军队支撑不住，全都转身逃走。”（中译本参见凯撒，《内战记》，任炳湘译，商务印书馆 1986 版，第 151 页。——中译者注）——英译本注

在于杀伤和屠戮。一旦交战一方获得胜利，你就会无比恐怖和无比悲哀地看到，战败方许多人充满惊恐地四处逃散，并且悲惨地被屠杀于逃亡途中；而另外一些人则宁愿战死沙场，他们密密麻麻地堆积在屠宰场上，正如他们的命运和德性所规定的，无论步兵或骑兵、战胜方或战败方都躺在那里，脸上还僵留着活着时的精神的残暴。[1]你还可以看到，一些人在污秽的尘土中咽下最后一口气；另一些人则在将被屠杀时伸着脖子露出咽喉，乞求战胜者放出他们最后一滴鲜血。[2]此外，战胜者们或出于狂热而凶残的报复欲，对那些悲惨的战败者讽刺和辱骂，或奔走跨越以求收获战利品；并且他们毫不犹豫地或斩膝盖，或斩胳膊，或把人一劈两半，以便更方便地剥夺他们身上的武器和盔甲。但胜利并不因为战争的结束而终止，因为他们马上就开始在广袤的城市和乡村里进行掠夺抢劫了。这一幕幕的躲藏、驱逐、逃避、追击、看守以及破坏，等等，还有对惊恐悲惨的人们的凶狠残暴，对他人不幸的幸灾乐祸，暴露了多少战争的残酷和丑恶！任何地方，只要用你的眼睛看一下，用你的精神去感觉一下，你就会发现到处都是残酷和敌对：孱弱的病人，年迈的老者，尊贵的慈母，高贵的处女，可爱的孩子们，或于床上，或在室内，或在房间的深处，或躺在父母的怀抱里，在灶前，在庙堂，他们的生命被剥夺，未来被剪除，一切美好幸福都化为乌有，简直是灭尽了一切人性，不分善恶，无所不为。

可以说战争带来的灾难、丑恶以及破坏是无比巨大和无比痛苦的，所以任何人即便拥有坚强刚毅的精神，只要想象到那些场景，也会悲痛而惊恐地极力逃避。但谁如果拨开错误的迷云，让真理的阳光照亮他的思想，并将这种悲惨和向自己开战的愚人给自己所带

[1] 萨卢斯特，《喀提林战争》，61，4："但是人们发现喀提林远在他的士兵的前面，在被杀死的一堆敌人中间，还在轻轻地喘着气，脸上表现出在他生前给他以鼓舞的一种坚强不屈的精神。"（中译本参见撒路斯提乌斯，《喀提林阴谋　朱古达战争》，王以铸、崔妙因译，商务印书馆 2010 年版，第 154—155 页。——中译者注）。——英译本注

[2] 李维，《建城以来史》（Livy，*From the Founding of the City*），XXII，51，7。——英译本注

来的悲惨相比的话，只要他稍能感知，他就会承认，后者远比前者尤以为甚。实际上，我们在做外科手术时所承受的创痛常常要比敌人所造成的创痛给我们的感觉更为剧烈；那些陷于绝望的人如果不是因为法律的禁止，很可能就会按照自己的意志决定自己的死亡，就像士兵杀死其敌人一样。他们的城邦被抢了吗？是那些邪恶之人自觉而清醒地将其毁坏。他们的财富被掠夺了吗？那些饕餮挥霍者早就因为纵欲奢侈而将其化为乌有。他们的自由被剥夺了吗？那些自暴自弃者竟已容忍贱卖自身。相反（你们要注意，听众们，这并不是小事一桩；你们要注意，这正是你们的事情），相反我要说，愚人向自己开战，并不为一刀一枪这类武器所伤，而是被无可比拟的折磨碾得粉碎。再没有比压倒愚人的这种力量更为凶猛的了；其所被掠夺的城邦独一无二；其所被劫的财富连国王们都眼热；而他自己却被投进无比悲惨、无比黑暗的监狱中；最后他被贬为奴隶，忍受着无比残暴的统治。

也许你们会认为，我是在这里小题大做地谈论一些无稽之事？并不是这样，感谢上帝的眷顾，并不是这样：我讲的的确是真实的事情，假如某个愚人来到我们面前，当然我是不相信这会发生的，假如他现在认识一下自己，他就能做出关于自己的推断了。[1] 愚人的武器就是精神的无可节制的情感；战胜愚人的力量就是良知；他们被洗劫的城邦就是世界；他们被剥夺的财富就是人的幸福；他们被囚禁的监狱就是肉体；统治他们的主人就是命运。这里的每一个论点，当我逐一扩展开来进行研究的时候，听众们，我请求你们一如既往地耐心聆听。

首先提请大家注意的是这种无比残酷地反对自己的敌人，以及愚人运用何等致命的武器来对抗自己。就其精神方面来说，他们的精神的理性已经被褫夺，如果打个比方的话，与斐罗（Philo）极为相似[2]，

[1] 西塞罗，《论演说家》，II，299；泰伦斯，《自责者》（*The Self-Tormentor*），574。——英译本注

[2] 犹太的斐罗，《论农业》（Philo Judaeus，*On Husbandry*），197e—198a。——英译本注

那就像是两匹马，一匹是暴烈之马，另一匹是欲望之马；前者为雄，后者为雌；前者昂扬激烈，狂放不羁，后者则软弱娇柔，慵懒懈怠；前者不畏艰难险阻，后者则趋于轻便适宜。就是从这两匹马中，无异于特洛伊城的木马，多少潜藏的敌人放了出来！所以，对他人外在财富的邪恶欲望一旦接近愚人的精神，这种贪念就马上成为所有情欲骚动的起因和源泉；[1]如果这财富还很遥远，就心生想望（desiderium）；如果财富可求，希望（spes）就产生了；如果财富已在眼前，就享受愉悦（gaudium）；但如果这财富是如此之高，以至于只有一人当之无愧，那么嫉妒（zelotypia）和妒忌（aemulatio）就来了；最后如果他人富足充裕，我们却因匮乏而辛苦劳作，怨恨（invidia）就激起来了。然而一旦我们成了豪华美好的财富的主人后，财富的面纱就扯下来了，它赤裸裸地呈现在我们面前；因为在开始看起来很好的东西，在其美好的外表下面迅速展现了不好的一面，同时厌恶（odium）随之而生，抵消了对财富的热爱；如果它的丑恶尚为遥远，就已表露出憎恶（abominatio）和反感（fuga）；如果其丑恶已在眼前并压抑着我们，悲凄（tristitia）和苦痛（dolor）就油然而生。相对于这种欲望，易怒的渴望（irascibilis appetitus）马上就出来发挥了特有的作用。实际上怒火就是为了消除这种丑恶。如果他认为他能够战胜它的话，勇气自然就增强了；如果他对胜利感到绝望，那么欲望就重新向他袭来；如果这种丑恶不大不小，那就是种烦扰（tedium）；而如果它极为巨大，那就会产生愚蠢将愚人击倒。渴望和反感统领着军队，享用处于战场的中心，而痛苦在一旁相助。受到这些敌人侵袭的愚人精神就这样想望着，

[1] 参见西塞罗，《图斯库廊辩论》，III，24：“对某种假想的巨大好处的无节制的渴望，这种渴望是不服从理性的，并且可以正确地称作欲望或贪欲。”IV，12：“另一方面，快乐和贪欲是建立在对某种预期的好处的信念上的，因为被诱惑点燃的贪欲急切地扑向表面的好处，而快乐则在最终保全觊觎之物的极度狂喜中表现出来：因为根据某种自然法则，所有的人都追求表面的好处而回避它的反面……愿望（wish）是一种对任何事物的理性渴望。然而，在愿望与理性背道而驰，又被过于猛烈地唤起之时，就成了贪欲或肆无忌惮的欲望，这是在一切愚人中都能发现的。”——英译本注

惊惧着，享用着并痛苦着。但因为他们并不知晓生活的艺术，即智慧，他们的愿望游移不定，他们的惊惧空虚无益；“心灵的享受是一种丑恶”，只有惊惧却坚如磐石。[1] 当然青少年们都向往着香膏、花环和盛宴；但其下却潜藏着对某种东西的爱欲，它会搅乱生活的整个道路。[2] 青年们想望荣耀，但对光荣的追求和热爱使得瓦罗后裔（Varrones）在坎尼（Cannensi）[3] 一役中饱受耻辱。大人们渴望权力，但如果德性失于节制，就使得赛亚努斯（Seianus）全家被用钩拖曳致死。[4] 年纪渐老便想望财富，然而不义之财却使克拉苏（Crassus）[5] 家族渐趋衰败。[6] 及至年迈，人们向往活得长久，最后却是体会老年的诸多不便，亲眼目睹亲人们的一个又一个葬礼。[7] 疯子当然惊惧，但根本没有什么比小孩子经常由于黑暗而害怕的更值得恐惧的东西；[8] 他们惊慌逃窜犹如那些敌人，羊群奔跑所带来的尘沙就使他们舍营弃帐。[9] 正因此塞内卡用了一个有名的比喻，称呼他们是“长不大的孩子”，[10] 对他们来说，即使长大成人后，身上还保留着孩子气，更严重者，就是极端

---

［1］ 维吉尔，《埃涅阿斯纪》，VI，278—279。——英译本注

［2］ 卢克莱修，《物性论》，IV，1131—1134。——英译本注

［3］ 坎尼（Cannensi），名词形式为 Cannae，意大利巴里地区的一座城市，第二次布匿战争中汉尼拔在这里斩杀四万罗马军队。——中译者注

［4］ 赛亚努斯（Seianus）曾受宠于提比略·恺撒，后来被怀疑篡权，连同其全家被恺撒处死。——中译者注

［5］ 克拉苏（Crassus），罗马巨富，穆齐奥之子，谢弗拉的兄弟，曾为罗马执政官。杰出的演说家和法理学家。——中译者注

［6］ 参见尤维纳利斯，《讽刺诗》（Juvenal，*Satires*），10，66—67。——英译本注

［7］ 维吉尔，《埃涅阿斯纪》，IV，617—618。——英译本注

［8］ 卢克莱修，《物性论》，II，57—58：“因为正如孩子们在浓浓的黑暗中发抖，并且害怕一切东西一样，我们在大白天有时也害怕很多东西，但它们其实半点也不比孩子们在黑暗中颤栗着并想象即将到来的东西更为可怕。因而这种心灵的恐惧也就是阴影，必须被驱散。”也可参见 III，89—90；VI，37—38。——英译本注

［9］ 塞内卡，《书信集》，13，8：“考虑一下你对未来困难的证据是否确实。因为情况常常是，我们为自己的忧惧所困扰，被嘲弄者所嘲弄，谣言惯于挑起战争，但更多地是挑起个人之间的战争。是的，我亲爱的卢西利乌斯；我们太快地赞同人们所说的话。我们不去检验那些引起我们恐惧的东西；我们不去深入考察它们；我们畏缩退却，就像仅仅因为受惊畜群掀起的尘土就被迫弃营而逃的士兵，或者是因未经证实的谣言流传就陷于恐慌的人。”——英译本注

［10］ 同上书，24，13。——英译本注

幼稚。[1] 他们担心荣誉受损，但荣誉实际上在于别人的给予；他们担心祖产耗尽，但这事实上掌控在命运女神手中；他们还担心生命大限加速脚步，比如，只要一滴血在左心室停滞不动，大限就迅速降临。愚人的这种享受（如果这也称得上是享受，而不是新的痛苦形式的话）又是多么肤浅！这不是一种持久的欢乐，而是马上就挥发掉了。实际上，具有理性的精神能力对愚人来说，如我所言，只是惩罚的别名。但它却曾经青睐了阿基米德，他在用他所发明的令人惊叹的机械保家卫国到最后一刻之后，在锡拉库扎惨遭洗劫时，仍然在沙上沉浸于几何证明的美妙之中；[2] 它也曾经青睐了西庇阿（Scipio），在他战胜汉尼拔、摧毁迦太基之后，仍能心甘情愿地离开忘恩负义的罗马，换取林特努斯的农庄，[3] 仍能保有一种平和的精神，隐逸于学问之间，并能敛聚德性，在智慧研究以及回忆他所完成的伟大事业中找到了乐趣。所以这种德性愈发为人所重，甚至并不正义之人也衷心称赞它更为高尚。但这是为什么呢？因为他们感知到了这种极为严重的罪恶，就像诗人以千钧之言对愚人诅咒道的：

> 愿他们看到德性，并因将其丢弃而备受折磨。[4]

理性向着德性之美而生，并且受德性之美而激动，从而紧握着情欲骚动的缰绳。然而［它在愚人那里］却毫无用处：因为他或者为类似于荷马的赫克托耳的桀骜野马所拖曳，或者由于他并不懂得

[1] 塞内卡，《书信集》，4，2：“你当然记得，当你丢下男孩的服装换上大人的长袍，被陪同着走向会场时，你感到了什么样的快乐。然而，你也许会寻找一些更大的快乐，那就是抛弃你孩童时的心灵，而智慧令你跻身于大人的行列。因为不是少年时代仍然伴随着我们，而是某种更糟的东西——孩子气。”——英译本注

[2] 参见李维，《建城以来史》，XXV，31，9。——英译本注

[3] 参见上书，XXXVIII，53，8；奥古斯丁，《上帝之城》，III，21。——英译本注

[4] 佩尔西乌斯，《讽刺诗》(Persius，*Satires*)，3，38。——英译本注
佩尔西乌斯，古罗马讽刺诗人，现存六首讽刺诗，除揭露并讽刺当时罗马的腐败和堕落外，大多是关于斯多亚学派哲学的探讨。——中译者注

[事物的] 界限，

即使上下求索也不能正确地界定它们；[1]

或者他极力躲避某些罪恶，但却陷入相反的罪恶；[2] 或者由于他的自身矛盾，他赞扬德性，然而却追随罪恶。为了不想听到说他胆怯，他莽撞放肆，流于攻击和辱骂；为了避免草率，“他担心一切不需要担心的东西”[3]；为了防止贪婪自私，他抛弃一切所有；为了防止挥霍奢侈，他视财产囤积为神圣，直至歪曲他的本性或需要。[4] 同样在整个生活中，他或为欲望而燃烧，或为恐惧而颤抖，或为喜悦而疯狂，或为忧虑和苦恼吞噬。愚人的精神就这样被身下的烈火煎烤，为迫近的攻城武器袭击。最后他们被一种什么样的力量打倒呢？被一种任何人也防卫不了的力量：即对受邪恶驱使的生活的良知。这种良知激起了愤怒之火和仇恨风暴，愚人就受这些情绪的控制和摆布。你们愿意看到他们忍受折磨吗？你们看吧：愚人的生活永远不幸，永远充满焦虑；[5] 他永远自我分裂，永远和自我做斗争，他永远因为自己而厌恶、烦恼和懊悔。他从来都不能确定他到底需要什么和不要什么：他的判断每天都在改变，并且转向相反的方向；他鄙视自己之所有，艳羡他人之物并渴望为自己所拥有，这正如普劳图斯[6] 笔下的阿尔切西马库斯（Alcesimarchus），“精神不在其所在之地，而在其所不在之地”[7]；他总是自寻烦恼、自我谴责，总是眼睛向外，从不认识自己；他更换

---

[1] 贺拉斯，《家庭谈话》(*Familiar talks*)，I，1，107。——英译本注

[2] 参见上书，I，2，24。——英译本注

[3] 维吉尔，《埃涅阿斯纪》，IV，298。——英译本注

[4] 泰伦斯，《福尔弥昂》(*Phormio*)，44；也可参见贺拉斯，《家庭谈话》，I，1，70—73；普劳图斯，《一罐金子》(Plautus，*The Pot of Gold*)，724—725。——英译本注

[5] 塞内卡，《书信集》，15，9：“这就是那句谚语，它是最好的一条：‘愚人对生活毫无感激并充满了恐惧；这种生活的路线仅仅在于未来。’”——英译本注

[6] 普劳图斯（Plautus，约前254—前184）：古罗马喜剧作家，其作品影响了莎士比亚和莫里哀。他是维柯经常引用的作家之一。——中译者注

[7] 普劳图斯，《匣子》(*The Casket*)，211—212。——英译本注

新的处所，变换新的目标，走向新的生活道路，即便在生命的终点也要开始新的希望，[1] 他永远逃避自身。

愚人受到这些武器的攻击，在巨大的力量面前一败涂地，他们丢失了何等广袤而美丽的城池？毫无疑问，护卫城邦的墙不是用犁标划的墙，而是"燃烧的天墙"[2]；城邦的创建不是根据可变的法律，而是受永恒的法统治；这里崇拜的不是地方神圣，它要打开的是天堂，即至大至善的上帝的布满星辰的圣殿；这个圣殿的舞台就是大地，它的温泉就是大海，它的运动场就是太阳的运动路线。[3] 这座城邦的公民权仅仅对上帝和智者来说是共同的；[4] 人们享有这种共同权利不是靠君主特权，不是靠子嗣继承，[5] 不是靠运气，不是靠军队武力，而是要靠智慧。[6] 实际上（你们要虔诚地听着），这个最伟大的城市赖以建立的永恒法，就是已经嵌入整个世界和它的各个部分的神圣理性（divina ratio），它渗透万物，从而包容世界、照管世界。在上帝之中的神圣理性是神圣智慧（sapientia divina），而仅仅为智

[1] 塞内卡，《书信集》，13，16："'在一切其他过错之外，愚人还有这一条——他总是在准备开始生活。'想想这句谚语的含义吧，我可敬的卢西利乌斯，你将发现这种人的反复无常是多么的令人厌恶，他们每天打下新的生活基础，甚至在坟墓的边缘还在开始树立新的希望。"也可参见23，9—10；101，4。——英译本注

[2] 卢克莱修，《物性论》，I，73："就这样他的心灵的活力所向披靡；他一直前进，穿越天空那烈焰熊熊的墙宇，直到他在思想和想象中游遍了无穷无尽的宇宙的时候。"也可参见I，1102；II，1045，1144；III，16；V，119，454，1213。——英译本注

[3] 塞内卡，《书信集》，90，28："但智慧的大道通往幸福的国度；她指引着我们朝那里走去，她为我们开辟道路通向彼处。她为我们指出什么是邪恶的，什么是貌似邪恶的，剥掉我们心灵中的无益幻想。她赐予我们真正的伟大，但遏制虚夸浮华而又空洞不实的庞大；她禁止我们无知于伟大与自大之间的差别；不仅如此，她还把自然之整体的知识以及她自身本性的知识告知我们……这就是智慧开始时的祭典，通过它开启的不是村庄的圣坛，而是一切神祇广阔的神殿——宇宙本身。"也可参见102，21。——英译本注

[4] 参见西塞罗，《论众神的本性》(*On the Nature of the Gods*)，II，154；《论法律》，I，23；《论最高的善》，III，64；塞内卡，《论闲暇》(*On Leisure*)，4，1："让我们把握住这个观念，即存在有两个国度：一个是广博而真正的国度，它包括众神和人，在这个国度里，我们既不看地球的这个角落，也不看那个角落，而是以太阳的运行路线来衡量我们的公民权的界限；另外一个国度则是由于出生的偶然而被打发进去的国度。这就是雅典人或者迦太基人的国度，或者任何其他属于某种特殊而不是所有种族的人们的城邦。有些人同时服务于两种国度——较大的和较小的，还有一些仅仅服务于较小的，另一些仅仅服务于较大的。"——英译本注

[5] 小普里尼，《颂文集》(Pliny the Younger，*Panegyrics*)，36，3。——英译本注

[6] 参见西塞罗，《图斯库廊辩论》，V，108；《论法律》，I，61。——英译本注

者所知的就被称为人的智慧（sapientia humana）。所以，如果不是智者的话，谁能够说“我是世界公民”就比“我是罗马公民”要伟大得多和光辉得多？[1] 因为只有智者们知道如何沉思和谈论关于无论天上地下，无论神的、人的还是普遍的事物的真理。如果不是智者，他熟知并看护无论自然的法律还是宇宙的法律，谁又能证明自己符合这个伟大城市的公民的要求呢？什么能将这个国家的法度赋予上帝和人类？这就是完善的理性（perfecta ratio），上帝以此造就一切，智者以此理解一切。什么能将人类的需要与上帝调谐？这就是真理，它只允许智者们来研究，正如它的希腊文所表明的，它是面向上帝的研究。[2] 什么使人类肖似于上帝？这就是德性，高傲的斯多亚学派曾以此过高地抬举了智者，同时将诸神贬得过低。他们确立了这样一个 παράδοξον（奇迹，神奇），即同样一个东西，也就是德性，既成就了智者，又成就了神；[3] 智者的德性仅次于神的地方无非是神的不朽，但这与生活的幸福毫无关系。[4] 我们现在要更加虔诚地谈论它，而且赋予其更高的真理性和重要性，即上帝仅仅通过一件东西使得我们与他肖似，那就是德性；通过德性，他不仅使人类与人的幸福相伴相随，而且和诸神一起与永恒的幸福相伴相随。

愚人们被剥夺了伟大的公民权，而且又必然被剥夺巨大的财富和机运。剥夺了什么？你们会问。那就是幸福。因为向往幸福的生活是每一个人的天性。然而当愚人追求幸福时，却与之背道而驰：幸福生活的最高要求就是真正的欢乐、可靠的安宁和稳固的保障；

---

[1] 参见西塞罗，《图斯库廊辩论》，IV，57；V，7；《论义务》，I，153。——英译本注

[2] 参见《新约·约翰二书》，1：1，2。——英译本注

[3] 参见塞内卡，《书信集》，87，19：“为什么说智者是伟大的？因为他有一个伟大的精神……你不是问什么东西成就了智者吗？就是成就了神的东西。你必须承认，智者有着虔敬的、神圣的和伟大的元素。善并不降临到每一个人的头上，也不允许任何人都可以随意拥有。”——英译本注

[4] 西塞罗，《论众神的本性》，II，153：“并且，沉思天体让心灵达到了对于众神的知识，从这里就产生了虔诚，以及虔诚的同伴正义，还有一切其他德性，那就是幸福生活的源泉。这种生活就可以与神的存在相竞争、相媲美，它低于天界存在的地方，除了不能不朽之外别无其他，然而这种不朽对幸福来说是无关紧要的。”——英译本注

但他们却总是搜寻各种原因以走向孤独；他们总是走在歧路上，离他们所要的东西越来越远；最后，他们在迷宫中转来转去，像热锅上的蚂蚁，他们自己的速度妨碍了自己。[1] 为何会这样呢？因为他们缺少完善的德性，即公正和处处自身相谐的生活方式，而这些如果没有对事物的知识和审慎智慧，就不可能达到。实际上，人类生活的目的和最终的愿望，无非就是确定地认知（certa scire）和正确地行动（recta operari），人们以前者思考，以后者模仿上帝；我们一旦实现这个目的，也就不再想望和追求别的任何目的；我们的精神也是为此而生，并且仅仅为此而活动。一旦智者献身于这种热爱之中，那么他将在生活中感到无穷受用，良知的安宁和完善的保障将与之相伴终身，永不离分。因为知识的作用就在于使智者从肉体中分离出精神，并且倾力于其神圣的和较为美好的部分，而仅仅在必要的时候，才关注那不完满而脆弱的部分。[2] 同样，他在对事物原因的探究中用心灵接近上帝，他满足于这些思考，并在这种思考中吸取营养。由于有了正确的生活态度，他也就认识到，在我们之内存在着欲望和厌恶、德性和邪恶，而肉体、财富和光荣都在我们之外；[3] 他还认识到，那些在我们之内的东西就其本性来说是自由的，也是我们特有的，而在我们之外的东西却为他者的权力所限定，并依赖于他者。相应地，他也如此要求自己，即宽宏大量地接受按照上帝的法律我们必须承受的任何东西。所以他懂得必须遵守这条圣律，懂得接受死亡，懂得不要为他的权能所不能避免的事物而烦

[1] 塞内卡，《书信集》，44，7："如果世间有什么东西能使生活幸福，那就是自足的善；因为它不会退化为恶。那么错误到底在什么地方呢，既然每个人都渴求幸福。其实就在于，他们把成就幸福看作是幸福本身了，因而当他们在追寻幸福的时候，他们其实是在从幸福的身旁溜走。因为虽然幸福生活的全部和实质就是远离烦忧的纯粹自由，虽然这种自由的秘密就在于毫不动摇的信任，然而人们还是到处自寻烦恼，在他们背信弃义的人生之路上，不仅背负着重担，而且还要再添加更多的重担；因而他们就离他们想要寻求的目标越来越远，而且他们花的力气越多，他们给自己制造的阻碍也就越大，并且越来越退步。这就像当你在迷宫中疾行的时候，你跑得越快，你的处境也就越来越糟。"——英译本注

[2] 参见上书，78，10。——英译本注

[3] 同上书，124，3。——英译本注

忧。[1]故而他站在心灵的制高点上，蔑视命运女神的整个王国，就像那奥林匹斯山的山顶，在人间的世事沧桑和白云苍狗中巍巍屹立。

在愚人被剥夺了无数巨大的财富之后，他又被剥夺了自由以及正义的战争权利；我要说，这种自由不是像通常所说的由主人用杆杖或者帽子来授予奴隶，[2]而是要由智慧来予以解放。这样愚人就被关进了狭小的监狱进行监管，周围是无边的、浓浓的黑暗，恐惧四处包围着他。这里没有任何缝隙可以透进一丝光线，没有任何真正的三执政（triumvir）来主持公正，也没有任何可信的门卫能够忠诚可靠地从外面带来任何东西。

我相信你们现在的确已经懂得我的这篇演讲了。那极其黑暗的监狱就是肉体；三执政就是意见（opinio）、虚假（falsitas）和谬误（error）；看护人就是感知，感知在少年身上是极为敏锐的，在老年人身上迟钝衰败，而在生命的任何阶段都会因为邪恶的欲念而堕落之极。因为不节制，任何神经疾病、任何器官障碍以及任何欲望，都会使他们衰弱和败坏。为什么呢？因为肉体的不同结构关联具有如此不同，甚至相反的本性！爱又以多么千变万化的方式扭曲着我们的意象构造能力！恨也同样败坏了这种能力。谁如果爱上了，连女人的丑恶也当作德性来亲吻；相反如果他恨上了，那么连她的德性也当成丑恶来憎恨。[3]意见的汹涌波涛使他们眩晕，热爱的海峡会使他们淹没，错误的暗礁会让他们撞得粉碎。他们不懂事物的真正界限，不知道什么会发生，什么不会发生；[4]况且他们也没有把智慧当作生活的舵手；最后他们把自己交付给命运。由此，当他们受到各种极为残酷的方式折磨的时候，便从精神里迸发出充满悲痛的

[1] 参见塞内卡，《书信集》，76，23。——英译本注

[2] 古罗马时由法官以杆杖敲击奴隶的头，或者赐予一顶帽子，或者以其他形式，表示奴隶获得了自由。——中译者注

[3] 参见卢克莱修，《物性论》，IV，1153—1170；西塞罗，《论众神的本性》，I，79；贺拉斯，《家庭谈话》，I，3，38—40。——英译本注

[4] 参见卢克莱修，《物性论》，I，75—77；V，89—90；VI，64—66。——英译本注

哭喊：“我当时不知道啊！希望欺骗了我！我不理解我何以至此！”[1]

哦，智者的心灵和眼睛是多么正确！哦，柏拉图，你说的是多么正确，愚人就是一切之中最野蛮的动物！[2] 因为还有什么比这更为野蛮和伤害更重呢？他如此地伤害自己，犹如向他本身发动凶残的战争。他自己的良知由于他的极度愚蠢，翻来覆去地给自己套上枷锁。在他的如此广袤的城邦竟然没有任何首领，他被剥夺了自己特有的和仅有的财产，被关进牢固得谁也不能破坏的监狱，却不从极其野蛮的女主人那里逃走，又不求助于智慧的祭坛。最后让我们这样做吧，让我们回头来看看我们自己，怜悯我们自己，让我们来和我们自己签一个神圣的盟约。事务祭司（feciales）[3] 已经为此准备好了，他们就在我们旁边，已经为我们准备好了契约文书，我们只要遵命就行了。[4] 所以我们要按照那条自然法律而行事，即每个人都要自身融贯一致（sibi constet）。这是很容易的，因为我们生而有之；我们也都乐意去做，因为这是我们的自然本性。

---

[1] 参见西塞罗，《论义务》，I，81：“虽然这些属于精神范围，但是另一些则属于伟大的才智：通过思考预言未来，预先判断可能发生什么好的和坏的事情，应该采取什么措施，而不是待到事情发生之后，才不得不说：‘我没有想到。’这些是具有伟大精神的、深信自己的智慧和思谋的人的事情。”（中译本参见西塞罗，《论义务》，王焕生译，中国政法大学出版社 1999 年版，第 79 页。——中译者注）塞内卡，《书信集》，76，35：“因此，智者使自己习惯于面对即将到来的困难，通过长时间的反思减轻那些邪恶，而其他人则通过长时间的忍耐来减轻它们。我们有时候会听到缺乏经验的人说：‘我早知道这个是为我准备的。’但是智者总是知道一切事情都是为他准备着的。无论发生什么，他都说：‘我早就知道。’”——英译本注

[2] 柏拉图，《法律篇》，765e—766a。——英译本注

[3] 事务祭司：原文为 feciales，即 fetiales，古罗马的战和事务祭司，负责处理国际关系、对外宣战、缔结条约等事务，他们保管着关于战争与和平的仪式的法则。这种祭司的组织叫做战和事务祭司团，成员为 20 人。因此，有时也被称为 20 人祭司团。——中译者注

[4] 参见西塞罗，《论法律》，II，21：“由于您的允许使我们达到了这一点：我们称为人的那种动物，由于被赋予了预见能力和敏捷的才智，拥有复杂、敏锐而强大的记忆力，充满了理性和审慎智慧，因而被上帝赋予了一种独一无二的地位……因为他是如此众多不同种类和千差万别的生物中唯一分有理性和思想的动物，而所有其他的生物都缺乏这个。但是，不仅在人的范围内，而且在所有天上地下，还有什么能比理性更为神圣的呢？充分成长和完善的理性就是智慧。所以，既然没有什么比理性更好的东西，既然它既存在于人之内也存在于神之内，那么人和神之间首要的共同财富就是理性。但是那些共同拥有理性的人也应该拥有共同的正确的理性。既然正确的理性也就是法律，我们就必须相信人和神也拥有同样的法律。再进一步，那些分有法律的也必须分有正义；那些拥有这些的将被看作是同一国度的成员。”——英译本注

三　让我们脱离一切虚伪空洞的学识
——前面两个演讲的附录

在1701年[1]所作的第三个演讲，可以看作是前两个演讲的实践方面的一个附录。其论点是“如果我们要用真正的而不是虚伪的、坚实的而不是空洞的学识来修养自身的话，那么在学问的社会就应该远离一切蒙骗”。他指出，在学问的共和国里需要过的是一种正义的生活，并谴责了三种人，第一种是主观任意的批评家，他们不公正地向学问宝库索取贡赋；第二种是宗派顽固分子，他们阻碍了学问宝库的增长；第三种是学术骗子，他们在他们对学问宝库的贡献上弄虚作假。[2]

[论点]

如果我们要用真正的而不是虚伪的、坚实的而不是空洞的学识来修养自身的话，那么在学问的社会就应该远离一切蒙骗

在至大至善的上帝所赐予的无限福祉中——它们从黑暗的虚无里创生并展开于世界之光中，你们谁如果用自己的精神正确地思考的话，他就会承认，其中再没有任何事物比人类心灵的自由意志（liberum arbitrium）更为灿烂和伟大了，这是从上帝的无限的善而来，并由上帝允诺和赐给人类的。这确实是一份无比丰厚和高贵的礼物，因为其他一切创造物都是各自的本性的奴隶，而只有人可以

[1] 实际上作于1702年10月18日，不是1701年。——意文本注

[2] 学问宝库：通过学问宝库这个比喻（但在演讲中并未使用），维柯一方面阐明了社会的和联合的本能力量，这是取自西塞罗以及公民人道主义的要求；另一方面他又批评了以培尔为开端的腐朽的放纵主义，后者站在宗派主义立场上，毫无理由地指责历史上他人的贡献，以及异于他们的任何学派的贡献。——意文本注

命令自己的本性。地球永恒地处于自身的重量平衡之中，既不左摆右晃，也不摇摇欲坠；[1]海洋毫不停歇地为浪涛激荡，但却从不逾越自身的界限；太阳日复一日、年复一年地持续它的工作，从不偏离半分，也从不停歇片刻；大地每年都按时返绿，按时收获，雄狮不减其胆，野兔不壮其志，[2]虎不去其凶残之性，牛不弃其驯顺之习。然而只有人是其所要，成其所欲，行其所喜。[3]同样，既然人类的始祖亚当是上帝用神奇的大马士革的陶土创造出来的，[4]那么我当然也相信，如果被称为世界的万物之宇宙有感觉的话，既然他规定所有创造物都要顺从其自然本性，却将人类看作他自己的管理者和主宰者，既然人类从本性上来说就具有这种自由，那么他当然也承认，人即使不是，但也几乎就是他自己的主人。[5]然而不朽的上帝还规定，人的本性也是他自身的奴隶，正如其他创造物一样！因为由于人类生来就是要正确运用他的理性，假如人类的自由意志受到约制，

[1] 西塞罗，《图斯库廊辩论》，V，69："想想看，当智慧的人在为这样的友谊奉献他的生命，在他们的研究中度过他的夜晚之时，智者的灵魂将必然带着何等的快乐而震栗！比如，当他发现整个天宇的运动和演化，看到天空中无数的星辰与苍穹的运动相合相谐，同时又坚守着它们预定的位置……毫无疑问，这一切景象激动着那些有些年纪的人，并鼓舞他们去进一步探索。这样就触发了他们对各种问题的研究，就好像万事万物都从种子里面得到它们的起源、繁殖和生长一样，他们要去探寻无论有无生命、能否说话的每一物种的起源是什么，何为生命，何为死亡，从一物到另一物发生了什么样的转变和演化，什么是大地的起源，等等。"——英译本注

[2] 参见塞内卡，《书信集》，85，8："无论激情有多高，都是毫无差别的；无论它的程度如何，都是不懂得任何服从的，也不会欢迎任何建议。正像任何动物，无论野生的、驯服的还是温顺的，都是不遵从理性的，因为自然使它们对任何建议都充耳不闻；同样激情无论如何弱小，它都既不跟随也不听从。老虎和狮子从来都不去其野性，它们有时候可能会较为温和，然而当你最不警惕的时候，它们柔和外表下的凶残却会激起狂怒。邪恶绝不会被真正地驯服。另一方面，如果理性盛行，那么激情连开始都不可能；但是如果它们已经正在反对理性的意志，那么它们就会继续坚持反对下去。因为在其开端制止它们，要比当它们得势时再来控制容易得多。"——英译本注

[3] 参见皮科，《论人的尊严》，p.5："神允许他得其所选，成其所要。"——英译本注

[4] 维柯可能是从肖尼塔（Gabriel Sionita）和马罗尼塔（Ioannes Hefronita Maronita）17世纪的作品中看到这个观点的（*De Nonnullis Orientalium Urbibus nec non ... Amsterdami apud Guilielmum et Ioannem Blaeu, 1635*，Chap.4，pp.18—19）。该书把由之而形成的大马士革描述为一个城市，并且解释了它的名字的含义。将大马士革以及它的花园和喷泉看作是人间天堂，这个传统可参见 *Qur' an* Sura XVII，1；XXIII，52。——英译本注

[5] 斐奇诺，《柏拉图神学》，XII，3。——英译本注

那么他追逐正义会比日月星辰围绕其轨道运行还要坚贞，在生活的谐定（constantia）上会比地球自身的持存还要稳固，在坚持人类法和神圣法的目的上会比海洋为海岸所包容更为虔敬，他将创造出与人的成长时期相合相应的德性硕果，即青年人要节制（temperantia），成年人要刚毅（fortitudo），老年人要审慎（prudentia），而人在整个一生都将坚持不懈地追求正义；他将永远不会为情欲而丧失人性，也不会因陷于贪欲而变成无理性的动物，像是中了女巫喀耳刻[1]的蛊毒一样。[2]实际上，人类精神的自由抉择是一切恶的源泉，也是人类承受的所有衰败、毁灭以及任何灾难的原因。所以，由于自由意志的滥用，人类用他的智力将一切本来无害的事物变成有害之物：搬运千钧巨石压于头顶，最终招致恶果；冒险航海以致船毁人亡；将铁刃磨得锋利，最后自己反受其伤；贪恋精玉美食从而招来饥饿，饱饮美酒因而思卧贪眠，为满足各种口舌之欲，因而早早地将自己送入坟墓；他处处自寻事端，败坏、毁灭自己的本性。[3]

但这些危害比起下面这些来说还是尚可忍受的，即他们滥用了学问研究，而学问研究之本来用途就在于纠正堕落的意志所带来的危害本身；不仅如此，他们还把精神的食粮和愉悦变成凶恶无情的毒药：这些事物本来要或单独或联合地发挥作用，以求培养精神的安宁，形成完美的习俗，但他们却仅仅从这些事物自身来搜刮操心的原因，并且他们败坏的心智犹如传染一样破坏了它们。如果我们用爱比克泰德[4]的话来说，这些人要么就是些虚伪的学者，要么就

[1] 女巫喀耳刻（Circean）：希腊神，能将人变为牲畜。——中译者注

[2] 西塞罗，《论占卜——反以凯基利乌斯》（*On Divination against Caecilius*），57。——英译本注

[3] 萨卢斯特，《朱古达战争》（*The War with Jugurtha*），89，7；也可参见《喀提林战争》，13，3。——英译本注

[4] 爱比克泰德（Epictetus，约55—约135）：古罗马新斯多亚派哲学家，奴隶出身的自由民，宣扬宿命论，认为只有意志属于个人，人对命运只能忍受。其学说见于其门徒阿利昂（Arrian）编纂的《爱比克泰德语录》和《爱比克泰德手册》。——中译者注

是仅仅具有空洞的学问。[1] 因为前者期望被视为学者，然而实际却并不是；后者尽管可以说是某种学者，然而他们的所有学问都不是为了培养智慧、精神的谦逊和人性，而是为了捞取空洞的虚名。[2] 所以，为了避免这两种弊端，前途无量的青年学子们，你们既然倾心于追随真正有学问有智慧之人，就有必要在今天订立如下誓约：远离可能存在于你们身上的学问的社会里的一切蒙骗。这也就是我们今天演讲的论点，你们要诚心聆听。

内在于人类精神中的一种无比巨大和无比强大的能力，就是使人与人在社会中相互协调（consociat）和相互联合（coniungit）的能力；所以不可能存在这样卑鄙、邪恶和不法之人，他浑身充满了邪恶的欲念，甚至都不会为了社会的利益而保留和爱护哪怕一点点正义，仿佛是燃烧后的灰烬，其中既保存不了也挑不出一点点尚存的火星。[3] 这方面的证据就是在任何其他场合中都惹人憎恶的海盗和强盗们。就连他们也像信奉宗教一样，虔诚地遵循着他们的邪恶社会的法律，例如他们要各施其能、各尽其责地对付共同的危险，例如无论什么地方有困难都应当施以援手，例如战利品应该诚信无欺地在他们之间进行分配，等等。[4] 有些学者跻身于学问的共同体之

---

[1] 参见阿利昂，《爱比克泰德语录》，Ⅱ，19，12—17；格利乌斯，《阿提卡之夜》(Gellius, *The Attic Nights*)，Ⅰ，2，6。——英译本注

[2] 这句话摘自托马索·科尔内利（Tommaso Cornelio，1614—1684）。科尔内利和莱奥纳多 狄卡普阿（Leonardo Di Capua，1617—1695）是兴盛于维柯年轻时代的新科学启蒙的先锋人物。参见维柯，《自传》，第 33、133、147 页。（中译本参见维柯，《自传》，收入《新科学》1744 年版，朱光潜译，商务印书馆 1989 年版，第 664 页。——中译者注）——英译本注

[3] 西塞罗，《论义务》，II，39—40："至少在我的观点看来，人生的每一步和每一职责，都需要人们的合作——首先就是，一个人要有能够与之分享对话的朋友。如果这个人不被看作是一个好人的话，就非常困难了……所以对于买家和卖家、雇主和雇员以及那些一般的商业贸易人员来说，正义也是商业行为所不可缺少的。正义是如此的重要，乃至于即使靠邪恶和犯罪而生活的人们，如果没有那么一丁点正义也是混不下去的。因为如果一个强盗通过暴力或者欺骗，从帮会中的另一个成员那里夺走了任何东西，那么他就丧失了在这个帮会中的立足之地。"——英译本注

[4] 参见柏拉图，《理想国》，I，351c—d；西塞罗，《论义务》，II，40。相同的思想在维夫斯《论教育》[Juan Luis Vives（1492—1540），*De Tradendis Disciplinis,* V] 中也可找到。维夫斯还建议学者们应当相互尊重，以诚相待，以求创造一种"圣洁的"团体，它的成员关心的是学术的进步，而不是金钱利益或个人荣誉。（这本书有英文版：Vives，*On Education*，trans. Foster Waston，Totowa，N.J.，Rowman and Littlefield，1971。）——英译本注

中，却搞起虚伪的或空洞的学问；他们是否神圣地维护和遵守了这个社会的法度，你们可以参照这方面的法律，并且按照法律所提供的标准来评判他们。

作为集体和社会的一员，法律规定人人都应该将其物品或劳动公之于众（conferat in commune）。所以，正如理性联系人类，语言联系民族，国家（respublica）联系公民，姓氏联系氏族，血缘联系亲属，利润联系商人，同样有必要以高水准的创作来统一各种善的艺术的作家们，有必要以对自然本性的研究来统一哲学家们。那么，那些从不将自己的任何东西公之于众、无所贡献，却用泰翁[1]的尖牙利齿抨击和诋毁他人的语文学家是服从这条法律还是对抗它呢？[2]他不把维吉尔列入英雄诗人之列，只是因为极具判断力的朗吉弩斯将西塞罗和狄摩西尼相比，而不把维吉尔和荷马相提并论；[3]然后他又挖苦西塞罗，雄辩术的高峰、精华和集大成者，说他与阿悉尼相比虚弱无力且支离破碎，与加图[4]相比又显得可笑；[5]他讽刺普劳图斯的众神过着寄生虫的生活，泰伦斯[6]的家奴也卖弄哲学；他批评李维与卡里贾拉（Caligula）相比拖沓冗长；他讥嘲萨卢斯特与同一个大阿悉尼相比热衷于陈旧古老的语词，又批评奥维德的风格浮夸造作，以至于精致得令人生厌；他讨厌卢卡努斯[7]的夸张自

[1] 泰翁（Theon）：语法学家和讽刺诗人。——中译者注

[2] 贺拉斯，《书信集》，I，18，81—82。——英译本注

[3] 参见朗吉弩斯，《论崇高》，12，4。——英译本注

[4] 加图（Cato）：古罗马贵族，以其严肃著称。——中译者注

[5] 参见普鲁塔克，*Cato m.*，21，7—8；西塞罗，*synk*，5。不是阿悉尼，而是M 尤尼乌斯·布鲁图斯批评了西塞罗，认为西塞罗杂乱无章、支离破碎。但大阿悉尼（Pollio Asinius）和小阿悉尼（Gallus Asinius，大阿悉尼之子）都不欣赏西塞罗的演说艺术，这的确是真的。——英译本注

[6] 泰伦斯（Terentius，前 195 或前 185—前 159）：古罗马剧作家，生于希腊。他身为一位元老院议员的奴隶，被带到罗马并在那里接受教育，后被其主人释放。其喜剧如《福尔弥昂》和《阿德尔菲》（*Adelphoe*），以其巧妙的幽默和精彩的对话为特征。他也是维柯经常引用的作家之一。——中译者注

[7] 卢卡努斯（Lucanus，39—65）：古罗马诗人，悲剧作家塞内卡的侄子。——中译者注

满，公开羞辱马提雅尔[1]在三科[2]修养上就像一个可笑的小丑。[3]那些从不将自己的任何东西公之于众、无所贡献，却又诋毁他人智慧的哲学家是服从这条法律还是对抗它呢？他嘲笑柏拉图的作品不过是老太婆的寓言，指责芝诺空洞地许诺许多神奇之物，指责他好高骛远，自负高傲，一幅盛气凌人之像；[4]然后是德谟克利特和伊壁鸠鲁，说他们无非肉欲俗人，[5]又称笛卡尔只是自然的劣等诗人，最后又将

[1] 马提雅尔（Martialis，40—104）：古罗马诗人，生于西班牙，因其警句、诗集而出名。——中译者注

[2] 三科（trivium）：中世纪指语法、修辞和逻辑三科。——中译者注

[3] 对古典作家们的这些评价，参见苏埃托尼乌斯，《卡利古拉传》（Suetonius，*Caligula*），34，2；*On the Grammarians*，10以及格利乌斯，《阿提卡之夜》，X，26，1。在普劳图斯的《安菲特律翁》（*Amphitryon*）一剧中，墨丘利在装扮成凡人索西亚的人类形象之后，承认自己是朱庇特的食客（诗句515、521和993）。在泰伦斯的《安德罗斯女子》（*Lady of Andros*）一剧中，另一个索西亚曾用哲学的表述方式讲话。就是从这里得出这一指责的，即普劳图斯的众神们行事就像食客，泰伦斯的奴仆们讲话像哲学家。对奥维德艺术的第一个批评，参见老塞内卡（Marcus Annaeus Seneca），*Controversial Topics*，Ⅱ，10，4："在他的诗中……他并不忽略他自己的缺点，相反他还敝帚自珍"，以及IV，28，5："奥维德不知道什么时候放弃会更好。"维柯也许受到丹尼·克里斯皮努斯·赫尔维蒂（Daniel Crispinus Helvetius）版本的奥维德的《著作集》（*Opera*，Lugduni，1689）的影响，在其中他可以读到："他会更偏爱限制而不是添加那索（奥维德的名——中译者注）的丰富和狂欢的风格……那索的天才中那些备受称赞的品质，因为即使它们是如此伟大，却还没有伟大灿烂到被我赞赏的程度。"（1，3—4）在对卢坎（Lucan）及其欣赏者的批评中，尤利乌斯·恺撒·斯卡利杰（Iulius Caesar Scaliger，1484—1558）这样写道："因此，我差不多是坦率地说，在我看来，卢坎是吠叫而决非歌唱。"[*Iuli Caesaris Scaligeri*，*viri clarissimi*，*Poetices Libri Septem*：*I historicus*，... *VI hypercriticus* ... *Apud Ioannem Orispinum*，*n.l.*（*sed Lugduni*）*1561*，p.325]——英译本注

[4] 参见西塞罗，《论最高的神》，III，5："哲学是生活的知识，不能以市井俗语来谈论它的主题。尽管在所有哲学家中斯多亚派哲人是这方面最伟大的革新者，但他们的先驱者芝诺，却更多地是新术语的发明家，而不是新思想的发现者。"《图斯库廊辩论》，V，34："并且如果说季蒂昂的芝诺（Zeno of Citium）——他只不过是一个异邦人和无名的警句编写者——似乎也爬进了古代哲学，就让这种意见的全部分量从柏拉图的权威中重新获得吧，在后者的著作中我们常常发现，除了德性外没什么可以称得上是好的表述。"——英译本注

[5] 笛卡尔（1596—1650）在他对伽桑迪（Pierre Gassendi，1592—1655）的第五组反驳的答复中，不断使用*carneus*（肉的）这个词，特别指伊壁鸠鲁是"一个全由肉做的人"，并且用"肉啊！"这样的称呼来针对伊壁鸠鲁。（Descartes，*Selections*，ed. by Ralph M. Eaton，New York，Scribner's，1955，pp.250ff）（中译本参见笛卡尔，《第一哲学沉思集》，庞景仁译，商务印书馆1986年版，第351—387页。——中译者注）西塞罗，《论义务》，III，39。——英译本注

愚人、呆子、傻瓜、糊涂、迟钝、笨蛋和一窍不通之人[1]

的所有愚蠢，都极端无耻地汇集在亚里士多德身上。那些从不将自己的东西公之于众、无所贡献，然而又要将古代医学和现代医学切成碎片的医学家是服从这条法律还是对抗它呢？在法学领域内，那些或者把阿库尔修斯[2]看作野蛮无知，或者认为库雅斯学派[3]除了知道合法脱离父权[4]和遗嘱方面的铜式行为[5]这类司法程式之外一无所知的法学解释者们又是如何呢？[6]这些人如果不是只想享受利益而不愿承受损失的合伙人（socium）又是什么呢？[7]所以，禀赋不凡的青年学子们，要流血流汗，竭尽全力，日夜劳作，勤奋著述，同时也要迎接挑战；那些不公之人对他人所作的批评，同样也会说给你们听；努力奋进吧，如果你要从事语文学（philologia），不要以

---

[1] 普劳图斯，《巴克斯基姐妹》（*The Two Bacchises*），1057。维柯使用了普劳图斯的这句诗来反对莱奥纳多 狄卡普阿在他的《对医疗中的不确定性的分析，第八分析》（*Ragionamenti intorno alla incertezza de' medicamenti*，*Ragionamento Ottavo*）中作出的批评，在那里他重复了拉克唐修、哲罗姆（Jerome）、安布罗斯（Ambrose）和特尔图良（Tertullian）对亚里士多德的批评。维柯断定，当他在没有认识到亚里士多德的价值和重要性的情况下就攻击他的时候，他就违反了必须联合所有学者这种团结一致的要求，这样维柯就纠正了他的错误。——英译本注

[2] 阿库尔修斯（Accursius，1182—约 1263）：注释法学派的知名学者，特别是他的《标准法注释书》（*Glossa Ordinaria*），把过去注释的精华汇集起来，公布于世，可谓集注释法学派之大成。——中译者注

[3] 库雅斯（C.Cujas，1522—1590）：法国沿革法理学派代表人物，被法王弗西斯一世（Francis I，1499—1547，1515—1547 在位）聘为布日尔大学教授。库雅斯既是历史学家，又是哲学家和法学家，以研究罗马法的沿革为主，譬如研究契约从要式口约发展到文书契约、要物契约，又发展到双方意见一致而无需书面的诺成契约的历史。——中译者注

[4] 脱离父权（emancipation）：家父自愿放弃对家子所享有的父权，这意味着家子从此取得自权人身份，彻底断绝了与原家庭的关系。——中译者注

[5] 铜式行为（per aes et libram）：早期罗马法的适法行为之一，表现为当事人一方用一定分量的铜块作为货币，向另一方换取相应的利益或者解脱相应的债务，有关的行为表现为由一名司称当着 5 名见证人的面，对铜块过称并将其交付另一方。——中译者注

[6] 维柯指的是劳伦佐·瓦拉［Lorenzo Valla（1407—1457），*Laurentii Vallae Elegantiarum Latinae linguae libri sex nec non in Bartoli de 'insigniis'... in Opera ... Basileae*，*apud Henrichum Petrum*，*mense Augusto*，*anno 1543*，p.633］对法学家阿库尔修斯所作的批评。相反维柯却对其大加赞赏。库雅斯（1522—1590）和他的门徒们致力于继承方面的法律文本的解释。——英译本注

[7] 参见乌尔比安，《学说汇纂：关于合伙》（Ulpian，*Digest*：*For a Partner*），XVII，2，29，2；52，4，56。——英译本注

挖苦的方式，而要正确地书写，以便避免他人的缺陷；如果你从事哲学，不要羞辱，不要诋毁，而要用理性，要从事物本身的论证来批驳他人的不足和失误。

此外，一个社会的本性就是讲求诚信。[1]正是出于同样的原因，才进而出现了法学家的那个公式："身处良善必行良善"(inter bonos bene agier)[2]；该公式的能力和功能就在于，使得任何应当都在法律上成为必然。不朽的上帝！在商业社会中，合伙人之间是公正合作的，然而在学问研究领域却有人不公正？让这种恶远离你们，青年学子们，让它远离你们。推崇那些在这方面值得你们崇仰的作家；对于那些在这方面确有不足者，你们应该将其归于人类的缺陷，怜悯我们本性上的共同不幸。因此，禀赋卓越的青年学子们，在语文学的研究方面，你们应该追求普劳图斯拉丁语的美妙，欣赏泰伦斯的典雅，尊崇维吉尔的庄严崇高，仰慕西塞罗直如大河般汹涌澎湃、汪洋恣肆的演说激情，[3]学习维吉尔诗中那站在大石上的牧羊人，[4]要迎纳李维如牛奶般的丰富深厚，萨卢斯特的尖锐犀利，[5]采摘奥

[1] 诚信：拉丁文原文为 bona fides，或译作善意。这个术语在民法上有两层含义：第一层含义是诚实守信，它是合法民事行为的基本特征。第二层含义是指行为人具有不侵害他人权利的善意，这是某些民事制度所要求的基本条件。诚信和善意是罗马法的基本原则，往往直接为民事审判和裁断提供基本的标准。这里的主要含义是诚信，当然也包括善意在内。——中译者注

[2] 西塞罗，《致友人》(*To His Friends*)，VII，12，2."但是，当你的每一行为都仅仅是为了你自己，而不是为了你的公民伙伴们的时候，你到底将如何维护市民法的原则呢？此外，那诚信诉讼中的合法规则，即**身处良善必行良善**该怎么办呢？因为诚实的人，难道是只考虑他自己利益的人吗？有些人唯一的行为标准就是他们自己的愉悦，在他们之间不可能达到任何共同利益，那么什么将成为你划分共同福利的合法规则呢？"《论义务》，III，61，70："应该从整个生活中排除伪装和隐瞒。因此，一个正派之人不应该为了以好的条件买进或卖出而进行伪装或掩饰……下述话语是多么珍贵：'如同正派的人们之间做事应该正派而无欺诈！'"(中译本参见西塞罗，《论义务》，王焕生译，中国政法大学出版社 1999 年版，第 299、301、309 页。——中译者注)——英译本注

[3] 塔西佗，《论演说家对话录》(Tacitus，*Dialogue on the Orators*)，30，5；昆体良，《雄辩术原理》，X，1，109。——英译本注

[4] 参见维吉尔，《埃涅阿斯纪》，II，304—308。——英译本注

[5] 昆体良，《雄辩术原理》，X，1，32："萨卢斯特那闻名的简洁，是最能取悦学者悠闲的耳朵的，但却是一个演讲者应避免的风格……另一方面，李维乳汁般的丰厚，对一个寻求的不是陈述之美而是真实与可靠的听众来说，很难有什么教导作用。"——英译本注

维德所描绘的花朵，崇仰卢卡努斯的勇敢尝试，赞美马提雅尔的箴言警句。如果你要献身于哲学，首先你要聆听柏拉图，聆听他谈论精神不死，谈论各种神圣观念的永恒无限的力量，例如关于众神，关于上帝，关于最高的善，关于涤除欲望的爱；并且要记住，他的名字是完全有权位于神圣之列的。聆听斯多亚学派吧，聆听他们如何庄重而严肃地讲授智者的恒定一致，你自己也会承认，他们是多么严格的，甚至可怕的德性守护者。去聆听亚里士多德，他在整个推理能力方面达到了何等高度，至今尚无人超越，后人所做的无非替他增加一些解释、论证和一些更为有用的示例而已；在雄辩术和诗艺上，他又传授了多么充满智慧的原理！你还应精熟他的无比权威的道德哲学体系；最后你会承认他的智慧的神奇。你应聆听德谟克利特，聆听他关于事物的起源，关于原子运动，关于感觉的极具真似性的思索；你将把他称为自然的明灯。还应聆听笛卡尔，聆听他关于物体运动、精神情感和视觉感知方面的新颖而令人惊叹的探究；聆听他关于第一真理的沉思；聆听他如何将几何学方法引入物理学研究中；你会说他是一位前无古人的哲学家。[1]如果你将研究医学，那么就应该学习盖仑，学习他在疾病的命名方面有多么精确，学习他如何专注于症状观察，以及他在诊断方面如何正确，你会承认他是最伟大的医学家。[2]如果你要从事法学，那么就应该研习阿库尔修斯的《标准法注释书》，如果不是自他之后拉丁语和希腊语的复兴以及罗马史的发掘的话，我不知道在我们的法学领域内是

[1] 维柯对对笛卡尔及其第一真理的讨论和批判，主要从《论我们时代的研究方法》中的方法论批判开始，在《论意大利最古老的智慧》及其两个答复中，又从形而上学层面进行了深入批判，并形成了自己独特的形而上学思想，之后又在《普遍法》中从法哲学层面有了成功的实践，最后在《新科学》中达到了顶峰。当然读者也可以从前面六个演讲中看到，维柯与笛卡尔的思想尽管较多是继承和肯定，但也有一些根本不同之处，特别是在人文教育方面，这也预示了维柯后来走上批判笛卡尔道路的必然性。——中译者注

[2] 信奉16和17世纪科学的学者们（例如莱奥纳多·狄卡普阿）不仅攻击亚里士多德，而且攻击盖仑（约130—约200）的医学。维柯则更为明智地通过保存最有价值的发现创造和学说思想，同时摒弃陈腐过时的东西，从而与过去保持一种连续性。——英译本注

否还会有什么比他更为伟大的人物诞生。因而所谓公正善意的评判也就意味着身处良善必行良善，使得在你身上能有认识和谅解他人之处。[1]

所以首先要力求认知；不要不明事因即下判断。因为一个力求认知真相的公正而善良的裁判官，在给任何人定下其应得的罪名之时，都会根据当事人自己在另外的场合中所作的勤恳表现对其有所补救和宽恕。[2]难道诚信不是同样也要求，对于那些你在私下里崇仰的作家们，你也应该在公众面前让他们得到应得的赞扬吗？[3]难道你暗地里对他人的著作佩服得五体投地，然而在公开场合却又对它们塌着鼻子不置可否？[4]难道这又是一种好的行为，当面给对方以虚伪的掌声，背后却又对他嗤之以鼻？诚信不能容忍这种尖酸的讥刺，也厌恶那些背地里的嘲讽。因此，如果你确知某个作家讲得很好，道出了真理，那么你就要小心，不要违背你精神的判断而掩盖他的成就；当你发现他在某些方面有所缺失、有所谬误或有所不逮，你也不应该任他在这条歧路上越陷越深，你应该尽你所能，用你的善意的言辞告知他的不足。[5]雅典人就用公众谴责来诅咒那些拒绝给迷途者指明道路的人，他们认为这种人是背弃人类社会的。[6]

---

[1] 泰伦斯，《自责者》，218—220："我要是有个儿子，我发誓他将发现我是个纵容的父亲，我将不仅寻找发现过错的手段，也要寻找宽恕它的法子，而不像我的父亲，他总是戴着另一个人的面具对我表达他的情感。当他喝了一两杯后，就开始炫耀卖弄地讲述自己的事情，并把它们弄混。他说：'你要从别人的教训中吸取对你有用的东西！'狡猾的老爸！说实话，他很不清楚他在把说教灌进一双多么聋的耳朵。"也可参见泰伦斯，《阉奴》，42："所以，如果那些新的剧作家献出的是他们的前辈们早就创作过的东西，你应该在认清事实的同时原谅他们。"——英译本注

[2] 参见贺拉斯，《家庭谈话》，I，3，69—70："如果是我的一个亲爱的朋友——我想这是正确的，他难道不应该把我的缺点和我的优点平衡一下吗？"——英译本注

[3] 参见贺拉斯，《书信集》，I，19，35—36。——英译本注

[4] 贺拉斯，《家庭谈话》，I，6，5—6；佩尔西乌斯，《讽刺诗》，I，118。——英译本注

[5] 西塞罗，《论义务》，I，94；I，18。——英译本注

[6] 同上书，III，55（应为54。——中译者注）："让一个买者匆忙地达成一项交易，并且以错误的判断招致极其严重的损失，如果这不是拒绝'给迷途的人指明正确的方向'（这是一项希腊人通过公众的诅咒来禁止的犯罪）又是什么呢？"I，51："理性和语言。这就是把人作为人统一起来并且统一一切之一切的最全面的契约；正是在这个契约之下，人们对（转下页）

又有谁能容忍他的朋友将他的尚有明显错误的著述公开，在著作还没有完成的情况下，就给他扣上谬误的帽子呢？正如自然的律令规定，人与人之间应该友爱相助，然而学者之间却否认这一点。充满希望的青年学子们，我们应该学会如何用人性的方式来教育别人；而那些辛勤耕耘于学问研究却不是为了对他人有所帮助，而是为了使他人惧怕的人，当然我相信在我们这个无比自由的学问国度，这种害虫是不会有的，他们应该被流放到最远的地方；[1] 他们威胁说：

> 谁如果招惹了我（最好不要碰我，我说），
> 谁就会以泪洗面，整个城市都会高唱他的恶名。[2]

那么，如果一个人如此固执己见，以至于任何强有力的理性都不能改变他的看法，这样的人是不是就有诚信，就是好人呢？

“你说什么呀？”

“神经根植于心脏。”

“为什么这样？”

“因为几乎所有的古人都赞同这个观点。”

“固然正确；但如果你不反感的话，请解剖这具尸体。”

“可是这样做有没有必要呢？既然这一点我们没人怀疑？”

“虽然如此，可是如果你不讨厌的话，解剖它；因为我本性上严谨多疑，所以我对此仍然存有疑虑。因此，我请求你解剖它。”

“显然没有这个必要。但是，为了顺从你的习惯，解剖吧。”

（接上页）于自然为人类的公共用益而产生的所有事物的共同权利才得到维护，并且伴随着这样的理解：所有被法令和民法规定为私有财产的一切事物都必须保证如此，就像法律中规定的一样；而所有其他的事务则应该遵照那句希腊谚语所蕴含的光明来考虑：‘朋友之间一切与共。’”贺拉斯，《诗艺》，404。——英译本注

[1] 贺拉斯，《诗艺》，413；也可参见阿利昂，《爱比克泰德语录》，III，15，3。——英译本注

[2] 贺拉斯，《家庭谈话》，II，1，45—46。——英译本注

“看来我爱你真没爱错对象。[1]现在请你看看心脏。怎么样？你就像一个迷信的肠卜士，看着内脏大口喘气，面色苍白。”

“没有，完全没有。”

“那么请你给我指出神经是源于心脏的。神经纤维极其纤细，认不出来了？肉眼是看不到的。用显微镜吧。”

“还是同样的结果。”

“不管，还是用它吧。”

“我担心这种光学工具会损害我的视力。”

“没有丝毫危险，不用担心。我们天天都在使用，也没有任何人因此而受到伤害。”

“看看你把我带到什么地方来了。”[2]

“现在看到什么了？看到神经植根于心脏了吗？”

“一点也没有。”

“我说得没错吧？[3]我不是说过，神经纤维过于纤细，所以你怎么都看不见。”

“听到了。”

“但是现在听我说。[4]请你观察大脑，不用显微镜，观察小脑上部的腺，也就是我们所说的松果体，你看到了吗？”

“怎么会没有呢？”

“然后继续看，有没有极为纤细的线通过颈部？所有神经都从这里通过脊髓扩散到整个躯体。”

“是的，我也看到了。”

“如何？现在应该改变看法了吧？”[5]

---

[1] 泰伦斯，《自责者》，360；《阉奴》，186；《两兄弟》(*The Brothers*)，946。——英译本注

[2] 泰伦斯，《安德罗斯女子》，399。——英译本注

[3] 同上书，423。——英译本注

[4] 泰伦斯，《自责者》，688。——英译本注

[5] 卡图卢斯，《诗歌》(Catullus，*Poems*)，10，29；12，4。很明显，在过去学习医学就必须学习解剖学。然而这对于亚里士多德和他的追随者们来说似乎并非正确，他们也相信神经植根于心脏而无须解剖死尸。(参见 Max Harold Fisch，“The Academy of the Investigations”，in *Science*，*Medicine and History*：*Essays on the Evolution of Scientific Thought and Medical Practice Written in Honour of Charles Singer*，ed. E. Ashworth Underwood，2 vols.，London，Oxford University Press，1953，I，521—563。)——英译本注

“一点也没有。因为自小就有另外一种观点深深地印在我的精神里了。”

哦，以上帝和人类之名，这不是大白天把太阳从天空中吞掉又是什么呢？我请你们从你们的精神中驱走那种固执，要树立正直之人所固有的真诚。只要你们固执于某种意见，其他更为真似之物就不会向你们显现；实际上抛却陈见并不可耻，人也不是故意犯错。固执来自抉择，错误来自人类的自然缺陷。我希望你们不要踏入争强好辩之列，他们满足于对任何社会都有害的言词抗争：“你说是，我就说不；你说不，我就说是。”[1] 我希望你们在生活的任何时候都要学会温良，你们应该这样欣然地说：“我当然承认；但您应该做到允许我否定；然后您用更好的方式来为我证明。”

最后，诚信排除一切恶意蒙骗（dolum malum）行为；[2] 如果阿奎利乌斯的定义不错，即蒙骗就是“实为此事，却佯作为他”[3]，那么确然无疑，这种语文学家就是在进行恶意蒙骗，他勉强学了半年一年的希腊语或希伯来语，就大声疾呼，仿佛他是雅典人或巴勒斯坦人的养子一样：“哦，如果你知道希伯来语就好了，这样你就能领会以赛亚伟大的雄辩术了！哦，如果你懂希腊语就行了，这样你也

[1] 参见泰伦斯，《阉奴》，252。——英译本注

[2] 参见保罗·尤利乌斯，《学说汇纂：关于合伙人》（Paulus Iulius，*Digest*：*For a Partner*），XVII，2，3，2。——英译本注

[3] 西塞罗，《论题法》（*Topics*），40；《论义务》，III，60，61：“当人们问他什么是恶意欺诈时，他［阿奎利乌斯］定义性地回答他们说，一件事物被伪装成某个样子，实际上是另一个样子。这一回答非常好，正是一个善于对事物进行界定的人的回答。因此，皮提乌斯和所有做着某件事情，却装成另一个样子的人都是些失信、邪恶、奸诈之徒。他们的任何行为都不可能是有利的，既然他们的行为被罪恶玷污……应该从整个生活中排除伪装和隐瞒。”（中译本参见西塞罗，《论义务》，王焕生译，中国政法大学出版社 1999 年版，第 299 页）；《论众神的本性》，III，74：“因此一切审判都出自监护和托管等的信任破裂，这又是由于在买卖、雇用、租借等行为中出现的誓约破裂而引起的合伙诉讼、托管诉讼以及其他一切诉讼；因此在私人诉讼中体现的是公共利益的程序……因此那借以捕捉各种不法行为的罗网，就是那由我们的朋友阿奎利乌斯·盖尤斯所颁布的‘恶意欺诈行为’，阿奎利乌斯同样支持使用这一项对欺诈的指控，当一个人实为此事，却佯作为他。”乌尔比安，《学说汇纂：关于不良信用》（*Digest*：*On Bad Faith*），IV，3，1。——英译本注

可以品尝柏拉图的蜜糖了！”[1]哦，不朽的上帝！要领会拉丁语的美及其味道，相对于它，我们讲的是多少有些变异不同的方言，即使整整十年的学习研究也是不够的；上帝才知道我们之中是否有人已经完全领会了。因为我们之中有谁能发现李维的拉丁语中的帕多瓦味道，以及恺撒的拉丁语中的高卢特征？[2]然而我们却在如此短暂的时间内，就能懂得对我们来说不仅截然不同，而且完全死掉的语言！我们时代精研希腊语和拉丁语的专家们说道，荷马与维吉尔相比低俗平庸，[3]狄摩西尼和西塞罗相比则贫乏无力。[4]唉，听众们，用萨卢斯特的话说，“我们把我们的过错归为事情本身”[5]。但荷马并不低俗，狄摩西尼也不贫乏无力，而是我们“实为此事，却佯作为他”。是我们并不懂得这些语言，是我们的无知使我们不了解它的语词的演化，不了解它的各种表述的准确优雅，也不了解这种语言的完美流畅。当希腊语兴盛的时候，罗马人竞相持久地学习希腊，维吉尔倾尽全力于此，从而罗马才有了自己的荷马；西塞罗全心浸淫其中，所以拉齐奥才出现了自己的狄摩西尼；而我们在希腊语完全绝灭的情况下，竟然对荷马和狄摩西尼下这样的判断？关于希伯来语，我将用寥寥数语来指明那些较为博学和较为聪慧之人的判断。今天关于希伯来语，我们仅仅拥有《圣经·旧约》；希伯来人直到公元一千年才构想出它的语法，而且这也是或根据古老的译本，或诉

[1] 参见保罗·尤利乌斯，《学说汇纂：关于合伙人》，XVII，2，3，2。——英译本注

[2] 昆体良，《雄辩术原理》，I，5，56：“我……要指出，词不是本地的就是外来的。外来词，就像我们的人口和制度，是在生活实践中从大地上的其他民族传过来的……波利奥就因李维沾染了帕多瓦方言而责备他。”同上书，VII，1，3。——英译本注

[3] 尤利乌斯·恺撒·斯卡利杰（Iulius Caesar Scaliger）在《诗论》(*Poetry Books*）第五章中认为维吉尔高于荷马。——英译本注

[4] 这个判断似乎来源于彼特拉克（1304—1374），他在《论对自己的无知》(*On the Ignorance of Himself*，IV，13）以及《凯旋威名》(*Fame Triumphing*，III，18—24）中坚持这一点。大多数人文主义者都追随彼特拉克，如坎帕内拉（1538—1639）就是这样。（参见 *Thomae Campanellae De libris propriis et recta ratione studendi ...*，*in H.Grotii et aliorum Dissertationes de studiis instituendis. Amstelodami*，*apud Ludovicum Elzevirium*，*1645*，p.404。）——英译本注

[5] 萨卢斯特，《朱古达战争》，1，3—4。——英译本注

诸《圣经》马苏拉本（Massoretharum）[1]的权威，或依据犹太法学博士们（Rabbinus）[2]的推断而勉力完成的。《圣经》的古权威版本遗留至今的只有拉丁文公认版，教会在数百年内仍然保留着其古老传统，无甚大变，就肯定了这一点。关于其他一些最古老的版本，你们自己去评判好了。那就是七十子希腊文本《圣经》[3]，这是在埃及国王托勒密二世（Ptolemaeo Philadelpho）统治时期，脱离巴比伦的囚禁至少两百五十年后完成的；[4]在这个时期，神圣语言的各种用法必然早已随着年深日久的奴役生活而毁败，无数语词的优雅准确和表达的纯净圣洁也已磨灭殆尽。从七十子的无数阐释中可以明显看到，他们在阐释中往往把同一个表述翻译成迥异不同的意义，以至于他们不仅不能在自己之间达成一致，而且在所要表述的事情本身上也不能达成一致。除此之外，你再考虑一下抄写者的疏忽大意和语言不通，异教徒的精心篡改，以及最后时间所造成的损坏。由于当时真正的发音方法已经失传，于是马苏拉学士们又给希伯来语加上了音标。犹太法学博士们的推测又是如此的虚弱无力，任何一个人只要稍加留心，便可发现他们任意推导希伯来语的发音和字母上的相似性，任意揣测它们的遥远的起源，还妄加叙述不确切的历史故事，以证明他们自己的解释。他们据此所编纂的词典必然也充满了缺陷。我说这些不是要使你们惊恐，在对这类语言的学习研究面前望而却步；它们本身是极为美好和极为有用的。实际上，你们一定要努力奋进，尽你所能地去掌握它们；只要还有路可走，你就应该

---

[1]《圣经》马苏拉本：公元6—10世纪根据《圣经》文句、读音和评注的口传传统编写而成。——中译者注

[2] 法学博士们（Rabbinus）：在犹太法律、仪式及传统方面受过训练的人，并被任命主持犹太教集会，尤指在犹太教堂中的主要神职人员。——中译者注

[3] 七十子希腊文本《圣经》：前3世纪编纂而成的《圣经·旧约》的希腊文本。——中译者注

[4] 参见奥古斯丁，《上帝之城》，VIII，11；XVIII，42。马苏拉和他们的工作并不为维柯所看重。参见《普遍法》，见《维柯全集》[*Opere di G.B.Vico*，ed. Fausto Nicolini（8 vols. in 11），Bari，Laterza，1911—1914，2：179]。维柯似乎也接受了七十子版本是在托勒密二世（前309—前246）时代编纂而成的。——英译本注

前进到不能前进为止。[1]

但我要警告大家，不要不懂装懂。哲学家如果实则为此，却佯作为他，那就是在蒙骗，他对他所不知的东西摆出一副确定的嘴脸，以便用科学的外表掩盖他真正的无知。

“什么是反感（antipathia）？”[2]

“反感是一种德性，由于这种德性，一种事物不能容忍另一种事物。”

“以仁爱的上帝之名，请给我解释，这种德性存在于什么事物之中？”

“要我说，它存在于某种隐蔽的性质之中。”

“那么我就想知道，这种隐蔽的性质到底是什么？”

于是他便嗫嗫嚅嚅，又支支吾吾。唉，这不就是蒙骗了吗？为什么不一开始就撕掉一切伪装，诚恳地回答：“我不知道”？

另一个哲学家向我建议用几何学方法来证明物理事物。

“以赫拉克勒斯之名，我从来没有这么强烈地想知道。”

“那么请接受关于物体的这些定义。”

“我接受。”[3]

“然后要接受关于物体运动的这些规律。”

“接受了（factum）。”

“接受我所说的这些条件？”

[1] 贺拉斯，《书信集》，I，1，32。——英译本注

[2] 在维柯的时代以及之前，关于“同情”和“反感”的著述非常丰富。盖仑的追随者们坚持这个理论，即自然中存在着相似的性质，它们能够产生同情；同时也存在着不相似和不一致的性质，它们产生反感，但是他们不能解释这些性质是什么。维柯与莱奥纳多·狄卡普阿在一起批评他们。——英译本注

[3] 泰伦斯，《安德罗斯女子》，86。维柯似乎赞同牛顿（1642—1727）的力学，而不是柏拉图或者笛卡尔关于以太的理论。——英译本注

"没问题。"

"那么我们就用几何学的方法，从已知的和确定无疑的前提出发，依此类推地从一个结论推出另一个结论。"

"你在前带路，我跟着。"[1]

"你难道不理解被抛的物体之所以跌落，不是由于他们所说的重力，而是由于空气的压力吗？这是如此清楚明晰，就像任何三角形三角之和等于两个直角一样？"

"哦，但愿上帝给我这样的好运气，能让我理解你所说的话！"

"但是你接受我们所说的前提。"

"这当然，因为它们最像是真的[2]。"

"那么为什么不能跟着我呢？"

"因为笛卡尔的某个运动规律有可能是错误的。但为什么我说'有可能'呢？因为无比博学的马勒布朗士已经给他找到了不止一个错误。"[3]

可是为什么我们要向一个心灵健全的人灌输我们不懂装懂的东西，灌输几何学证明方法，而这些都是他无法跟上的东西呢？这种情况就和一个眼睛非常正常，而且头脑清醒的人在太阳下面看不到光线相似，在这种情况下，心灵把握不到真理，正如眼睛看不到光线一样。最后我们要承认我们自然本性上的某些缺陷；学习研究的作用也就在于此，它使我们知道我们无知，或者说所知甚少。[4]语

[1] 泰伦斯，《安德罗斯女子》，171；《阉奴》，908。——英译本注

[2] 最像是真的：原文是 verisimilia，verisimilis 就是"像真的"、"类似于真的"，这个概念成为维柯后来的形而上学的一个关键概念，也是反对笛卡尔主义的主要武器。下文一般都译作"真似的"、"真似之物"等。——中译者注

[3] 笛卡尔在《哲学原理》(第二部分，46—52）中推出了关于物体动力的七个原理，马勒布朗士（1638—1715）在他的《真理的探索》(*De Inquirenda Veritate*）第四部分中，尽管他承认了其中四个原理的有效性，却证明了其他三个的不准确。维柯在 1708 年的《论我们时代的研究方法》第四章中又重复了这一点。——英译本注

[4] 维柯接受了苏格拉底关于有学识的无知（*docta ignorantia*）的教义，这很可能是受人文主义者库萨的尼古拉（Nicolas of Cusa，1401—1464）的影响。恩斯特·卡西尔这样解释道："有学识的无知……这个概念肯定了'知道无知'这个观念；相对于经验和经验（转下页）

文学家，你可以非常自豪，以为知道了罗马的所有器皿和所有衣饰，对罗马城市的街道、宗族和城区了如指掌；但这有什么值得高傲的呢？你知道的不过是罗马陶瓷匠、厨师、鞋匠、旅人以及街上公告人都知道的东西。哲学家，你吹捧自己，以为理解了万事万物的本原和原因。你凭什么骄傲呢？你凭什么捧起你高傲的精神，而同时相反的哲学学派却认为你犯了错误？

所以我们要把握学习研究的真正价值，要认识到人类始祖遭到禁止的好奇之心，对我们来说就是剥夺了对事物真正理解的好奇之心。由此各种学养才将学者和俗人区分开来。两者都无知；然而俗人相信自己知道，学者却认识到自己无知。[1]同理，如果智者在肯定任何事情之时都不排除例外，“我肯定这是对的，如果没有更为正确或更为真似之物反对的话”，那么他在一切事情上都能道出真理，这样他就从不为人所欺，也从不欺人；同样他也从不会说愚人们所说出的话：“我的所想与你不同”。所以让我们在学问的社会里剔除一切蒙骗行为，让我们称颂那些作家的德性，并且用这些德性来补救我们的缺陷；我们要将我们自己的所有公之于众；不要在学问的相互汲取上蒙骗我们的朋友；也不要虚报我们的贡献。你们想要掌握新的艺术来效仿那些作家的德性吗？那就去爱他们吧。你们想要

（接上页）知识来说，它肯定了‘无知的知识’这个观念。经验包含着真正的知识；但是确然无疑，这种知识必须承认，尽管它可以走得很远，但是它只能达到一个相对的，但永远不可能是绝对的目标和终点。”（*The Individual and the Cosmos in Renaissance Philosophy*，trans. Mario Domandi，Oxford，Basil Blackwell，1963，p.23.）——英译本注

[1] 维柯又一次重复了柏拉图的苏格拉底教义。参见《申辩篇》(*Apology*)，21c—d：“和他交谈以后，觉得此人对他人，对许多人，尤其对自己显得有智慧，可是不然。于是我设法向他指出，他自以为智，其实不智。结果，我被他恨，被在场的许多人恨。”同上书，23b：“你们之中，惟有如苏格拉底这样的人最有智慧，因他自知其智实在不算什么。”同上书，29：“这才荒谬……只是不智而自命为智，因其以所不知为知……以所不知为知，不是最可耻吗？”（中译本参见柏拉图，《游叙弗伦　苏格拉底的申辩　克力同》，严群译，商务印书馆1983年版，第55—56、57、65页。——中译者注）；《小西庇阿篇》(*Hipparchus min. or Lesser Hippias*)，372c：“的确有很好的理由来为说谎、侮辱他人以及其他任何伤害行为辩护，如果该行为是出于无知的话……我希望你将善待我，不要拒绝医治我，如果你能治愈我灵魂的无知，那将比治愈我患病的身体要有益得多。”这被所有的人文主义者看作是他们思想的基本点之一。——英译本注

学会克服缺陷的新的道路吗？那就不要把学问研究当作好奇，并且如果观点有所碰撞，你们应该带着公正善意的态度去评判。你们想才学兼备、出类拔萃吗？努力成为你们想要成为的人吧。[1]这样的话，学问的社会中那无比丰富的果实就会向你们纷至沓来；你们应拥有谦逊的精神，谁也不要认为他知道超过他的能力极限的东西；[2]同时要破除一切蒙蔽，度过一个纯洁而诚实的人生。

---

［1］参见西塞罗，《论义务》，II，43："尽管苏格拉底曾经巧妙地说过，存在获得荣誉的最接近的，并且似乎是最快捷的途径，那就是如果有人想得到它，那他就应成为人们希望他成为的那种人。然而如果有人以为凭伪装，凭空洞的夸耀，凭不仅虚伪的言辞，甚至虚伪的面部表情，便可以使自己得到永久的荣誉，那他就大错特错了。真正的荣誉会生根，还会延展，所有虚伪的东西会像小花一样迅速萎谢，任何伪装的东西都不可能长久地存在。"（中译本参见西塞罗，《论义务》，王焕生译，中国政法大学出版社 1999 年版，第 195、197 页。——中译者注）也可参见色诺芬（Xenophon），*Memorable Things*，II，6，39。——英译本注

［2］贺拉斯，《书信集》，I，7，98。——英译本注

四　人人为公民之公共的善而培养自身

1704 年[1]所作的第四个演讲提出的论点是："谁如果想要在学问研究中获得无上大用，并且与荣耀（honostate）[2]相伴，他就应该为光荣（gloriae）[3]或公共的善而修养其身"。这是为反对一些专门谋求一己私利的虚伪的学者而发的，出于这种目的，他们所追求的不是真正的博学，而是表面的博学，并且一旦得到了既定利益，他们就开始好逸懒作，不惜采取最为恶劣的手段来保持他们的学者之名。[4]

[论点]

谁如果想要在学问研究中获得无上大用，并且与荣耀相伴，他就应该为国家之善或公民公共的善而修养其身

如果你们之中或许哪位用心回忆起前两年，他可能就会想到，这项一年一度的制度，即原来由我虔诚地主持，在今天这个日子，以对青年学子们发表演讲来庆祝你们的开学典礼，曾经中断和停止了；现在看来，我们确实又重新拾起了这个传统。显然，他可能会以为，这项传统主要是出于形式和隆重（solemnitatis）[5]，而不是出

[1] 实际上作于 1705 年 10 月 18 日，不是 1704 年。——意文本注

[2] 荣耀：原文 honestas 的本来含义有两重：一是诚信、良善、正直等，二是荣誉、荣耀、光荣等。从词源学上来讲这个词源于拉丁语 honos，意为荣，它的古老形式为 *honus，意为尊重，崇敬。这里虽有时暗含着前面一重含义，但主要是指后者，故译为荣耀。译为荣耀而不是荣誉，主要是考虑到荣誉是别人的赞誉，而荣耀则必然要从自身发出。——中译者注

[3] 维柯在这篇演讲中用的是 reipublicae，即国家之善，而不是光荣。——中译者注

[4] 这场反对那些学者们将用益和真理以及荣耀分裂开来的论战，也是古典修辞学的典型特征，特别为西塞罗所支持。——意文本注

[5] 瓦罗，《论拉丁语言》（*On the Latin Language*），VI，61："*dico*（说）有其希腊起源，就是希腊语中所说的 δείκνύω（展示，显示）。由此，*dicare*（说）就是显示、展示……（转下页）

于有所当为，要不然他就会追问我们这种沉默的原因和理由。不消说，优秀艺术和科学并不是如此的轻松，只要谁愿意去迎接，它们就自动投怀送抱；自然更不是如此的容易，你全心旁骛，它们却自投上门；也不会是康庄大道，只要你花点功夫，就必有所成。而是相反，它们是如此的困难，以至于看起来像是超越了人的自然本性。对于一个把学问当作生活的人来说，他必须摒弃几乎一切感觉，它们曾被认为是人生的忠诚向导，以便能理解事物的真理；必然要封闭他的形成各种物体形象的能力，即想象力，以便能洞察第一真理；他应该解放心灵的狭隘空间以至无限，以便能在思维中表现自然的无限王国；最后，他还有必要摘除心灵之眼，也就是理性，这样他才能被授知上帝的奇迹，因为上帝的奇迹犹如使徒所说，“是不能用论证来揭示的”。[1] 我所说的这一切，青年学子们都应该牢记谨行，因为在你们这个年纪，感觉能力最为旺盛，想象力占据主导地位，而心灵由于刚刚脱离物欲羁畔，尚且极为狭小；最后，理性由于完全处于对事物的无知之中，因而甚至对邪恶也产生好奇之心。如果人类应该以劝勉、告诫和恳谏来推动他履行各种责任，这些责任与其人性不仅毫不相悖，而且完全适合，那么就需要付出多大的努力，以使青少年们几近脱离他们的自然本性，而这种本性在现在这个阶段又是最有活力的时候！所以我在这里劝勉大家投身于各种优秀艺术和科学的研究，远不是为了炫耀卖弄或装点门面，因为我无数次

（接上页）*iudicare*（判断）之所以是判断，是因为 *ius dicitur*（正确或法被说出）；从这里出现了 *iudex*（法官，裁判官），因为一旦他获得了这种权力，他就可以 *ius dicat*（谈论或展示正确或法）；*dedico*（肯定，断定）也就是通过谈论或展示某些固定的言词（dico）来终结或划定某事项。”又见同书 VI，95；西塞罗，《控威尔瑞斯》(*Against Verres*)，IV，53。维柯也和瓦罗一样掂量每一个语词，并且接受了 *solennitas* 和 *solemnitas* 这两个拉丁语概念之间的区别。前者来自 *solum*（一，一次）和 *annus*（年），意思是一年一度的庆典；而后者来自 *solum*（一，一次）和 *amnis*（河流），意思是在河边举行的庆祝仪式。——英译本注。

译者以为在这句话中强调的显然不是一年一度，而是形式和仪式上的隆重这层含义。英译本虽然有了上述这些解释，但是仍然将它译作 an annual celebration（年度庆典）。——中译者注

[1]《新约·希伯来书》，11:1。——英译本注

看到（因为每天都看到），虽然青年学子们在这弱小年纪里，从天性上来说是厌恶劳作而倾向于娱乐和游戏的，然而每当度过了一个又一个沉浸于严肃的思索之中的不眠长夜[1]之后，便趁着黎明的第一线曙光，冒着大雨汇聚在学堂，或者抖抖擞擞、忍着寒冷来听讲；同样，蒙上帝的怜爱，为了使他们不灰心气馁，只要在我能力所限，我便不厌其烦地努力劝勉他们坚定信念。

虽然这项制度确实非常有必要，正如你们所看到的，但是你们也完全不会惊诧于我们将这个责任停卸了两年之久。在那段时间内，我不愿意再运用演说这种形式来激励大家，因为已经有了许许多多更能激动人心的事件和因素，它们推动着青年学子们去从事对智慧的自由研究。就在这整整两年的时间里，博学之士们纷纷屈尊来到这里参加教授资格竞选，赢取无比高贵和无比荣耀的奖励，即获得公开承认的教书育人的资格；同时，我们的无比博学的教授们，与我们的极其严肃和极其智慧的学监文森特·维达尼亚先生[2]一起，被授予最高的竞选裁判权，他们以其最高的虔诚，不可思议的智慧和非凡的恒定一致，来评判甄选你们未来的教师。我所要说的是什么呢，充满美好希望的青年学子们，那些高贵的教授们十年如一日、任劳任怨地关怀着你们的学问修养，无非是说明，你们是国家关怀的特殊对象，以期望你们以后能和君主一起，以你们的智慧来管理和保护国家。同样，如果学习各类公民艺术（artes civiles）的最大动力就是能够近于国事，那么当国家主动提供给你们机会，按照国家的要求来培养你们，并且以此希望你们以后能参与国家治理为国效

[1] 卢克莱修，《物性论》，I，142。——英译本注

[2] 关于文森特·维达尼亚（Vincent Diego Vidania，1631—1732），参见维柯，《自传》，第147、160—161、157页。[中译本参见维柯，《自传》，收入《新科学》1744年版，朱光潜译，商务印书馆1989年版，第676页。朱光潜译本作文浅佐·维丹尼亚（Vincenzo Vidania）。——中译者注]。当1723年4月维柯竞争市民法教席的时候，维达尼亚是对他进行考察的委员会的主席。参见《维柯全集》[*Opere di G.B.Vico*，ed. Fausto Nicolini（8 vols. in 11），Bari，Laterza，1911—1941，8：289—297]。——英译本注

劳的时候，你们应该考虑的是什么呢？

所以，在我们这所配备和汇聚了众多博学多识的教授的大学里，既然有了如此之多和如此重要的动力，对于重新担负起这项职责和任务的我来说，在今天这个日子，在我脑海中，再没有什么比这个论点更为有力地鼓励你们，更加使你们爱戴我们的国家的了，即谁如果想要在学问研究中获得无上大用，并且与荣耀相伴，他就应该为国家之善或公民公共的善而修养其身。但是在我阐明这个目的中的荣耀（honestatem）和用益（utilitatem）之前，我觉得有必要用寥寥数语说明，我的乡民（populares）们，什么样的必要性将你们联结起来，以及你们之间在爱的何种高度上相互对待。

听众们，你们都是兄弟，你们也都在用一种真正兄弟般的友爱培育着那公民亲情（civilem adgnationem）。什么？你们非常惊奇。当然了，在震惊之中你们可能指责我在说谎，因为我断定你们感到了这种亲情，然而实际上你们之中谁也没有这种感觉。我并不是在编织谎言，而你们的惊奇也不是没有理由。因为我要说，这种兄弟友爱的感觉虽然确实存在，但却被和公民一样众多的血缘关系的巨大数目所稀释和钝化了！因为自然的定律就是“于促狭处暴力生”；所以甚至轻轻的微风也能使海峡波涛汹涌，然而大海却丝毫不为所动；大河于漩涡处奔腾冲突，然而在宽阔的河床中却温和安宁。同样，高贵的父母之爱在家庭人丁众多之时所要分给的子女愈益众多，那么分在每一个子女身上的爱也就愈益消减。但是如果家门人丁不兴，家族的所有希望都落于幸存的一个人身上，那么对所有逝者之爱就会返而燃烧于这一幸存者之内。我还请你们观察一下是否有这样的事例，即跋涉于遥远的异邦的人们，即使他们在那里经过拼搏奋斗，成为极其尊贵的主人和无比诚信的庇主，当他们某一天出于偶然[1]看到了他们的乡民，只要提到他们的民族的名字，即使他们

[1] 泰伦斯，《阉奴》，134。——英译本注

毫不认识，也已经有一条紧密的爱的链条将他们联系起来，[1]（我就不用说那些即使在家乡互为仇敌的人，在异邦也常常化干戈为玉帛）以至于他们把一切主人和庇主身份都抛在脑后，亲情关心则占据了首位。如果你们要问其间的道理如何，要么是我错了，要么就是这种比友情还要强烈的兄弟亲情，他们在家乡、在众多的公民中从未感觉到，然而在［异邦的］孤独之中却体会到了。

公民们，你们已经知道了你们是通过何种亲情纽带，以及在爱的何种高度上而联系在一起的；故而我羞于还要这么虔敬和真诚地努力向你们阐释，你们为公民公共的善而修养自身是多么荣耀之事。出于其他的原因，你们进而会了解到，真诚地为公民的用益和需要而奉献是多么高贵的责任（officium）。因为我当然相信，你们能够很容易理解，这种亲属关系的根源在于祖国，与祖国的纽带，对祖国的爱慕和关怀就包含了所有一切的纽带，对所有一切的爱慕和关怀。祖国母亲仿佛披着宽大的长袍，在她的胸怀中蕴含和汇聚着对上帝的爱，因为是他保存着我们；汇聚着对君主的忠顺，因为是他管理着我们；汇聚着对民族开创者的尊敬，因为是他们为我们创建了这座城邦，奠定了我们的社会文明；还汇聚着对我们祖先的深切追思，因为是他们为这座城池的扩张和威名做出了不可磨灭的贡献。看看，我们有多么前所未有的美好权利，它将我们与祖国的一切声名联结在一起！因为祖国给予了我们这个权利，让我们能在这个民族里诞生，这个民族不仅敬事那唯一的真神，即至大至善的上帝，而且让她引以自豪的是，她在意大利这片土地上，确立了对四方所有百姓和民族的宗教权威，并且在漫长的数世纪里巍然屹立。

[1] 西塞罗，《论义务》，I，57："但是，当你用理智和心灵观察一切的时候，在所有的社会关系中没有哪一种比我们每个人同国家的关系更重要，更亲切。父母亲切，儿女亲切，亲人亲切，朋友亲切，然而一个祖国便囊括了所有这些亲切感；只要对祖国有利，有哪个高尚的人会犹豫为祖国而献身呢？因此，那些用各种罪恶折磨祖国，有的现在忙于、有的过去忙于让祖国彻底遭毁的人的疯狂行为就更令人鄙夷了。"（中译本参见西塞罗，《论义务》，王焕生译，中国政法大学出版社 1999 年版，第 57 页。——中译者注）——英译本注

祖国给我们的恩惠就是让我们生于一个伟大的君王之下，他的统治疆域是如此辽阔广大，以至于谁如果想要效仿他的无上权威，就必须创造出新的大地；另外一个恩惠就是与在他的疆域内的首要民族（principe natione）之间存在着一个公正良好的盟约。我们也要将这归功于我们的祖国，即我们能颂扬英雄时代的开创者们，使他们在人类历史中永垂不朽；他们在这风水宝地创建了这座城池，在这里养育了无数温顺、聪慧和强大的人民；这里大地如此丰厚肥沃，上天如此眷顾怜悯，因而堪称是广袤大地上的聚宝盆；他们用如此优良的法律和如此吉祥的占卜创建了我们的社会文明，使得我们的祖国伴随着永恒的德性和永远的幸福日益强盛，以至永远；最后终于在西班牙王的统治下，我们的祖国汇聚了巨大的财富和声名，跻身于大地上最为伟大和最为广袤的城池之一。要归功于我们的祖国的还有，我们能够在他人面前推举我们的先辈，他们以其征战与和平的伟大艺术与延续不绝的荣耀，使那不勒斯之名广为传颂。

要归功于祖国的东西是如此之多和如此之广博，以至于即使你们任何人的父母到五湖四海，甚至异邦觅求良师，不惜重金苦心孤诣，以求使你们受到良好的教育，然而为祖国而努力学习一切要学习的东西仍然是一种荣耀；祖国为你们的父母准备了充分的财富和必要手段，以便他们能够担负起你们学业的开支和花销。但就算是你们之中有人像广为称颂的伊壁鸠鲁一样，凭借着自己独有的才智，无师自通，自成大家，[1] 但他仍然应该把他的学识归功于他的祖国，因为是他的祖国赋予了他如此良好的禀赋和如此幸运的才智。因此要铭记，你们每个人都应该对你们的祖国感恩报德，因为祖国为我

[1] 参见西塞罗，《论众神的本性》，I，72：“事实是，你们这些人只会死记硬背地重复伊壁鸠鲁在半睡半醒间说的那些毫无价值的夸夸其谈；因为正像我们在他著作中读到的那样，他吹嘘他从未受过任何教师的指导。就算他没有宣称这一点，我自己也很愿意相信，正如我相信一间建造拙劣的房子的主人吹嘘他没有雇过一个建筑师！”拉尔修，《名哲言行录》（Diogenes Laertius，*Lives of Eminent Philosophers*），X，13；恩丕里柯，《反对数学家》（Sextus Empiricus，*Against the Mathematicians*），I，3。——英译本注

们这所大学在所有知识门类上都准备了充足的博学良师，他们不向你们收取任何费用，不向你们设立任何障碍，也不用任何人推荐吹捧，他们欣然自愿地向你们言传身教，公开向你们展现他们的学问成就；他们或因材施教，或根据你们父母的建议，引领你们学习掌握各种科学艺术，以使你们能够受到全面的教育。各项法律惩罚那些忘恩负义的获释奴隶，他们一旦从他们的庇主那里获得了自由的全部好处，就不再用他们所擅长的技术手艺来为释放他们的庇主以及庇主的子女和亲属服务了；[1] 然而你们不仅从你们的祖国那里获得了自由，而且还获得了极为高贵的公民权、生之幸运、天生才智，还有你们的教育本身，难道你们还能够出于个人利益的原因而肆意妄为，却不会在你们的祖国、你们的子女和兄弟面前留下忘恩负义的丑恶之名吗？

然而我已经忘了你们的尊贵，因为我将曾经极其低贱卑微的获释奴隶与高贵自由的青少年们相提并论，并且混淆了法律的必然要求和责任良心（officii pudor）之间的区别。罗马公民中的那些高贵人物才是值得你们效仿的榜样，他们在执法官、占卜官、祭司、大法官或者其他极为重要的职位上已经证明，他们无论在神的事务还是人的事务上都有着高深的智慧，卸任后又以其经年的阅历和高贵的荣誉，庄严地从事法学智慧的研究，仿佛呼唤着他们的精神迈向那生命的荣耀之门；然而他们并不是躲在家中，更不是通过什么隐秘的方式来传授他们的法学智慧；相反，他们四处奔走于法院内外，以解答咨询者的各种问题；[2] 为了使市民们在想要寻求他们的帮助时

---

[1] 乌尔比安，《学说汇纂：关于辩护士的权利》（*Digest*：*On the Right of the Advocate*），XXXVII，14，1；保罗·尤利乌斯，《学说汇纂：关于自由人的权利》（Paulus Iulius，*Digest*：*On the Right of the Freeman*），XXXVIII，1，16。——英译本注

[2] 西塞罗，《论演说家》，III，132—133："你是不是以为……没有人能了解整体，每个人只能研究他所从事的那一部分？我在这里也曾经常听到我父亲和我的岳父谈到，那些希望以智慧著称的国人通常也总是希望能掌握当时在我们国家里可能学到的全部知识。他们谈到塞克斯图斯·艾利乌斯，至于曼利乌斯·马尼利乌斯，我们甚至见过他在广场上来来回回地漫步，并且可以看出，他这样做是为了能够为所有的国民提供劝告。不管他们是在外面（转下页）

不会感到甚至一点点的不便，他们抓紧时间奔走于道路，不敢有丝毫耽搁。这些圣贤智者认为，他们应该运用他们在国家政治经验中所学到的审慎智慧，随时随地准备为公民造福。

根据上面的例子，为什么在国家的深切关怀之下，在教授的智慧指点之下，在极为博学之士的成熟经验的指导之下，在学监的殷切关心和国家的公共资助之下，受到教育是一件荣耀之事，我请你们自己去用心思考；但允许我在接下来的演讲中来阐明这种荣耀所带来的无比丰厚的回报。因为确实，如果我是在对已经获得完满智慧的你们来发表演讲，对你们来说

用益和美善从不离分，

那么在我向你们提出你们的各项学问研究的目的后，也就证明了它具有无上大用，同时我也就阐明了它的无比荣耀。但是当你们来到这里，站在门口所要欢迎的不是智慧，而是智慧的奴隶，即各种人文艺术和科学之时，在我看来，这是对苏格拉底的那项指控的切割和分裂。在这项指控中，苏格拉底批判那些最初区分用益与荣耀这两个用语的人，并认为这是对人类社会的极大危害，是从错误的意见中得出的结论。[1] 这种错误在人类的精神中植根如此之深，以至

（接上页）散步，还是在家里坐在圈椅里，人们都不断前来向他们咨询，不仅向他们咨询市民法，而且向他们咨询婚嫁问题，购买土地问题，耕种问题，总之一句，向他们咨询有关一切义务和事务的问题。”（中译本参见西塞罗，《论演说家》，王焕生译，中国政法大学出版社 2003 年版，第 599、601 页。——中译者注）培根，《论学术的价值和进展》，VIII，2，见《培根著作集》（*De Dignitate èt Augmentis Scientiarum* in *The Works of Francis Bacon* in 10 vols.，London，1819，7，382）；西塞罗，《论法律》，I，33。——英译本注

[1] 参见柏拉图，《阿克拜第篇》，I，116c—e；西塞罗，《论义务》，III，11：“我们已经听说，苏格拉底经常谴责那些第一个给按其本性上不可分割的事物做出概念区别的人。当斯多亚学派坚持这个正确的原则之时，即任何道德上正确的也就是有利的，并且任何道德上不正确的也就是不利的，他们就是与这个教义相一致的。”III，34：“因为他说过，真正的有利是不会在某种特殊情况下与道德上的正确相冲撞的……而只有看似有利的才会如此。他经常证明这样的事实，即如果不是同时在道德上正确的也就不是真正有利的，同样，不是同时有利的也就不是真正道德上正确的。”III，101：“当人们将有利和道德公正脱离开来的（转下页）

于当我力求证明，有德之人的死比他们的生命更有价值，以及将遗产慷慨大度地转为公共福利对捐赠人来说同样也是巨大的用益之时，也许对你们来说我的演讲会显得很奇怪。同样，我也要对苏格拉底的这个论断做一个区分；那些或者完全由物质所构成的事物，例如金钱、家私和不动产等，以及那些部分地由物质所构成的事物，例如撞击、伤害和杀死，等等，我并不乐意赞同在它们之中不存在上述分裂现象；但是至于那些完全来自精神，并且纯粹由理智构成的事物——所有高贵艺术和科学都涵盖在这一种类之中——我却敢于肯定，这里不仅任何用益都必定和某种荣耀密切相联，[1] 而且如果用益不受荣耀原则指引，没有按照荣耀原则来安排的话，这些用益也就不可能成为最高的用益。因为责任出自心灵和精神的能力，它并不像生命、农庄和房子这些事物，这些事物如果要花掉（insumit）就不能再用（utitur），如果要用就不会将它们花掉；[2] 然而令人惊叹的那类事物则是这样，即谁把持着它们就不能拥有它们；谁将它们赠与他人，反而因为他的赠与而保有了他所赠与的东西；由此你可

（接上页）时候，他们就是在颠覆自然所确立的基本原则。”III，110;《论法律》，I，33：“苏格拉底诅咒第一个将用益和正义分裂开来的人，在这方面他是正确的，如其往常一样；他指责道，这种分裂就是所有危害的根源。”——英译本注

[1] 参见西塞罗，《论义务》，I，94；III，35：“再一次：如果我们生来就是为了道德公正，并且如果它像芝诺想的那样，是唯一值得追求的事情，或者至少如亚里士多德所坚持的那样，是无限地胜过其他一切事情的事情，那么必然的结论就是，道德正确或者是唯一的善，或者是最高的善。现在可以说，善当然就是有利，道德正确同样也是有利。”塞内卡，《书信集》，120，2—3：“这就是我想要说的：有些人相信善就是有用；相应地，他们也将这个头衔给予财富、骏马、美酒以及鞋子。他们把善看得如此低贱，并且将它降低到如此卑微的用途中去。他们也把符合正确的行为原则叫做荣耀——比如赡养老父、救济贫困、沙场骁勇、意见审慎而健全等。不过，虽然我们把善和荣耀分为两件事情，但是我们把它们看作是出自一件事：只有是荣耀的才能称为善的，同样，荣耀的必然也就是善的。我认为，再加上这两种性质之间的区别是多余的，这我已经提出过很多次了。但是我还要说这一点——我们不能把可能被任何人滥用的任何东西称为善的。”——英译本注

[2] insumit，拉丁语中主要含义为消耗、耗掉、耗尽；utitur，即使用、采用、对某人有用。意译者将其分别译为 impiegare（使用，利用）和 servirsi（对某人有用，需用），英译者分别译为 abuse（滥用，不正当地使用）和 profit（从中获益，对某人有用）。中译者认为两者都没有体现出原文中用完、耗尽（insumit）和使用、受益（utitur）这两个词在某种条件下互不相容的含义，因而很难理解维柯这里所要表达的正确含义。——中译者注

以敏锐而正确地[1]说，贪婪它们的人反而贫穷，慷慨大方者反而无比富足。的确，在诉讼的辩护、疾病的治疗和可行与否的建议中，在接受者和给予者之间，何者感到了他的行为的意义了呢？如果事情确实如此，那么就必然得出这样的结论来，即如果要谁给自己的相应责任提出更高的目的，那么他就必然应该从中得到更为丰厚的报偿。然而什么目的又能比尽可能地有益于更多的人这个目的还要崇高呢？只有在这个目的中，人们才一个比一个更为接近上帝，因为上帝的本性就是有益于所有的人。谁如果真正要尽可能地对更多的人有益，那么他就必然要尽可能地使自己获得更高的才能；而在学问修养上达到他的最高极限的人，就是那些竭尽所能地去聆听、阅读、讨论、沉思和写作的人。

那么现在，根据上述，我们已将荣耀设定为我们学问研究的首要目的，至于那些次要目的，虽然并未设定，也未作为追求对象，却会自动自然地跟随而来，以使我们能为君主增添光彩，为民族增添荣耀，一句话，就是为国家所需要。你们曾见过哪个博学之士，他为其君主的王国增光添彩，却不为他们的君主所用？你又曾见过哪些人满腹经纶，他为其民族挣来了无限荣耀，而不被外族予以厚礼重金聘任？你又是否见过，哪个被认为是对国家必不可少的人才，没有在他们的国家获得极高的荣耀？因为，听众们，这确实是万事

[1] 敏锐（argute）而正确（vere）：关于“敏锐、尖锐、巧妙、言谈中的机敏、聪明”，维柯在《自传》（*Autobiography*，p.188）以及在《演说术教程》（*Institutiones Oratoriae*，ed. Giuliano Crifò，Naples，Istituto Suor Orsola Benincasa，1989，pp.282—307）中有所论述。就是在这些课程中，维柯对他的学生提出了自己对于 *dictum acutum*（一种敏锐的言谈）的观点，他在演讲中展示出，如何将这种言谈应用于它的三个基本组成部分——*res*（物）、*verbum*（词）和 *ligamen*（它们的关联）。在《演说术教程》中保存下来的这些课程的记录中，我们看到了关于“机智或敏锐的言谈”的不同范畴。在“敏锐的言谈”这个属下面有着不同的种：*argutum*（敏锐），*ingeniosum*（灵巧，聪睿），*paradoxicum*（反论），*ridiculum*（可笑，荒唐），*sublime*（崇高）和 *symbolicum*（比喻，象征）等。在维柯的研究者中，穆尼在《维柯在修辞学传统中》（Michael Mooney，*Vico in the Tradition of Rhetoric*，Princeton，Princeton University Press，1985）一书中，用敏锐（*acuity*）和机智（*wit*）这两个术语考察了这些概念。——英译本注

万物之间的一条无比紧密的链条：从有益于人类社会这个律令（ex consilio）中诞生出责任（officium）；从各种责任的履行之中又生长出德性之意见（virtutis opinio）；紧跟着德性之意见的就是对善的称颂（bonorum laus）；对善的称颂又必然会导致权威（authoritas）的出现；由此荣耀、财富和庇护就随之而来。这条道路比追逐各种目的的腐坏的政治决断不知要高贵多少和可靠多少，后者虽然来自一个纯洁的源泉，但却深陷于错误的逆流之中，行进于泥泞污秽之间。他们断定，对于一个真正的政治家来说，再没有什么比全身心地去追求一个唯一的目的更恰当不过的了。为什么作为一个真正的公民的人（vir vere civilis）不应该照料一切中的一切呢？他们说，如果谁这么做的话，他就会丧失无数的机遇，因为机遇通常是在实践事务中潜在地被给予的，也许它们更加适合和符合我们未来的需要，而不是我们当前着手的事情。进而他们又规定，一个政治家在任何一项实践事务中都应该如此行为，并且如此做出自己的决定，即如果在某件事情上不能圆满地达到自己的意愿，那么就应该退而求其次，至少也应该有第三层次的满足；如果完全没有任何成功的条件，那么他们将会把他们的努力转而投向另外一个与既定目的不同的目的，以便在自然和生活实践中，在某种意义上，没有什么东西是白费无用的。所以他们按照这样的秩序来安排和分配他们的各种目标：最高目标是荣耀（honores），其次是感恩（gratia），再次是友爱和名声，最后则是他人对我们的尊重和我们的尊严。所以对我们来说最完满不过的就是，他人给予我们以殊荣；当这不能做到时，至少我们要寻求他人的感恩，这当然将会是有益的；然而当条件既不允许我们能获得现时的成果，也不允许我们有关于成果的未来的希望之时，我们就应该力求为自己赢得友谊和好的名声；如果最后没有任何可靠的指望或者根本不确定，是否对我们的愿望有所裨益，那么我们至少也要努力争取，赢得他人对我们的尊重和我们的尊严。如果允许在这种严肃的事情上偶尔开开玩笑的话，在我看来它们就像是但丁在他的《地狱篇》中所描述的阶梯，看起来他像是从地心的最深处往更下面下降，但实际上他却是在上升。[1]故而可以说，在我们看来是政治家的最高目的的，他却认为是最低的；而实际上最低的，他却认为是最高的。因为我请你们看看，在荣耀（honor）和尊严（dignitas）这两个目标之间，哪一个更为确实和更为高贵？对于那些把荣耀作为他们的公民生活的最终目的的人来说，最常发生的就是，一旦在荣耀的追求上遭到挫折，就把希望转而寄托在其他事情上，放弃了国家利益而埋头钻营自己的个人前途；就算是他们偶获殊荣，但是，因为他们的精神狭小，就像生病的胃不能品尝醇厚美味的葡萄酒一样，由于他们满足于屑微的荣耀，所以也就不再诚心努力地去追求更为高尚的目标了。相反，如果一个人既把荣耀也把尊严当作人生决断的向导，即便对荣耀的渴望惨遭打击，他也丝毫不减其志，仍然信念坚定地为国家谋福利、求幸福；其结果就是，荣耀随着时间的流逝而累积起来，并且总会归于他；当他赢获殊荣，取得更高的地位，负起更高的责任，他也就会以更为崇高的精神去从事这些事情；而且他不会将所赢得的荣耀看作是从君主那里取得的对于他已完成的功绩的奖赏，而是将它看作是给予君主的对于他应当履行的职责的保证；只要他属于这种人，我们的国家没有什么荣誉不会降临到他的头上；如果没有降临到他的头上，那就是说他还没有得到更有价值的肯定。最后我可以用这句话作为总结：通往自家门口的是羊肠小路，而通往君主王宫的是光明大道。

我确实非常希望，如果有这样的父母存在的话，他们能在这里听到我的这番演讲，并且能够理解，仅仅追求各种荣誉本身是学问研究中狭隘的，而且有时简直无用的目的；因为他们将卑俗的利禄作为学问研究的回报灌输给子女，还把子女半生不熟的学问展现给公众，仿佛是在市场上兜售一样，以至于他们的子女宁愿裹足不前，

[1] 但丁，《神曲·地狱篇》（Dante Alighieri, *Divine Comedy*: *Hell*），34，76—81。——英译本注

终生蜗居于卑微的萤虫之光中。然而至于你们，确实并不像我所担心的那样，因为你们正满怀着无比美好的希望，这是青年人出于自然本性而憧憬渴望的东西，因而你们更愿意把高贵看作是符合你们这个时期的本性的东西；正是由于同样的原因，你们也更应该注意，不要受空洞无用的机巧诱导，从而决定投身于那些较为诱人然而空洞的学问，以至最后去追逐学问上的虚荣。我要求你们去除这种思想，如果你们之中有人这样认为的话。我这么讲并不是想让你们在这些学问面前感到恐惧，相反我是在竭尽才力地劝勉、告诫、推动和激励你们去挖掘这些学问；既然时代文化中各种为国家所必需的知识都已经取得了长足进展，所以谁如果想要对它们有完善的了解，他就必须还要全面而深刻地学习那些可以说更为人文的学问，即必须推进神学、法学、医学、语言学、历史以及雄辩术等方面的研究。实际上，从事于这些看似无用的学问的研究也是智慧明见，因为尽管它们可能在外面无用，放在家里又过于沉重，你们自己也并不乐意，但你们却可以将这些学问研究与对国家的无上大用，以及对你们的无上裨益结合起来。最后，如果我没有弄错的话，我就用这句真正合乎政治的名言作为总结：君主敬重对国家有所裨益的艺术和学问，限制对国家较为严重的危害，例如贪婪和纵欲。[1] 因此你们要用公共的善来指导你们的学问研究，杜绝一切肮脏卑俗，剔除一切浮华不实；这样我将毫不怀疑地确信，即使你们并不想要，无比高贵的荣耀、无比光荣的幸运、无比纯洁的财富、无比忠诚的从属(clientela)、忠贞不移的感恩、毫无奉承的颂扬以及不沾半点强力和欺骗的真正荣耀，最终也都会追随你们而来。

[1] 萨卢斯特，《喀提林战争》，5，8；12，2："一旦财富被看作是荣耀，光荣、统治和权力随之也受到尊敬，德性就开始失去它的光辉，贫穷就会被看作可耻，清白就会被认为是恶毒。所以，作为财富的结果即奢侈和贪婪，与傲慢联合在一起，占据了年轻人的心灵。他们掠夺然后浪费；他们看不起自己的所有，垂涎他人的财富；他们漠视谦逊和贞洁，以及一切人性的和神性的东西；简而言之，他们是完全无思想和无顾忌的。"李维，《建城以来史》，前言，11，XXXIV，4，1—2；参见塔西佗，《阿格里柯拉传》(*Agricola*)，15，4。——英译本注

五　让我们用文教使武功更荣耀，使帝国更强盛

1705年[1]的第五个演讲中的论点是："当一个国家在文教[2]上最为繁荣之时，也就是这个国家在战争荣耀上最为显赫，在统治权力上最为强盛之时"。维柯首先用充分的理由强有力地证明了这一点，然后又用下述一连串的事例证实了它的正确性。在亚述兴起的是迦勒底人，他们是世界上最早的有学问的民族，也建立了最早的君主专制国家。[3]当希腊以其超越过去一切时代的智慧为荣时，亚历山大大帝推翻了波斯这个君主专制国家。罗马是在西庇阿大帝的统帅之下，建立在迦太基人的废墟之上的，而西庇阿自己就无比通晓哲学、雄辩术和诗歌，正如在泰伦斯的无与伦比的喜剧作品中所表现出来的那样。这些作品其实是西庇阿大帝和他的友人利略合作写的，但他认为它们不值得以自己的名义问世，所以就以泰伦斯的名义出版了，当然也有一些东西是属于泰伦斯的。[4]当然，罗马的君主专制政体是由奥古斯都所创建的，这个时代的罗马闪耀着整个

[1] 实际上作于1706年10月18日，不是1705年。——意文本注

[2] 文教：原文是 literis，literae 一般译作学问，现代意大利语和英语基本上都是用源自拉丁语的 lettere 和 letters 来翻译，这两个现代语词的含义主要是文学。但在拉丁语中，litera 的主要用法并非文学或文学作品，而是各种学问和文化教育，这和广义的 artes（艺术）意思相近，包括各种人类文化知识和科学技术。在一般情况下，译者将其译作"学问"，不过在这里侧重于人的文化教育方面，而且是和武功或军事相对，故而译作文教。另参见本书第2页注释[3]。——中译者注

[3] 第五个演讲在列举四大君主国的时候也提到了迦勒底人，后在《新科学》1725年版第25节以及后来的各版中都肯定，迦勒底人建立了历史上最早的君主专制国家，同样也是世界上最早的智慧民族。参见西塞罗，《论预占》，I，2，91。——意文本注

[4] 在这个开学演讲的摘要中，维柯记述了大西庇阿的人道和节制，却毫不谈论泰伦斯喜剧的假设渊源。维柯《自传》中的这种诋毁后来在《新科学》1744年版第967节又重申了一次，只不过以"人们说"这种方式有所掩蔽而已。关于冒名顶替这个流言，我们也是从泰伦斯自己那里知道的，他在《阿德尔菲》一剧的序言中曾对此作过辩护。但这个流言仍被苏埃托尼乌斯饶有兴味地作为谈资，参见《论诗人》(*De poetis*）中的《泰伦斯生平》(*Vita Terenti*)，3—4。——意文本注

希腊智慧和罗马语言的光辉。意大利最为灿烂的王国当属提奥多鲁克（Theodoric）朝代，其时有着卡什阿多鲁斯（Cassiodorus）等大学者的辅佐。[1] 在查理大帝时代，罗马帝国又在日耳曼复兴起来了，因为各种学问在西欧各王室已经完全绝灭，然而在他的时代却又由于阿尔库恩（Alcuin）之类的学者们开始复兴起来了。[2] 荷马造就了亚历山大大帝，他就是满心渴望在英勇上以阿喀琉斯为范例塑造自己，而尤利乌斯·恺撒又是以亚历山大大帝为范例成就他的伟大事业的；这两位伟大的领袖谁也不能说谁更加伟大，而他们却都是荷马的英雄的门徒。基麦涅兹[3] 和黎塞留[4] 这两位大主教都是极其伟大的哲学家和神学家，而且其中一位更是教会演说家，前者为西班牙，后者为法兰西制定了君主专制国家的蓝图。土耳其人是在野蛮的基础上建立起伟大的帝国的，但靠的却是一位博学而不虔敬的基督教僧侣塞尔吉乌斯（Sergius）[5] 的智谋，他为愚笨的穆罕默德制定了法律，在此基础上才建立了土耳其帝国；然而当希腊人从亚洲开始陷入了野蛮状态，而后便完全沦落之时，阿拉伯人却开始研究形而上学、数学、天文学、医学，就是凭着这些学问，即便并不具有

[1] 这个例子在演讲中并未提及。但这个野蛮的王国是受某个博学的卡什阿多鲁斯（约 490—约 583）的智慧所启蒙这个论点确实是学园（Medicinacoeli）讨论的一个共同话题。参见拉克，《历史部分。哲学史和学者放纵主义》（M.Rak，*La parte istorica. Storia della filosofia e libertinismo erudito*，Naples，Guida，1971，pp.179—180）。——意文本注
据朱光潜注，卡什阿多鲁斯大约在公元 6 世纪当过国王的秘书参谋，写过《高特族的历史》和《论各种制度》等重要著作，已失传。——中译者注

[2] 阿尔库恩（Alcuin di York，735—804）：擅长诗和修辞术，宫廷学派（Schola Palatina）的重组者。所谓的加洛林王朝的复兴也主要是受到他的指点。但这个例子在演讲中也没出现。——意文本注

[3] 基麦涅兹（Simenes）：即西班牙的弗朗西斯科·西门涅（Francisco Ximenes de Cisneros，1436—1517），曾是一位政治人物，有颇深的神学修养，曾创办过大学。——意文本注

[4] 黎塞留（Riscegliù，1585—1642）：自 1624 年起在法国掌权。这是又一个将文化和权力结合在一起的恰当例子。他起初在 1614 年是国家神职演说家，因而维柯称颂了他的雄辩术。他在文化上的另一个成就是曾创办法学学园。——意文本注

[5] 塞尔吉乌斯（Sergius，？—638），希腊正教神学家，君士坦丁堡牧首（610—638），支持拜占庭皇帝在边疆作战并摄理政务，提出基督一能论和基督一志论，受到反对和驳斥。——中译者注

最高的人文修养，就已唤醒了极其野蛮而残暴的阿尔·曼苏尔们[1]的征服野心，并以此达到最高的荣耀，最后帮助土耳其建立了一个废除一切学问研究的帝国；不过，如果不是先靠希腊人而后是拉丁人的基督教叛徒们陆续为他们提供各种艺术和战争谋略的话，它也许早就自动灭亡了。

［论点］

当一个国家在文教上最为繁荣之时，也就是这个国家在战争荣耀上最为显赫，在统治权力上最为强盛之时

文教和武功这两者何者更为高贵？在极为博学之士中，尽管关于这个问题的争论由来已久，且广泛而深入，但是至今仍在争论不休；文人学士们站在自己的立场上，为他们的学问研究作了严肃有力、丰富充实的辩护。同样，站在武功的立场上所作的辩护也不在少数，并且其分量之重和力度之大，使得其论点也很难被撼动或驳倒。[2] 因为武功训练所有德性中最为显要的德性即刚毅

［1］阿尔·曼苏尔们：即伊斯兰教的哈里发们，阿尔·曼苏尔指的是阿拉伯帝国阿拔斯王朝第二任哈里发（754—775在位），是该王朝的实际奠基人。“曼苏尔”的意思是“胜利者”、“征服者”。——中译者注

［2］关于文教艺术与武功艺术两者孰高的争论是由博纳尔多（Bernardo da Siena，1380—1444）在15世纪提出来的，参见他对彼特拉克诗的评论（*Commento ai Trionfi del Petrarca del'prestantissimo filosofo chiamato Bernardo da Siena... Venexia per Theodorum de Reynsburch et Reynaldum de Novimagio，compagni；...1478*）。博纳尔多坚持武功艺术比文教艺术要优越，因为后者为的仅仅是个人福利，而前者为的则是国家福祉。对立的观点是由瓦拉（Lorenzo Valla，1406—1457）在《论拉丁语言的典雅，书六部》的序言（*In Sex Libros Elegantiarum Praefatio*）中提出来的。这个争论到16世纪仍在持续，但却以一种较为平静和少有成效的方式进行着。最后，在穆莱图斯（Muretus，1526—1585）的《论文教荣耀》（*De Laudibus Litterarum*）的第三演讲中，这两种对立开始被忽略了。他举恺撒和色诺芬为例，以及希腊米蒂利尼岛（Mytilene，即累斯博斯岛）上的居民过去一直禁止被征服民族的儿童接受文化教育这个事实，来证明他的观点。这个论点就构成了维柯这篇演说的先驱。这里维柯提出和发展的论点的前提取自穆莱图斯，以及特别是培根的《论学术的价值和进展》，I，见《培根著作集》（7，53—107）。培根的《论学术的价值和进展》初成于1623年，但其中的论点早在1605年的一个非常简练的英文作品中就已经谈到了，见《培根书两部，关于学问、神性和人性的进步和发展。献给国王》（*The Two Books of Francis Bacon，of The Proficience and Advancement of Learning，Divine and Human. To the King*，J. M' Creery，Black-Horse（转下页）

(fortitudo)，有了这个德性，人们才可能成为英雄。而文人学士的生活则是隐逸闲散的。[1] 其次，国家的创建和扩张是靠武功而不是靠文教；强大的民族以其战争威力使他人畏惧，而从事于文教艺术之人却轻易遭受他人的侵犯。所以无怪乎君主和国家几乎总是用各种最为崇高和最为光彩的荣耀，来激励战功显赫的将士。一个议员世家要通过数代世袭长袍加身才能勉强达到的尊贵，一个名不见经传的新人却只要在一场战争中表现卓越，就可能如飞般地被提升至相同的位置。对此文教的辩护者们会回答道，如果说刚毅是英雄的德性，那么审慎智慧就几乎是神的德性，它知晓命运的恰当时机，将机缘转化为真正的行动；他们还力图证明，以明哲（consilium）来

（接上页）Court，Fleet Street，London，1808，pp.20—21）。在这里培根说："因为经验告诉我们，无论在哪一个人身上，还是在哪一个时代，都存在着学问和武功之间的一种相互一致性和相互共存性，它们繁荣昌盛于同一些人身上和同一个时代。至于在人身上，亚历山大大帝和恺撒大帝是旷古绝今、无与伦比的一对；其中一个人在哲学上是亚里士多德学派的学者，另一个则在雄辩术上堪与西塞罗相抗衡。如果有人需要作为伟大将军的学者，而不是作为伟大学者的将军这方面的证据，那么就让他看看底比斯的伊巴密农达（Epaminondas，约前 420—前 362，古希腊将军，两次击败斯巴达，建立反斯巴达同盟。——中译者注）和雅典的色诺芬（前 431—约前 355，古希腊将领，历史学家，苏格拉底的学生。——中译者注）吧，其中一个是重挫斯巴达政权的第一人，另一个则是推翻波斯王朝的开路先锋。这种相互共存的现象在时代身上比在个人身上更为明显，因为一个时代比一个人要庞大得多。无论埃及、亚述、波斯、希腊还是罗马，在武功兴盛的同时，同样以其文教而极受尊崇；因而最伟大的作家和哲学家，最伟大的将军和统治者都曾生活在同一个时代。然而相反的情况是不会存在的：因为比如说在人身上，肉体机能的成熟和心灵的成熟几乎是在同一个年龄段达到的，只是肉体机能的成熟来得稍稍早一点；国家也是这样，武功对应的是人的肉体，而文教对应的是人的心灵，两者在历史上或同步，或几乎先后出现。"——英译本注

[1] 培根，《论学术的价值和进展》，I，见《培根著作集》，7，64；《论学问的进步和发展》(*The Proficience and Advancement of Learning*)，pp.26—27："在想象中，学习会使人闲暇安静，并且使人懈怠；如果说习惯于不停的运动和长久的激动的心灵中能产生懈怠，那倒是一件奇怪的事情；然而相反，可以真正肯定的是，除了那些学者之外，没有哪一种人热爱工作本身……只有学者热爱工作，并且把它当作一种符合本性的活动，与心灵健康相一致的活动，正如锻炼与身体健康的关系那样，活动本身就给了他们快乐，而不是为了任何交换。所以他**们是所有人中最不知疲倦的**，如果他所从事的工作能够占领和吸引他的心灵的话。"（强调为英译者标出。）参见西塞罗，《图斯库廊辩论》，II，27："但你注意到诗人们所带来的害处了吗？他们让勇敢的人哭泣，他们削弱人的精神，并且除此之外，他们还赋予诗歌以一种迷人的魅力，使得我们不是纯粹地去读它们，而是用心灵去记住它们。这样，如果诗人们的影响和坏的家教结合起来，并且在阴柔隐逸的阴影中度过一生的话，那么阳刚的力量就彻底被侵蚀了……然而毫无疑问，我们受教于古希腊人，从小就用心不仅去读，而且去记住诗人们的言辞，并且把这些教育教导当作一个自由人的继承物。"——英译本注

保有社稷比以德性来打造社稷更为重要，敬畏君主比恐惧君主要更为合理；而且，他们回溯历史说，长袍加身者也常常在国家中赢得最高荣耀和最高权力。虽然如此，但他们的辩驳或者无足轻重，或者疑问重重，或者不分轩轾，最后关于两者之间何者更为高贵的问题仍然没有消解。高贵的青年学子们，我们民族的共同智慧不是通过需要或者有用，而是通过荣耀和光荣引导你们走向无比伟大的事业的，于是在这里，为了给你们提供一些对你们的学习研究来说较为确定、较为肯定和较为重要的东西，我就向你们推出如下论点，即当一个国家在文教上最为繁荣之时，也就是这个国家在战争荣耀上最为显赫，在统治权力上最为强盛之时。

我看到你们的精神在你们每个人的额头上因为惊奇而耸立，听众们，是不是因为我将会向你们推出下面这个论点，即文教不仅不会因为武功而败落，而且后者还将因前者而受益？当然这是出于你们意料之外的，但我请你们本着你们的人性，静静地听一听为什么这是真理。然而在我们起锚出港之前，我们注意到，在港口还盘旋着敌对论点的猛烈旋风；如果它们还没有在阳光的照射下消解于无形的话，我们就不可能扬帆远征。因为人的本性就是如此，我们由于心灵的鲁莽冲动而抱住错误不放，同时我们生来就是要面向真理，追寻真理，所以在我们追寻真理的路上总是曲折多磨，荆棘满布；我们之所以现在还要来证明这个论点，就是因为我们所讲的真理还尚未被认为是真理。因为有人会问，战争的巨大荣耀和智慧的最高颂扬这两件事，怎么可能在同一个国家之内不仅相互容忍，而且相辅相成呢？因为军队崇尚肢体之能，文章教化却空耗其身；战争使人的精神野蛮，智慧则对其进行驯化；军人喜斗好战，哲学家却热爱闲逸；军人甘洒热血是战争的需要，而智慧的探索者却苦于知之无涯、生之短暂；[1]最后，战争和武器给人类造成灾难，而智慧的责

[1] 参见希波克拉底，《箴言集》(Hippocrates，*Aphorisms*)，I，1；西塞罗，《图斯库廊辩论》，III，69："另一方面，据说逍遥学派的哲学家泰奥弗拉斯图斯（Theophrastus）(转下页)

任却是使人类社会得以存续。谁如果这样反对我们的话，他当然也会断定我们会这样认为，即一个人要从事于学问研究的话，就必定也要亲自从戎参战。不过，有什么东西制止智者奔赴沙场呢？但这是天命如此，正如无数事例所说明的，它原本如此且社会习俗也如此规定；因为智者是为国家利益而拼搏的，他们所具有的精神与那些为卑俗的私利而殚精竭虑的人不可同日而语。自然，学问研究使人的体能虚弱，[1]军旅生活则艰辛劳苦，背负沉重的辎重行军作战；在炎热的夏季顶着烈日，或征战于沙场，或站岗守卫，或修筑工事，整日汗流浃背；在严寒的冬季，在必要的时候，他们还必须躺在天寒地冻的沼泽湿地里。所有这些当然都是真的，但我们是否忽视了精神那令人惊叹的伟大力量？在一切方面都慵懒笨拙的恋人，在女主人的命令下，就能变成无比刚强的士兵，甚至成为拥有审慎智慧的将军；那么请想一想，爱慕德性的智者将能做到什么呢？把智慧看作是闲逸之事的人自然不能真正理解这一点。智慧实际上是人的修身正心。因为人无非就是心灵（mens）和精神（animus）：心灵毁于谬误，精神坏于贪欲。智慧正是为了医治这两种疾病，她用真理培育心灵，用德性培育精神。德性就像那能动的永恒之火，它的全

（接上页）［柏拉图和亚里士多德的学生］临终时在榻上责备自然给牡鹿、乌鸦那么长的寿命，然而对这些生物来说这份礼物是没有意义的；对人类来说这份礼物具有非同寻常的意义，却只被赐予如此短暂的生命。要是他们的生命能得到延长，结果将会使所有体系臻于完善，人的生活也会因获得一切学识而富足。因此他抱怨说，他刚刚瞥见他所想见的乐土，就马上要离开了。”塞内卡，《论生命之短促》（*On the Shortness of Life*），1—2；拉尔修，《警句》（*Epigrams*），V，41。——英译本注

［1］人在其上升的过程中要通过发展各种高贵的智力艺术，以超越机械学和公民的艺术。参见菲奇诺，《柏拉图神学》，XIII，3：“让我们考虑一下那些不仅对身体营养毫无必要，而且还与之敌对的各种艺术，例如所有的自由文艺（欧洲中世纪指的是语法、修辞、逻辑、算术、几何、天文和音乐等七艺。——中译者注），对它们的学习研究削弱人的身体，限制人生活的舒适。对数目的精确计算，对形状的精心描述，线条的极为朦胧的运动，音乐的神秘和谐，对星辰的长期观察，对自然原因的考察，对永恒事物的探究，演说家的雄辩和诗人的狂热——在所有这些艺术中，人类精神都蔑视肉体的功能，似乎它哪一天能够并且现在就开始脱离肉体的帮助而生存。”（Charles Trinkaus，“In Our Image and Likeness”，*Humanity and Divinity in Italian Humanist Thought*，2 vols.，Chicago，University of Chicago Press，1970，I，484—485）——英译本注

部使命就在于点燃生命的各种责任，[1]其中最主要的责任就是为祖国的福祉服务，为国家的利益作贡献。那么智者为什么宁静闲逸呢？其所以宁静闲逸，正是为了在必要的时候能很好地工作；并且因为同样的原因，他们生活节制也是为了使生活有真正的意义；最后，对于他们来说，为国家谋福利就是最高的生命价值。

但这里的事情并不在于智者本身是否也应该是士兵，而是在于在哪个国家里智慧拥有最高的荣耀，那么在这个国家里战争和统治也会拥有同样的光荣。当然，我们这里并不是在颂扬那种野蛮的战争。只要你们不是真的认为，无论是阿提拉（Attila）[2]发动战争还是色诺芬发动战争都毫无区别，那么与其说这些野蛮战争是由那些野蛮人挑起的，还不如说是由于他们精神的败坏而发动的。匈奴的铁蹄所到之处，恐怖先行，灾祸相伴，紧跟着就是残酷蹂躏。而哲学家在抵抗的同时奔走呼吁，不屈不挠；及至胜利，处处安宁祥和，宽厚仁慈。前一种战争是人类的灾难，这种战争为的是鲜血和黄金，结果就是烧杀抢掠；然而在后一种战争中，人们争的却是建立各种制度秩序，因而为人类所必需。那些合法理解的庄严程式规定："在和平条件下任何不公都应根据法律进行补偿；如果在和平条件下不能得以补偿，那么以武装力量针对施加人所施加的不公进行报复就是合法的。"这些程式如果不是要求用武装的军队来肯定和维护各民族的神法（fas nationum）与最高的万民法（supremam iuris gentium legem），又能是什么呢？那种神法和万民法就是保存人类社会的手段，正如智者们所要求的，它们也是所有人类责任的调控之母。[3]

[1] 西塞罗，《论众神的本性》，I，110："德性就其本性来说是活动的。"——英译本注

[2] 阿提拉（Attila，406—453）：绰号"上帝之鞭"，匈奴王（434—453在位，其中，与兄布莱达共治至445年），进攻罗马帝国最伟大的蛮族统治者之一。——中译者注

[3] 在本次演讲之时，维柯尚未读过格劳秀斯（Hugo Grotius，1583—1645）的《战争与和平法》（*De Iure Belli ac Pacis*）。他在他的《自传》中告诉我们，他在1715年发现他必须阅读格劳秀斯。然而在第五个演讲阶段他是否对格劳秀斯的观点有间接的了解，这一点并不清楚。维柯把第四和第五个演讲归入"论政治目的"一类。实际上，在第四个演讲中他是在呼吁青少年们为整个社会的公共的善而投身于各门自由的科学艺术，在第五个演讲中他阐明，所有责任中最重要的责任就是服务于国家，并且对社会有价值。——英译本注

听众们，根据我们迄今为止所作的论述，你们已经了解，从其自然本性上来说，武功和文教不仅不是相互排斥，即两者之间相互分裂、相互对立；而且它们之间是如此恰当地协调一致，即文教不仅给予武功以光荣，并且给它带来秩序上的尊严。然而事情还没有结束。因为我们的反对者还要举出许多反例，就像是囊中还装满了弓箭，随时准备射向我们。首先他们举出斯巴达的例子，例如他们的公民并不是用城墙，而是用他们的胸膛来捍卫他们的国家；他们并不是凭借河流、山脉、海岸，也不是以城堡，而是用长矛来划定他们的疆域边界；他们认为，只要在战场上有了逃跑的念头，就已经是自己的耻辱；同样，他们绝不拿从敌人那里缴获的战利品来祭祀众神，仿佛这些战利品是懦弱的代名词；因为他们认为胜利是属于命运之神的，而失败则是人之能力不济。那么，其中有什么好的文教对他们的战争荣耀起了作用呢？显然他们对此不仅一无所知，而且丝毫没有任何运用；后来他们甚至在吕库古法典（Lycurgi lege）中禁止法律以书写的形式出现。[1]当然我承认这里的难结有点复杂；但我并不认为这就像戈尔蒂亚斯难结（Gordium）[2]一样困难；因为你们只要考虑一下，他们用了哪些制度和艺术才达到这种战争上的辉煌业绩就可以了。小孩刚一出生，就被斯巴达的母亲们赤裸裸地置于盾牌之上；不久，当小孩刚能行走，她们就把他们同样赤裸裸地浸于埃乌罗塔河（Eurota）[3]刺骨的冰水之中，以使他们身强体壮，适应未来的军事生活；然后，他们的父亲们为了让他们的孩子习惯并适应于疼痛，[4]将他们带至赫拉克勒斯神像前用鞭子抽打，常常使

[1] 参见普鲁塔克，《吕库古》(*Lycurgus*)，13，1—4。——英译者注
吕库古是9世纪斯巴达立法人，被认为是斯巴达法典的创立者。——中译者注

[2] 戈尔蒂亚斯难结：古代费吕加国王戈尔蒂亚斯（Gordius）的难结。按神谕，能解开此结者即可为亚细亚国王，后来此结被亚历山大大帝解开。比喻难题、难事。——中译者注

[3] 埃乌罗塔河（Eurota）：现名巴昔利波塔莫河，位于希腊南部的莫利亚半岛，即波罗奔尼撒半岛。它是斯巴达的主要河流。——中译者注

[4] 西塞罗，《图斯库廊辩论》，II，36。——英译本注

他们因伤痛不治而亡；[1]法律允许他们偷盗，以使他们熟练掌握军事计谋方面的才能；最后，法律规定他们必须死于战场之上，而不是投降做俘虏。那么我们现在是不是已经说明了，强者是通过经验和法律的强制，才赢得真正的刚强之赞誉的呢？然而你们从斯巴达人的这些制度上是否看到，如果一个国家不是建立在文教的基础上，又想获得战争的荣耀，就需要怎样的残酷和野蛮？难道激励将领们服从统帅命令的不是人的高贵本性，而是人的丑陋本性？[2]至于斯巴达王国统治之长久和疆域之广大，我就不说了，当它还是希腊半岛上一个小国的时候，确实维持了很长时间；然而在伯罗奔尼撒战争中，在雅典人战败之后没有多少年，斯巴达王国的一切荣耀就和克莱门农一起陨落了。[3]

然而，虽然我们的反对者在这方面已经败北，但他马上又重振旗鼓，举出迦太基人的例子来反对我们。他说迦太基人完全是野蛮人，对所有较为人性的艺术都一窍不通，也没有形成像斯巴达人那样的习俗，然而竟然可以和有如此艺术修养和伟大精神的罗马人一决雌雄，而且在相当长的一段时期内，谁也不能肯定大地的统治权将落谁手。[4]试想一下，单单汉尼拔一人，就杀死了多少执政官军队和多少罗马禁军！夺取了多少大小部队的军旗、多少将领的顶羽和多少罗马军团的鹰旗！他从陷阵的罗马骑兵身上获取的黄金戒指

---

[1] 参见普鲁塔克，《吕库古》，18，2；17，6。——英译本注

[2] 参见普鲁塔克，《斯巴达的古代习俗》(*The Ancient Customs of the Spartans*)，25。——英译本注

[3] 克莱门农（Cleomenes III，前 260—前 219）：斯巴达国王（前 235—前 222 在位），为扩大其权力而实行改革，撤销五人监察官制及元老院，取消债务，重分土地。被马其顿国王安提柯击败，逃亡埃及后自杀。——中译者注

[4] 参见卢克莱修，《物性论》，III，833—837："因此对于我们来说死不算一回事，也和我们毫无半点关系，既然心灵的本性就是不免于死。正如在那些过去的年代我们并未感觉其中的痛苦，当四面八方迦太基的大军涌来厮杀，整个世界被战争可怕的怒潮所骇震，在覆盖着的高高的天穹底下打抖颤栗。谁都不知道谁将取得至高的权力，来统治人类于整个陆地和海洋；同样地，当我们已不再存在的时候，当那使我们成为一个人的身体和灵魂的结合已解散的时候，说实话，那时候对于已不存在的我们，就再没有什么事情能够发生，能够挑动起我们的感觉——没有，就算大地和海洋被搅成一团，以及海和天。"（中译本参见卢克莱修，《物性论》，方书春译，商务印书馆 1981 年版，第 173—174 页。——中译者注）——英译本注

都不知有多重！[1]对罗马人来说，特拉西梅诺湖战役就是一场黑色的噩梦，[2]特雷比亚河战役是他们的惨痛，[3]而坎尼战役简直就是一场恐怖。[4]让我们避开这种攻击。迦太基人当然只叙述罗马人的失败，但对罗马人的胜利却只字不提。为什么这样呢？为什么？请你们对比一下双方战争的理由：汉尼拔公然违背万民法和神法进攻萨贡托城，他攻入城池并将其夷为平地，从而点燃了战争的导火线；罗马人则是出于同盟的义务被迫宣战，为同盟的惨遭杀戮而报仇。[5]然后再请你们对比一下，大西庇阿[6]在西班牙谨慎克制，而汉尼拔在坎帕尼亚人中却生活放荡；前者有着纯洁的德性和审慎的智慧，后者则背信弃义；在约束军纪和忠诚服从上，前者多么讲求人性，而后者又是多么的残暴无情！再请你们将罗马和迦太基做一下比较，前者即使处于万分危险的围困之中，也要以平等的价格购买敌人曾经占领过的土地；[7]后者则只要看见敌人曾经立于某座城墙之下，便要将该城墙连根拔除。最后再请你们比较一下，你们会发现罗马人的战争荣耀是真正的荣耀，而迦太基人的荣耀总是罩着阴影。

---

[1] 参见李维，《建城以来史》，XXIII，12，1—2。——英译本注

[2] 前217年4月，在布匿战争（前264—前146）期间，汉尼拔的迦太基军队与罗马军队在特拉西梅诺湖畔进行的一场交战。罗马军团在这场战役中共死亡1.5万多人，余皆被俘。汉尼拔军约损失1500人。——中译者注

[3] 前218年12月，在布匿战争期间，汉尼拔的迦太基军队（1万名骑兵，3万名步兵）和执政官森普罗尼乌斯·隆古斯的罗马军队（4000名骑兵，3.2万名步兵，其中包括盟国兵力）在特雷比亚河畔（意大利北部帕杜斯河，波河的支流）进行的一次交战。结果罗马军队仅有1万人获救。——中译者注

[4] 前216年8月2日，在意大利南部巴里的坎尼城附近的平原上，汉尼拔与罗马进行的一场著名战役，史称“坎尼会战”。这次会战，罗马将所有的部队，即步兵8万人，骑兵6000人全部投入；迦太基军投入了4万名步兵和1.4万名骑兵。最后，罗马军几乎全军覆没，5.4万名将士遗尸疆场，1.8万名官兵成了迦太基军的俘虏，执政官鲍鲁斯和指挥官塞维利阿战死，只有瓦罗率少数残部逃跑。而迦太基军仅伤亡6000人。——中译者注

[5] 前219年，汉尼拔出兵进攻罗马在西班牙的同盟者萨贡托城，使罗马大为恼怒，遂于前218年3月正式向迦太基宣战，第二次布匿战争爆发。——中译者注

[6] 这里指的是大西庇阿（Scipio Africanus Maior，前237—前183），古罗马统帅，在第二次布匿战争（前218—前201）期间参加坎尼战役，入侵迦太基，在扎马击败汉尼拔（前202）。曾两度任执政官（前205，前194）。——中译者注

[7] 参见李维，《建城以来史》XXVI，11，5—6。——英译本注

但是或许你们中间还有人不愿信服我的话，他在当今世界中找出土耳其帝国来，认为它虽然禁止一切学问研究，但是却仍然成为最强大的帝国，并且拥有非同凡响的武功荣耀。不过，如果不是塞尔吉乌斯[1]渎神地滥用基督教学说，并依靠法律创建了土耳其帝国，如果不是曾经一度文教兴盛的阿拉伯人向他们传授了优秀的军事制度，如果不是我们的新型的战争武器以及攻城略地的新型技术流入土耳其，那将会怎么样呢？[2]我不想过多地谈论我们的敌人，但是，如果不是那样，在今天的大地上，我们还能拥有这样一个庞大帝国吗？

对那些逢山开路、遇水架桥之人来说，当他把这些障碍消除之后，也就在一举之中为自己铺平了道路，对我来说也是如此。既然我们已经排除了那些曾经看似对我们的论点构成障碍的东西，我们也就在很大程度上证明了我们的这个论点，即各种好的学问的研究对军事战争具有莫大裨益。现在，如果我们要稍为坦然地研究一下其中原因的话，要是我没错，其中主要者看来就是：战争就是正义的裁判。也许你们要惊奇于这个新的定义；那就听一听其中的道理吧。实际上人都有双重公民权（civitas）。其中一个是由自然，另一

[1] 参见本书第68页注释[5]。——中译者注

[2] 关于这几行的主题，参见A.Garzya，“Vico，l’empio Sergio e lo stupido Maometto”，*Bollettino del Centro di Studi Vichiani* X（1980），138—143。在《哈迪斯》(《穆罕默德言行录》)（*hadith*）中包含了几个塞尔吉乌斯传说的变体。最早的一个是伊本·希沙姆（ibn Hisham，死于约833）。一些关于他的记述以阿拉伯名字巴希拉（Bahira，意为“被选中者”）称呼他，但其他人提到他的时候用的是基督徒的名字塞尔吉乌斯，还有一些称他为乔治（Georgius）。有一个题为《巴希拉启示录》(*Bahira Apocalypse*）的11或12世纪的基督教译本，大概就是维柯所用的关于塞尔吉乌斯的资料的来源。参见H.Gottheil，“A Christian Bahira Legend”，*Zeitschrift für Assyriologie*，vol.13；*Shorter Encyclopaedia of Islam*，p.55。关于塞尔吉乌斯和巴希拉，亦参见Philip Khuri Hitti，*History of the Arabs*，London，Macmillan，1958，p. 111。因此，塞尔吉乌斯或巴希拉必然曾生活在先知穆罕默德的有生之年内。维柯曾在他的自传中使用“stupido Maometto”(愚蠢的穆罕默德）来简要地表述路德维克·马拉奇（Ludovico Marracci，*Alcorani textus universus in Latinum translatus ...*，Padua，1698，I，36）的说法：“Mahumetus homo idiota et legendi scribendique prosus ignarus”(穆罕默德，一个未受过教育，并且肯定不会读写的人）。——英译本注

个则是由出生条件（nascendi conditio）[1]赋予的；前者由上天，后者则由某些特定的目的来决定；两者都有其法律基础，前者的基础是各民族的神法，后者的基础则是人民、元老院和君王的决议；在两者的交易行为方面，前者根据盟约（foederibus），后者则根据契约（contractibus）。如果是某个个人产生了契约责任，也就是说他违反了法律，我们就要根据确定的司法程式来考察法权；然而如果是一个民族践踏了神法，或者说背弃了盟约，那么有什么补救手段可以保障人类法权呢？那就是战争和武装。现在［让我们考虑一下］，如果市民法（ius civilis）的守护者奉行的是真正的而不是虚伪的哲学；如果国家必须依靠智者来创建，才有可能算是按照法律来建立的理想国家；如果极为伟大的哲学家西塞罗把单单一本《十二表法》排在所有哲学家的著作之前；[2]最后，既然整个人类在多大程度上优先于单个公民或公民集体（civitati），万民法也就在多大程度上优先于市民法；那么，我们再来掂量一下军事智慧，它作为人类法的审慎智慧，对于达到完美的荣耀是多么的有用！确实，听众们，作为一个伟大的军事将领，绝不只是用可见的头盔羽饰装点一下就够了，他必须拥有这一系列德性：其一是正义（iustitia），即任何战争必须有正当的原因；其二是节制（moderatione），以便懂得愤怒和宽恕；其三是克制（continentia），即对战败者的消灭仅限于消灭其侵犯能力；其四是宽厚（clementia），他应爱惜生命而不是草菅人命，在士兵中他平易近人，在被平定者中他宁人无害，在敌人面前也讲求诚信。这就是智慧给一个伟大的军事将领所带来的各种精神的德性，以使他们获取战争的最高荣耀；现在你们还要认识心灵的各种德性。辩证法使他在判断中谨慎小心，以免轻率鲁莽，闭着眼睛落

[1] conditio：意为条件、状态，本性、性质，契约、法律，地位、身份等。词源上讲来自cum-dicere，即一起商定、讲定；或者cum-ditio，ditio意为法律、统治、管辖等，cum-ditio即在法律、统治、管辖之下。——中译者注

[2] 西塞罗，《论演说家》，I，195。——英译本注

入敌人的陷阱；几何学教授他安营扎寨之方、行军布阵之术，教授他随时根据情况的变化变换他的队形，时而钝角，时而锐角，时而变为方形，时而又变为楔形；数学可以根据敌人所占据的方位推测出敌人的方略；光学可以从远处观察敌军工事的高度和距离的远近；建筑学可以帮助建造拱门、加固城墙、修筑堡垒、挖掘沟堑；机械学可以帮助创造战争武器；伦理学可以帮助了解民风习俗。精研历史故事对他也会极为有用，使他可以明了兴亡进退；雄辩术对他也将有所助益，能帮他激励迟钝懒惰者奔赴沙场，能鼓舞因形势不利而萎靡不振的士气，能遏制因胜利而产生的得意忘形。最后，至于自然科学在多大程度上有用，一些将军的战例给我们做了肯定的答复，当他们的军队因为日食或月食而颤栗恐慌的时候，他们能通过对其中原因的解释，使其士气更振。[1]这许许多多心灵和精神的伟大德性，难道不是只可能存在于这些民族中，即在他们那里，最具智慧的圣贤用战争与和平的最好制度来创建他们的国家，最为博学之人通过文化教育来保有这些最好的国家制度？所以我认为希腊诗人们在这一点上是正确的（factum）[2]，即在他们所创造的神话中，把密涅瓦女神（Minerva）和帕拉斯女神（Pallas）看成是同一个女神；因为极为聪慧的雅典人不仅把密涅瓦女神看作是智慧女神，并且把她当作城堡的创建之母和守护神来加以供奉；实际上，在这种神话传说的外衣下暗示着这样一条真理，即要求他们的国家在和平时期文教繁荣，而在战争时期武功强盛。

---

[1] 参见皮科劳米尼（Aeneas Sylvius Piccolomini，1405—1464），《关于儿童教育的论文》[*Treatise on the Education of Children*，in *Aeneae Sylvii Piccolominei Senensis*，...，*Tractatus de liberorum educatione*...in *Opera* ... *Basileae*，*ex officina Henricpetrina*，*s.a.*（*saec.XVI*），p.990]。昆体良在《雄辩术原理》（I，10，46—49）中提到天文学知识对于形成一个优秀的演说家的重要性。皮科劳米尼在他的论文中谈的却是天文学对未来的国王和军事将领所具有的特别用途。他把他的论文献给波西米亚和匈牙利的国王拉斯洛五世（Ladislaus V）。维柯在本演讲第10段提到了这位匈牙利国王。——英译本注

[2] 维柯在这里用的是factum，显然是取正确、有道理之意，这个用法后来被用来证明维柯的形而上学的真理原则：真实与创造相互转化（verum et factum convertuntur）。参见维柯《论意大利最古老的智慧》的第一答复。——中译者注

但是，如果未来的统帅应该掌握如此众多而且重要的各门知识的王国的话，那么在他身上的战争德性，这是使他能在恐怖和悲痛中仍然在心灵上保持明智的决断能力的唯一德性，当然也将会冷却下来。不过，这个论点就像是无花果树做的长矛，中看不中用：[1]因为我们并不是奢望在一个伟大的将军身上发现所有的这些德性，而是说，在这个伟大的将军的国家中，即使这些德性并没有在他身上起统治作用——当然这样最好——也应在需要的时候能够为他所用。因为事实上，民众如果文教贫瘠，又缺乏好的战争与和平制度，就像是一群羔羊；如果他们执意要在武功上博取声名的话，他们就只能靠人海战术，而不是靠正确训练的军队；即使他们统治了在文化上比他们先进的民族，为了保证他们江山的稳固，他们就必然要么学习先进民族的文化，要么就把这种文化彻底消灭；因为学问研究使创造力敏锐，创造力敏锐的民族就像是某种优秀的拳击手，他们不以体格强健取胜，而是随着时间的流逝，用他们的文章计谋（articulo）将他们的敌人连根拔除。

然而我们现在谈的是战争艺术的光荣，而不是侵略、屠杀和蹂躏；是如何创建伟大的国家，而不是如何摧毁国家文明；是关于亚历山大和恺撒，而不是关于野蛮民族的残暴将领。文教兴盛的民族，即使他们仅靠和平的制度来正确安排他们的国家，即使他们或由于自然屏障，或由于牢固的防御，从而远离战争，也没有什么理由阻碍他们，让他们在自己的统治范围之内拥有极为广大的疆域，并且有能力建立起极为伟大、极为繁荣的国度。中国就提供了这样一个例子，特别是在其伟大的长城被锡西厄人[2]攻破之前。另外有些民族，尽管他们的前贤智者留下了优秀的战争与和平制度，但后来却文教贫瘠；对

[1] 贺拉斯，《家庭谈话》，I，8，1。——英译本注

[2] 锡西厄人（Scithis）：亦译作锡徐亚人，据《美国传统词典》，锡西厄是欧亚大陆的一个地区，从黑海的多瑙河口一直到咸海的东部地区。这个地区的游牧民在前8—前4世纪很繁荣，但到了2世纪被萨尔马西亚人征服后，就很快地被融合入其他的文化中去了。但不清楚维柯具体指的是哪个民族，哪段史料。——中译者注

于他们来说，即使这些制度仍然在起作用，而且时代还与这些制度相适合，然而由于这两者都不长久，所以他们的统治从来都不能达到战争的辉煌荣耀，成为极其伟大的国家；即使有也非常短暂。因为如果敌人的军事武器改进得较好一些，同时他们由于仍然处于文化教育的野蛮状态，因而不能发展出新型的战争手段，当他们想要扩张他们的统治的时候，就是文教平庸稍知军事的民族，尽管财富贫乏，政权弱小，也能以其德性和艺术与之相对抗，例如匈牙利王朝（Hungariae reges）就曾经构成土耳其帝国 (Turcicae monarchiae) 的一大威胁。一旦他们受到为他们所不知的先进战争手段的攻击，毫无疑问，他们势必崩溃。所有这些统治政权就是这样，他们一旦受到敌人陌生的布阵艺术或者新型的战争器械的挑战，由于他们的文教不允许他们模仿敌人，或者用其他方法巧妙地胜过敌人，最后就只能走向毁灭。

然而无论和平的还是战争的制度，即使是最好的制度，如果缺乏极为精深的文化教养，那就不能赢得战争的伟大荣耀，也不能创建真正的君主国；因为在战争艺术中最主要的东西就是要把握战斗时机。这方面以及审慎智慧的其他方面，都不可能是任何制度；因为假如它们是法律，而你要坚持它们的话，由于法律总是确定的，然而机遇却无限，所以无数胜利的时机都会在你眼前逃走；当你正在盼望着某个法律保证的时机之时，你可能已经被敌人镇压下去了。所以我们从来没有看到过哪个君主国是在和平中创建起来的，总是要通过战争和军队。事物之最善只有哲学家才看得到；因为只有哲学家知晓事物的属性。的确，所有君王中最伟大的两位就是亚历山大大帝和尤利乌斯·恺撒。亚历山大之所以成为大帝，是因为他在阅读荷马史诗时受到了阿喀琉斯的激励，并把他自己塑造得和他一样伟大。[1] 恺撒则要和亚历山大在统帅的德性和荣誉方面一竞高下，因为他在阅读亚历山大大帝的历史事迹时受到激发，意欲与此类最

[1] 参见普鲁塔克，《亚历山大》(*Alexander*)，8，2。——英译本注

伟大的统帅比肩并列。[1]所以我们可以很有道理地把亚历山大大帝和恺撒大帝都归功于荷马，也就是说归功于文学艺术。

实际上，当我们从历史的永恒秩序角度来观察时，就可以发现，哪里的文教兴盛，哪里的武功也同样兴盛。希腊在所有知识和艺术方面都曾繁荣一时，武功也同样强盛。罗马在智慧研究上闻名遐迩，同样军队也威名赫赫。在基督教的漫长黑暗世纪里，哲学研究在阿拉伯世界中重新发现自身，因而他们也因为战争荣耀而为人称颂。基督教世界由于复兴、培育和发展了文教事业，因而在地球上的所有民族中，他们因其能征善战而声名卓著。故而可以说，这些民族由于有着伟大智慧，自然而然也就能建立起大地上伟大的君主国家。根据我们的历史作家们，有四大君主国家：请你们考察一下，这是否有道理。在亚述民族中是迦勒底人，也就是这个民族中的智者们在统治，不久，尼努斯（Ninus）[2]就创建了第一个君主国；[3]在波斯是他们的祭司僧侣，同样也是他们的智者们在治理王国，于是居鲁士（Cyrus）创立了另一个君主国；[4]在希腊，高贵伟大的哲学家们极负盛名，整个大地的统治都以他们为中心；学问研究在罗马人那里更是倾心培育、备受推崇，于是出现了奥古斯都大帝，

他以海洋来划定其统治的界限，用星辰来定义他的威名。[5]

[1] 参见普鲁塔克，《恺撒》(*Caesar*)，11，5—6。——英译本注

[2] 尼努斯（Ninus）：希腊传说中的亚述国王，尼尼微城的建立者，用17年的时间征服了整个亚洲西部。——中译者注

[3] 参见西塞罗，《论预占》(*On Divination*)，I，2："我现在认识到，无论多么文雅博学或是多么野蛮无知，没有哪个民族不认为某种征兆是标志着未来某些事件的，而且某些人能够认出那些征兆，并在事情发生前预言它们。从最遥远的地方寻找权威，首先就是亚述族，由于他们居住在辽阔的平原上，并且因为敞开又毫无障碍的天空景象从每一个方向都向他们呈现，他们对星辰的轨迹和运动做出观测，并给它们做上标记，把它们对每个人具有的意义留传给子孙。人们认为，同一民族中的迦勒底人——这名字来自他们的种族而非艺术——通过对星座的长期持续观测，使一门预测知识臻于完美，它可以使他们预言出每个人将会有什么样的命运，以及他生来的命运是什么。"亦参见同书I，91。——英译本注

[4] 同上书，I，46，90—91。——英译本注

[5] 维吉尔，《埃涅阿斯记》，I，287。——英译本注

既然如我们所说，优秀文化的培养教育对武功的荣耀和国家的强盛有如此大的助益；如果你们，青年学子们，从我们的论述中感到有必要对它们倾心研究的话，把你们的精神投入其中吧。我们这所大学就是一座圣殿，这里培养着战争心灵（mens belli），在学习研究中孕育着战争的审慎智慧（belli prudentia）；从你们身上将会诞生出对于武功的高贵意识，对于军事事务的卓越谋略，非凡的领导艺术以及最后战争的荣耀和国家的强盛。

六　让我们改正我们的堕落本性，极大地造福和发展人类社会

在1707年10月18日[1]所作的第六个演讲中，维柯结合学问研究的目的和学习次序讨论了这个论点："对人类的堕落本性的认识驱使我们把握各门高贵艺术和科学的整个王国，并且提出和说明了正确、顺利而永恒的学习次序"。在这篇演讲中，他引导听众们进入一种对自己本身的沉思之中，即作为原罪惩罚的结果，人与人是如何被语言、心灵和精神[2]分裂开来的：在语言上，由于语言常常不是帮助而是背叛观念，因此之故，人与人想要联合在一起但却不能联合在一起；在心灵上，由于各种感官的好恶不同，从而产生了各种意见分歧，因而使人与人之间无法和谐一致；最后在精神上，由于它的堕落，甚至一致作恶也不能使人与人之间达成调和。因此维柯阐明，我们的堕落的惩罚必须通过德性、知识和雄辩来加以改正，只有通过这三种途径，人与人才能达到共通。这样他就抓住了各种学问研究的目的所在。在学习次序方面，他阐明，既然语言是稳固人类社会的最强有力的手段，那么学问研究就应该从语言开始，而且语言主要依靠记忆力，而在这方面儿童时期（fanciullezza）[3]是特别强的。童年时代人的推理能力是比较弱的，只能靠范例来加以规

[1] 尼科里尼认为第六个演讲的正确时间应该是1706年，但是根据蒙蒂（S.Monti）的时历表，维柯所标的时间是正确的。——意文本注

[2] 精神：维柯在这里用意大利语cuore（心）代替了拉丁语中的animus，也就是精神。在意大利语中，mente（我们译为心灵）更多地是记忆、思维，是头脑的活动；cuore（相当于animus，意大利语也可以直接用animo）则更多地是感性的精神触动，犹如中文中的心肠。按照维柯的理解，前者事关真假，后者事关善恶。遵照翻译惯例，我们仍然把意大利语的mente译作心灵，把cuore译作精神，尽管cuore在意大利语中就是心。——中译者注

[3] 儿童时期（fanciullezza）：从儿童到青少年时期（gioventù）之间，大概六七岁到十二三岁，有时也包括幼儿。下面的青少年时期就是从青少年到成年这段时期。——中译者注

范，而范例的理解又必须依靠儿童所极为擅长的生动的想象力来推动；因此儿童应该致力于阅读历史，无论是虚构的历史还是真实的历史。儿童时代也是具有理性的，但却不具有推理的材料，所以要在数量科学中训练他们正确推理的艺术，这类科学要求记忆力、想象力（fantasia），但同时要削弱想像力（immaginative）这种肉体的能力，[1] 因为这种功能的强盛是我们所有错误和不幸之母。[2] 在青少年的最初时期，人的感知特别旺盛，并且拖曳着他们的纯粹心灵，故他们应该学习物理学，这可以使他们沉思各种物体构成的宇宙，并且要求借助于数学的帮助来建立关于世界体系的科学。这样，从广阔的物理形体观念与精细的线和数的观念开始，他们就通过“本体”（ente）和“一”的科学来理解形而上学的无限的抽象了。青少年们通过形而上学了解了他们的心灵，并在这个过程中开始辨识他们的精神，借着永恒真理的帮助，他们看到了他们精神的堕落，从而使他们在这个已经有了一些经验阅历的年龄里，能够主动让伦理学来对其自然而然地加以纠正，无论在这个时期极其旺盛的情欲如何不好地引导着他们。一旦他们自然而然地懂得，异教的伦理学是不够的，因为自爱癖还在驯服和控制着他们；并且通过形而上学的经验，他们已经理解到无限比有限，心灵比肉体，上帝比人都要更加确定，而且人甚至还不知道自己运动、感知和认识的方式；那么他们就开始以其谦卑的理智来接受天启神学，并因而下降到基督教伦理学，经过这样的净化之后，最后再带他们进入基督教法学。

[1] 关于 fantasia 与 immaginative 之间的区别，前者侧重创造性的想象力，不拘泥于具体的形象，而后者侧重于可见的形象，源于模仿、复制。故将 fantasia 译作想象力，将 immaginative 译作想像力。——中译者注

[2] 这里从个体的发育过渡到历史的系统发育的论点，映射着《新科学》中文明的演变思想，即“观念的秩序要跟随着事情的秩序”（第 238 节）。然而在 1707 年这个阶段，维柯对笛卡尔的研究仍有局限，此时维柯认为理性不仅不窒息感知，而且通过文教、演说、道德和科学等手段能够发挥它特有的至高无上的权威，调控和约制感知。——意文本注

[论点]

对人类的堕落本性的认识驱使我们把握各门高贵艺术和科学的整个王国，并且提出和说明了正确、顺利而永恒的学习次序

上帝作证，就我看来，教导青少年们学习好的学问的条件确实非常严酷，因为他们的父母对此类事情既非审慎，也不去咨询有关的审慎之人；他们既不考察子女的天性才智，以及它生来向何处发展，也不考虑子女自然本性的能力；他们只是从自己的愿望出发，或更多地是从家庭出发来想问题，屡屡违背子女的意愿，强迫他们学习这些或那些科学艺术；[1] 甚至就算是他们的天资能够引导他们，他们的父母也会因为缺乏其他必要的方式方法，如人所说，“尚未洗手”就督促他们去学习这些学问。[2]

故而眼中含着泪水，故而让人怜悯同情，[3]

因为他们缺乏研究某项学问的必要的帮助，所以毫无进展或进展寥寥，并且存在着巨大的困难；由于他们把父母的过错归结为自己才智的欠缺，于是甚至丧失了一切学业进步的希望；或者即使某些人学业表现较为出色，但是由于他们如此反感于父母给他们规定的道路，例如，或者是父母要他们从事法学研究，以便给家庭带来荣耀，

[1] 西塞罗，《论义务》，I，110：“然而每个人都要坚决地牢牢把握住他自己的特有天赋，只要它们仅仅是特有的，而不是有害的，以便我们这里所要探究的主题——恰当性，能够更为容易地得到保证。因为我们必须如此，方能不违背人类本性的普遍法，即如果我们要维护这些法律，就要遵循每个人自己特有本性的倾向；即使其他的职业生涯可能更好更高贵，我们仍然可以以我们自己的本性为标准，来调控我们的追求。因为违背自己的本性而战，或者把目标定在不可能有任何成就的事情上，都是毫无意义的。从这个事实来看，我们上面所定义的恰当性的本性，那就更加清晰了，正如谚语所说，任何‘格格不入’的东西都不可能是恰当的。也就是说，如果它直接违背一个人的自然天赋的话。”参见贺拉斯，《诗艺》，385。——英译本注

[2] 普劳图斯，《小迦太基人》(*The Little Carthaginian*)，312。——英译本注

[3] 泰伦斯，《安德罗斯女子》，126。——英译本注

然而他们的精神实际上却或由于谦逊或由于渺小，因而一点也不贪恋门第、束棒（fasces）[1]和治权；或者是父母贪慕眼前的收入，而让子女从事医学，而他们的子女却有宏图远志，向往和仰慕在国家各个部门中优秀杰出的高官大人，最后的结果就是，当对父亲的敬畏之心尚在约束他们的时候，他们虽然学习研究，但却极不情愿，也极为轻视，既不严肃也不勤奋；一旦他们从这种爱的责任中脱离出来，便将学问研究忽略和搁置起来，在慵逸懒散中度过一生，更常常跌入精神的邪法恶习。谁如果是这样，即为了博取强人之名，而执意坚持一旦开始的道路，实际上他的学习却是父母的草率决定，既无系统，又无次序，那么他对于学问研究必定违心逆意，粗枝大叶，消极冷淡；到了另一个年纪，他又将迫于家庭需要，当然有时也出于国家的要求，必须自己去学习一些无人问津的作家；在这些方面，他们给自己制造了如此之多的困难，以至于对许多人来说，留下来的常常只是对较为健康的学问的苦涩愿望。

我自己也曾无数次思考过这些情况的弊端，甚至它们给我自己带来的不幸，最后我开始抱怨我们的本性本身；这种本性带来的结果就是，在这个年纪，人们要选择他们的生活道路和方式，但却由于对任何事物都一无所知，而不可能有任何真正的选择；当我在探索其中的原因之时，我曾经把它归咎于一切恶的源头，即亚当的过错或者原罪。但是当我更深入探究这个问题本身时，我发现自己陷入了更深的谬误；[2]因为如果我们沉思我们自身的堕落本性，我们将会认识到，它不仅告诫我们应该学习什么，而且还无比清晰地指出，我们应该采取什么方法和遵循什么道路去学习。这就是我们要讨论的两个主要问题。

至于我说得对否，你们任何人都可以深入自己本身，并沉思人这个问题。因为他确实会感到，自己无非就是心灵、精神和言

[1] 束棒（fasces）：古罗马高级执法官的标志。——中译者注

[2] 泰伦斯，《安德罗斯女子》，378。——英译本注

谈（sermo）；此外，他也会区别出肉体和其他的东西，但却会断定，它们或为无理性之物，或与无理性之物等同。从这里他就会注意到人的处处堕落：首先是语言的幼稚贫乏；其次是心灵纷扰纠缠于各种意见；最后是精神为各种邪恶所玷污。[1]他也会认识到，这些就是神的惩罚，最高的神意（summum Numen）通过它们来惩治始祖的罪过，以便分散（dissociaret）、播散（disiiceret）和扩散(dissiparet)[2]从他以降的人类。由于宁录[3]的渎神之罪，神意让无数种语言在人类中传播，并且散布于整个地球，从而使各民族之间相互分裂；在漫长的时间中，任何一种语言都会变得不同且不确定，即使在同一个民族内，神意也规定，先祖的语言对后代来说将变得不可识知；正像欲望一样，任何一种意见都坚持自身含有某种类似于真理的东西，各人的精神便因为意见纷争而各持一端，并且持之为真；由此产生了各人有各人的认识，正如俗语所说，有多少个脑袋就有多少种判断；[4]最后，邪恶又是多么的丑陋，因为邪恶之人对自己的邪恶闭上眼睛，却不愿甚至憎恶看见他人作恶；由此，我们自己也因这些邪恶而痛苦，却指责别人同样的邪恶行为；故而贪婪之人憎恶别人的贪婪，不公之人抱怨所遭受的不公；[5]上帝当然从未允许这样一个建立在邪恶基础上的、全是由邪恶的人构成的社会存在。

进而，通过这些惩罚，最高的神意不仅将犯了原罪的始祖人类流放到各地，如我说过的，而且进一步通过同样可怜的方式惩戒他们之中的每一个人；由于语言的幼稚贫乏，无数事物和场合都无法

[1] 卢克莱修，《物性论》，V，1031："自然促使人们发出各种舌头的声音，而需要和使用则形成了事物的名称，其方式大抵正如不能说话的年龄迫使小孩子们去运用手势，叫他们用手指在这里那里指着他们面前的东西。"（中译本参见卢克莱修，《物性论》，方书春译，商务印书馆1981年版，第326页。——中译者注）——英译本注

[2] 这三个词均有贬义，都含有不和谐、矛盾和衰败的意味。中文翻译并没有体现出这层意思，读者宜加上这层体会。——中译者注

[3] 宁录：《圣经·旧约》中一个英勇的猎人和示拿之王，是含的孙子，诺亚的曾孙。参见《旧约·创世记》，10：8。——中译者注

[4] 参见泰伦斯，《福尔弥昂》，454。——英译本注

[5] 参见泰伦斯，《安德罗斯女子》，639。——英译本注

呈现于心灵之中，并且每当心灵为了表达它的活动，因而想要寻求语言的帮助时，都会失望而归；甚至是在混乱、蹩脚和粗野的言谈中，有失庄重的语词欺骗了心灵的各种认识：或者由于语词肮脏卑俗，从而使语言污秽不堪，或者由于语词含义模糊，从而欺骗乃至背叛了表达，以至于理解与表达全然不同；甚至理解为语言表达本身所蒙蔽。紧跟着这些语言上的弊病的是心灵上的弊病：永恒的愚蠢控制着它；事物的虚假印象戏弄着它，并且往往还蒙骗着它；草率鲁莽的判断将它推向悬崖；[1] 诡辩会使它迷失；最后，对事物的混淆使它糊涂迷惘，不知所措。然而，以赫拉克勒斯的名义说，精神中的弊病要严重得多。在精神中激荡着的是情绪的狂风巨浪，它们比一切风暴和浪涛都还要猛烈。它们使精神因欲望而炽热，因恐惧而毛骨悚然，因愉悦而痴狂，因痛苦而衰弱无力；即使拥有一切的一切，但从来就没有在心智上得到丝毫的满足；刚不赞成的东西马上赞成，刚赞成的东西马上又不赞成；[2] 它总是悔恨自己；它总是在逃避自己的同时又追寻自己。然而所有这些痛苦的灾难和折磨，都是那个刽子手，即它对它自己的爱造成的；在它身上，人性由于原罪已经改变，由此，人类的聚集虽然看起来像是一种社会，然而实际上，在肉体的拥挤中是精神的最深的孤独。这难道不更像是终身监禁的奴隶吗？精神就蹲在分配给它们的各自的牢房，偿还我们上面所叙述的那些罪过。[3]

---

[1] 参见泰伦斯，《安德罗斯女子》，214；萨卢斯特，《朱古达战争》，63，6。——英译本注

[2] 参见贺拉斯，《书信集》，I，1，98。——英译本注

[3] 参见柏拉图，《斐多篇》，62b，67c—d；《阿克西奥丘斯篇》（伪作），365e；西塞罗，《西庇阿之梦》，14；《图斯库廊辩论》，I，75："所谓的精神脱离肉体不就是学习如何死亡吗？所以，相信我，让我们为此而做好准备，并且将我们自己与肉体分开吧，也就是让我们使自己习惯于死亡。这既会使我们在尘世逗留的时候，能够过着类似于上天的生活，又能在我们将从我们的锁链中解放出来的时候，让精神的旅程能够较少地受到阻碍。因为那些一直被困在肉体的桎梏中的人，即使在他们获得了自由的时候，也行进得较为缓慢，就像被锁链囚禁多年的人一样。我们只有在到达那里的时候，而不是之前，才能过上真正的生活；因为现在的生活实际上是死亡。如果我竟然还这样生活的话，我将为之悲哀。"Lactantius Firmianus, *Divine Institutes*, VII, 8.——英译本注

我们已经叙述了对人类的堕落本性的三种惩罚，即语言的幼稚贫乏，心灵的诸种意见以及精神的邪恶。同样人也有三种才能来加以改正：雄辩、知识和德性，这就是整个科学艺术王国所绕之而旋转的三个基点。因为，智慧就是由这三种极为高贵的要素构成的，即确定的认知，正确的行动和恰当的言谈；[1]这就是为了使人从不会因错误的认识而羞愧，因邪恶的行动而悔恨，因不恰当的言谈而后悔；一个真正的人，就如泰伦斯戏剧中的人物克莱默（Chremes）所完美地表述的：

我就是人：人所应有的我无不具有；[2]

另一个人物是代表自己折磨自己的愚人形象的梅内德姆斯（Menedemus）。克莱默既不是想要赚取什么利益，也不是出于某种需求，更不为换取什么酬谢，而仅仅是出于某种亲近，诚恳地询问梅内德姆斯为什么折磨和虐待自己：

不要如此哭泣，无论是什么原因，请让我知道，
不要沉默不语，不要有丝毫畏惧；[3]

并且严肃地向他保证：

请你相信我，

[1] 沃斯（Gerhard Johannes Voss，1577—1649）在《论研究方法》（*Gerardi Ioannis Vossii De Ratione Studiorum nec non Introductio in Chronologiam*，in *G.I.Vossi et aliorum Dissertationes de studiis bene instituendis. Traiecti ad Rhenum*，*typis Theod. Achersdyk et Gisb. Zylii*，*anno 1658*，p.22）中写道："一个最终达到有教养层次的人具有三种德性——他应该能够理解、明智和正确地说话。"——英译本注

[2] 泰伦斯，《自责者》，77。——英译本注

[3] 同上书，84—85。——英译本注

我会用安慰、建议或者物质来帮助你。[1]

智慧有三种特有的责任：用雄辩术驯化愚人的野蛮，用审慎智慧引导他们远离错误，用德性使他们善用自己；并且由此使他们各尽其力地努力造福于人类社会。那些能够做到这些的人的确已经大大超越了人类，完全可以说，他们是几近于神的人。跟在他们身后的不是虚幻易逝的光荣，而是实实在在的真正的光荣，也就是说，他们拥有一般人无法企及的丰功伟绩，因而他们声名远播，名垂青史。无比智慧的诗人们在他们的虚构传说中描述道，俄耳甫斯用他的竖琴驯化野兽，安菲翁以他的歌喉移动巨石，这些石头都自动地在音乐的力量下汇聚在一起，筑起了第比斯城的护墙；[2]并且由于他们的这些功绩，前者的竖琴和后者的海豚被带到天上，置于众星之中。所谓的石头指的是粗野顽固之人，所谓的野兽就是愚人，俄耳甫斯和安菲翁则是智者，他们将关于神的事物的知识，关于人的事物的审慎智慧和雄辩术结合起来，[3]以一种震魂夺魄的力量，引导人从孤独走向联合，也就是说，使他们从对自己的爱转向尊崇人性，从消极被动转向积极主动，从毫无节制的自由转向遵循法律；通过这些力量，他们用理性的公正原则[4]将强者和弱者在社会中统一起

[1] 泰伦斯，《自责者》，86。——英译本注

[2] 参见贺拉斯，《诗艺》，391—396；奥维德，《岁时记》，II，79—118："那海豚座，最近还可以看见它被众星辰包围，下一夜就会逃脱你的视线。(他被升上天界）或是因为他是恋人私情的幸运媒人，或是因为他背负着七弦琴和那七弦琴的主人。什么海洋，什么陆地不知安菲翁？他用他的歌声使奔流的河水停下脚步。他的歌喉常常令追逐羔羊的狼静静矗立，常常使逃避恶狼追袭的羔羊歇息下来；[在他的歌声之下，]猎犬和野兔常常在一起同眠，岩石上的母鹿站在雌狮身边，聒噪的乌鸦安坐在帕拉斯的鸟儿身边，而鸽子也成为鹰的邻居。"希罗多德，《历史》(Herodotus，*History*)，I，23—24。——英译本注

[3] 参见西塞罗，《雄辩术的划分》(*The Divisions of Oratory*)，79："因为雄辩术无非就是畅达演说的智慧；当演说出自更高的阶层，即这个阶层的德性高于问题所涉及的对象的时候，演说就会更加丰厚、广博，并且更加切近和适合群众的激情和感觉。但是所有德性的守卫却是谦逊，它能使你远离耻辱，并且使你获得最高的荣誉。"参见《论演说家》，II，187；帕库维斯，《赫敏》(Pacuvius，*Hermiona*)，177。——英译本注

[4] 参见西塞罗，《论创造》(*On Invention*)，I，2；《论演说家》，I，33，35；III，76；《论众神的本性》，II，148。——英译本注

来。[1]这永远是学问研究的最为真切、最为伟大和最为高贵的目的。许多人正是由于没有将它作为他们自己的目的，所以受着各种谬误、邪恶和卑俗的支配；因此，必然要在学问研究上或陷于谬误，或陷于邪恶，或陷于卑俗。关于这些人很容易就可以阐明他们的性质；但是出于荣誉的考虑，我还是对此保持沉默吧。于此我仅仅概略地说一下：谁在这些学问研究中不是去修养智慧，也就是说，他不去培养智慧，以便能改正他的本性，即用真理来改造他的心灵，用德性来改造他的精神，用雄辩来改造他的语言，从而使自己立身为人，并且尽其所能地造福于人类社会，那么他就经常是身处其位，不谋其职；他经常对艺术高谈阔论，说这是必要的，那也是必要的，然而对于他所从事的艺术本身，却往往是厌恶、忽视，甚至破坏。事实上，一个人如果诚心想要用智慧来改正他的堕落的本性，他就应该毫不松懈地、永远勤奋而严肃地、永远按照他所从事的艺术的根本目的，来培养这门艺术的所有方面。在一个文明社会里，各行各业都应该完全从真理出发，并且纯粹为了人性而从事他们的职业和艺术；在这个社会中，他们的公民如何繁荣，他们的国家如何幸福，为了不至于过于冗长，我就留给你们自己去考虑了。

至此我们已经确定，对堕落的人性的沉思本身要求我们把握各种人文艺术和科学的整个王国，现在我们再来考察一下，上述沉思提供了何种次序，以便我们来掌握它们——这也就是我们的论证的第二部分。

为了使你们能够更容易理解，让我们首先来阐释智慧所具有的一切装备和手段。智慧，正如最常说的，包含了对神的事物的知

[1] 李维，《建城以来史》，I，7，5；VII，5，6。关于俄耳甫斯和安菲翁的神话的寓言诠释，参见贺拉斯，《诗艺》，391—407；但丁，《宴会》（*Convivium*），II，1；彼特拉克，《家信》（*Letters to Family Members*），I，9，7；《霜》（*Rime*），28，68—72。维柯自己在他对贺拉斯的《诗艺》的评注（见《维柯全集》，7: 75—76）中，在重复了对奥古斯丁的《上帝之城》（XVIII，14）的评注之后，提醒他的读者说，人类理性的第一阶段就是诗性本性；参见《新科学》1744年版，第81、523、661和734节。——英译本注

识、对人的事物的审慎智慧和言说（orationis）的真实与恰当三者在内。[1][在言说方面,] 语法上所传授的正确言谈（sermonis）的原则应该摆在真实而恰当的言说这个原则之前。接着就是关于神的事物的认识。关于神的事物，我理解为两种，一种被称为自然事物，自然就是它们的上帝；至于另一种，上帝就是它们的自然，也就是“神圣事物”(res divinae）这个词所特指的。关于自然事物，我们或者考虑它们的形式和数目，关于这些人们之间可以达到恒定一致的理解，数学证明就是处理这些对象；或者考虑属于物理学处理对象的各种原因，关于这方面，在最为博学的人士中争论得最为激烈。后者我举解剖学为例，这不过是对人体组织的思考；还有研究疾病原因的医学，这无非就是人的病体的物理学。由于医学还传授疾病的治疗方法，所以又可以用一个确切的词来称呼：“艺术”(ars)，这不过是物理学和解剖学实践的必然结果，正如机械学作为物理学和数学的操作上的附属物一样。神圣事物无非就是人的心灵和上帝；于此，形而上学思考知识，而神学则考虑宗教。对自然事物和神圣事物的认识就通过这些学问加以解决。关于人性事物的审慎智慧关心的则是，人人都要尽责守分，无论作为人，还是作为公民。伦理学说教人正直，公民理论则教导智慧公民；这两者与我们的宗教相适应，也就产生了神学，并被称为道德神学。这三种学说汇合并同流于法学智慧中。法学智慧几乎整个由伦理学构成，因为它既不是知识，也不是艺术，而是法的审慎智慧，并且将正义作为自己的目的；同时它也来源于公民理论，因为它关心的是公共用益；当然它也源于神学，因为它是在基督教国家中解释法的。此外，对神圣事物和人性事物的讨论或者是在学者之间，或者是在俗人之间，前者

[1] 参见西塞罗，《论义务》，I，153：“所有德性中最重要的就是智慧……因为通过审慎……我们理解的是另外一件事，即关于何者应求，以及何者应免的实践知识。又，我所赋予最重要地位的智慧，就是关于人的事物和神的事物的知识，它也考虑神和人之间的统一体的关系，以及人与人之间的关系。”——英译本注

需要的是讲求真理，后者则需要讲求恰当。讲求真理的言说也就是要有逻辑，而恰当的言说如果不用诗体就要讲修辞学，如果运用诗体那么就是诗歌艺术的目标和任务了。[1]

现在你们还应该了解，我们上述几乎所有的艺术和科学都有其各自的历史，可以说各种原理或制度（institutiones）追问事物的属（genus），同样，历史则给予我们种别（species）或者事例。每种语言各自的优秀作家们就是各种语言的历史，他们留下了无数范本，就是从这些范本中，我们才能确定各个民族言谈方式的不同；那些卓越的演说家和诗人们就是各种演说艺术和诗歌艺术的范例。[2] 关于物理现象当然也有历史著述，而且每天都在书写。为何对于疾病的特定观察和日志，以及所发现的特定药物，通常被称为“特效药或特种治疗”（specifica remedia）？这难道不是物理学和医学艺术的注释吗？机械学书写着战争、航海以及建筑方面的新发明的历史。你如果说神学教义和伦理有其历史，那一点也不错，因为它们流传着最高的神意所启示的各种诚信教义，以及在不同时代所规定的各种伦理规则。当然，神学家们在很大程度上也把《圣经》看作历史，另一方面，所谓教会传统难道不就是教会教义和教规从不中断的永恒相承？同样，各类评注、编年史、名人传记以及国事记载等，正是伦理学说和公民理论的特有内容，所以用“历史”这个高贵名称来称呼它们。法学当然也是历史，它涵盖了一个国家在各个时代应运而生的各项法律，法学家对这些法律的各种解释以及各种各样的判例等。然而数学并没有历史，因为它用不着事例；逻辑学也没有历史，因为它用的是外部事例，每当事例缺乏的时候，它就把它们

[1] 注意维柯和沃斯的《论研究方法》（*De Ratione Studiorum*，pp.5—6）的相似性：“哲学就其本质来说是由审慎和智慧构成的。智慧像医学一样是对自然的反思，正像我前面所说的，它依赖于自然；审慎处理的则是道德的和公民的原则。法学就是从后者而产生的。雄辩术要使人学会恰当的言谈，以便能说服对象：或者像在演说术中一样，以散文形式发表演说；或者像在诗歌艺术中那样，以诗的形式赋诗作歌。”——英译本注

[2] 这个观点也就是后来维柯哲学—语言—历史观的最初萌芽。——中译者注

构造出来；[1]形而上学更加缺乏历史，因为它的对象无非是人的心灵和上帝，并且把它们作为最纯粹和最单纯的本性加以沉思，除此之外别无其他。[2]

在这一点上我采取了希腊人的划分方法，将一切学说划分为秘传（acroamaticas）和通俗（exotericas）两种，但取意不同。[3]所谓秘传学说指的是各种艺术和科学的原理或制度（institutiones）本身，它们必须由学者来讲授，以便能够较易为人所接受；所谓通俗学说指的是每个人靠自己都可以学习把握的东西，也就是围绕着各种艺术和科学而生出的种种历史。

在阐明了人类的各种科学艺术的所有丰富差别之后，现在我们接着以我们自己的堕落本性为向导，来有理有序地学习它们以便达到智慧。毫无疑问，在孩提时代，越是处于理性极不确立的年龄，记忆力也就越旺盛；因为小孩刚满三岁，就已经掌握了几乎所有的词汇和一切表达方式，足以满足生活必需，连巨型词典也很难将它们囊括在内。没有任何其他学问像言语那样，它较少地依赖理性，而主要依靠记忆力，因为它的理性就是人们的共识和习用：

言谈的意志、权利和规则都在他们手里。[4]

---

[1] 沃斯，《论研究方法》，p.14。——英译本注

[2] 这里所作的区别与后来维柯在《论意大利最古老的智慧》中关于形而上学、数学特别是几何学以及逻辑学与其他知识之间的区别与联系，还有形而上学与其他各门知识的区别与联系的观点有着直接联系。这里是用历史（事例）原则，而那里是用真实与创造的原则来对各门知识加以区分的。——中译者注

[3] 参见格利乌斯，《阿提卡之夜》，XX，5，1—4："据说亚历山大的老师，哲学家亚里士多德，在对学生讲课和教育时采取了两种形式。其一被称为通俗的，其二则是秘传的。所谓通俗的，就是训练他们运用修辞、精通逻辑以及熟稔政治学；所谓秘传的，就需要讨论更为深邃和隐秘的哲学，与此相关的就是对自然本性的沉思和辩证的讨论。我所提及的他的秘传教育，一般在学园的早课教授，通常不是任何学生都可以去听的，除非老师已经测试了他的能力、他的基础知识以及他对学问的热情和投入。所谓的通俗讲堂和训练，通常安排在傍晚同一个地方，一般是无差别地面向所有年轻人而开的。后者也被称为……'晚间散步'，前者即……'早间散步'；因为在两种场合中，他都是边讲边散步。他也把他的书不分主题地分为两类，一类是通俗的，另一类则是秘传的。"——英译本注

[4] 贺拉斯，《诗艺》，72。——英译本注

确实，孩提时代是最适合学习语言的时候。然后你们有人会问，那么我们最应该在什么语言上下功夫呢？对堕落本性的认识本身会解答你们的这个问题。在对堕落本性的惩罚中，最主要的就是我们曾经说过的：随着人类社会的分裂而带来的各种语言的野蛮、差异、不确定性。这些缺陷必须用语言学习来加以改正，这些语言必须尽可能地富有学养、确定和共通，以便通过它们，我们能尽可能地理解人类社会。[1]它们有两种：一种是希腊语，另一种是拉丁语，两者都很确定；但是希腊语较有学养，现今拉丁语则较为共通。这两种语言应为自小必修课程；此外，为了使他们以后能够更好地弄懂《圣经》的文句——这是基督教神学的主要工具——钻研神圣语言对他们也是不无裨益的。

过了孩提时代，人类心灵或者说理性，就开始从物质的泥潭中越来越高地浮现出来。我们曾说过，原罪给心灵带来的惩罚就是意见纷纭。堕落的本性自从这个时候起，就挣扎着要摆脱意见的控制。然而在少年时代最为旺盛的是想象力。可以佐证这个观点的事实就是，在少年时代，我们一旦构想出了关于某个遥远城市和地区的某种形象和方位，在以后的岁月里就很难对同一个地方形成其他的印象；最初的印象对我们的冲击是如此之深，以至于很难将它们从脑海中消灭，也不能产生另外的东西来超越它们。没有什么比想象力更为反对理性的了；我们可以通过对女性的观察来证明这一点，因为想象力在她们的心灵之中占据着优势地位，所以她们较少运用理性，相应地，她们也就比男人受到更为强烈的精神激情的袭击。既然事情是这样，我们就有必要向那些医生们学习，他们给病人服用适当剂量的毒药，最后将病人治愈。为了通过想象力本身使理性获得力量，就必须削弱想像力；同时，青少年应该钻研数学，这门学

[1]《尤士丁尼法学阶梯》(*Institutiones Iustinianae*)，III，27，6。——英译本注

科最需要的就是卓越的形象构造能力；[1]因为往往必须由心灵直观到各种形式和数目的最远序列，才能便于完成论证，并从中得出真理。然而，既然它把点和线都看成是既无体积又无质量的东西，那么人类心灵就在这种证明过程中融化，并开始纯化自身。就是通过这种方式，青少年们开始习惯于在人们已有共识的事物上，从已知的真理推出真理；最后，即使在争论不休的物理学问题上，他们也能同样胜任。

随着年纪的增长和数学的运用，人类心灵已经越来越脱离形体的羁绊，并且越来越有条理；并且它已能从感官事物身上把握那些逃避一切感觉的东西，尽管它们仍然是形体事物。[2]同样，仍然应该以数学为工具来研究物理学，使他能够沉思那不可见的形体，以及它们的不可见的形状和运动，也就是自然事物的各种原则和各种原因。同样，通过数学和物理学，人类心灵就从一种粗糙低俗的思维方式逐步纯化自身，最后达到对精神事物（res spiritales）的沉思，接着通过纯粹而单纯的理智（intellectus）来洞见自身，然后通过自身洞见至大至善的上帝；最后，心灵由数学的既定真理和物理学的疑问走向形而上学，因为形而上学揭示真正的、确定的和彻底清楚的东西。

这样，在你们掌握了形而上学之后，关于错误、悬疑和真理的判断规则，你们就已经有了精细入微的了解，至于这时如何阐释，就要靠演说艺术本身了。既然你们已经知道了至大至善的上帝，犹如自然所揭示给我们的，你们就应该逐步去认识他，这也是我们的宗教所要求的；并且要倾心于基督教神学的学习。

紧跟着这些对神圣事物的认识的，是关于人性事物的审慎智慧。在这方面的学习次序上，我们必须模仿那些船长，他们观察天象，观察小熊星座以及其他星座，以便把握确定的航海方向，按照安全

[1] 参见柏拉图，《理想国》，VII，521c—d；522b—c；526a—c。——英译本注

[2] 卢克莱修，《物性论》，I，269—270。——英译本注

无失的航线，指挥着船舰奋勇驶向既定的港湾；同样，我们也必须沉思那神圣之物，沉思人类心灵和最高的神意，并把关于它们的知识当作我们的小熊星座，以便我们能更审慎更保险地引领着我们的人生航线，安然渡过各种意见的浅滩、疑问的江河和错误的暗礁。愚人因为缺乏洞察真理的能力，故而善与恶的真正界限，也就是所有人类审慎智慧之首，他们是不知道的。[1] 许多恶可能呈现出善的外表，相反许多善也可能表现为恶；处事缺乏审慎之人往往跟随肉体的愉悦；人们总是厌恶劳作、贫穷和有尊严地死去；由于这些邪恶，人们既损害了自己，又损害了人类社会。由于这些原因，人类的堕落本性想望知识，因为它想望幸福。

谁如果不是以智慧，从而也就不是以人类的幸福为目的来安排他的学习研究，也许他可以补救语言和心灵上的罪罚，但却不能补救精神上的罪罚。故而就有许多无比博学之士，他们带着抱负上下求索，但却终究生活在对短暂而渺小的学问荣誉的热切渴望之中，同时内心燃烧着对更为博学之士的嫉妒。其所以如此，是因为他们把学问研究本身当作自己的目的，而学问研究本来只是通向智慧的手段。我们前述所有学问的真正用途在于，让心灵习惯于真理；其目的在于，心灵一旦习惯于真理，也就愉悦于真理；心灵一旦要求真理，也就容易把握真理；一旦能够把握真理，也就要求更进一步把善的真正界限应用于生活实践，也就是说，要培养精神的诸种德性以及各种善的艺术，并且通过这些培养心灵的神性，最后通过心灵接近上帝。

所以，经过神圣事物的知识修养之后，你们应该研修人类的审慎智慧：首先是立身为人的伦理智慧，其次是成就公民的政治智慧。接着，有了这两种知识的修养，你们将很容易投身于道德神学的学习，以便有朝一日，你们能够在君主的谕令之下，辅佐君主安

[1] 西塞罗,《论最高的善》, I, 12。——英译本注

排和管理国事，提出你们最为明智的建议。然后你们将更为顺利地研究法学智慧，因为法学智慧几乎全部都来自伦理智慧、政治智慧以及基督教教义与传统习俗。最后，在研究了所有这些智慧之后，为了使你们每个人都对人类社会不是稍有帮助，而是要深刻广泛地、竭尽所能地造福于人类社会，这些智慧研究应该和雄辩术结合起来。[1] 你们不要因为必须学习所有这些学问以求达到智慧，便怀疑你们是否会在追随教授们学习研究的过程中逐渐老去。不过，如果他的学习毫无章法，也不考虑各门学问本身的目的，甚至次序颠倒的话，他也会变老，而且还会老而无功；在这一点上，昆体良曾极为准确地称这些人“欲速反迟”(compendio morari)[2]；如果我没有弄错的话，还可以更尖锐地说——但却丝毫不失真理——他们是在原地踏步，因为他们急躁冒进。为什么一般说来，急于求成者碰到的困难比任何人都多呢？因为谁如果颠倒了正确的研究次序，就像在迷宫里不停地打转，却总是转不出去。最短的路就是正确的路；所以正确次序的德性就是能以小容大，以少胜多（multa brevi loco concludere)。这些学问从本性上来说都是相互联系的，并且按照我们所说的次序安排在一起，只是由于人类的缺陷才使得它们常常相互分裂混淆；所以虽然它们看起来庞杂，但实际上并不庞杂，只是你将它们理解得过于复杂。各种艺术原理和各种科学学说，我们曾把它们归入秘传一类，必须就学于教授；如果不是从其他学说中、从另外的地方、从外部强加什么东西的话（何必强加呢，如果各种

[1] 维柯在这里已经提出了他在1708年的第七个演讲《论我们时代的研究方法》中的主要观点。简要地说，在那篇演讲中，维柯阐明，在希腊和罗马的古典时代，哲学和雄辩术是如何结合的，以及这种结合如何产生了法学。法学实际上已经成了智慧，即关于人的事物和神的事物的知识。关于维柯对哲学、雄辩术、修辞学、法学以及智慧的关系的探讨，也可参见他的《哲学和雄辩术之间的关系与学园》。——英译本注

[2] 昆体良，《雄辩术原理》，I，4，22：“孩子们首先应该学会名词变格和动词变位，要不然他们就永远也不能理解学问研究的下一个主题。这个警告似乎是多余的，但事实是，有许多教师由于被一种迅速进步的欲望所误导而本末倒置，他们具有某种热情，急切想要展示他们学生的天资与他们的工作之间的联系，但这种热情所起的作用只能是耽误学生的进步，他们的知识捷径也仅仅是延长了他们的路程。”——英译本注

学说都按照各自的位置分别教授的话），那么几乎一切科学艺术都是简洁之极的。至于各种科学和艺术的历史，如我们所说，属于通俗一类，这些内容你们可以自己修习。

充满美好希望的青年学子们，现在，无论在学习的目的上，还是在学习的方法上，你们都有了可以遵照的建议；从荣耀上看，它极为高贵；从用途上看，它无与伦比；从便易上看，它无比顺利。我绝不后悔将它奉献给你们，因为虽然我并不是智者，但在奉献给你们的时候，我确实追随了智者。他们一直都是这样做的，因为他们一直有能力这样做；至于我，当我沉思了我自己的堕落本性，并且这种沉思促使我做出了上述演讲的时候，我是出于确信而做的；因为在这种确信中我确已做到，也就是说，既能严肃而认真地从我所从事的艺术本身的目的出发，同时又尽到了我作为一个人的责任，即造福于人类社会。

七　论我们时代的研究方法

本次演讲的时间是1708年10月18日。

第一章　本次演讲的结构——演讲的论点——在本演讲中，所要比较的不是各门科学，而是我们的和古代的研究方法——一切研究方法都是由什么要素构成——演讲的次序安排——各门科学中的新工具——诸种研究中的新的辅助手段——如今我们的研究目的是什么

第二章　从各门科学的各种工具中诞生的我们的研究方法的优点——批判方法——分析方法——被引入物理学中的几何学——被导入医学中的化学——药物学——物理学中采用的化学方法，医学中采用的机械学——显微镜——望远镜——指南针——被带进机械学中的我们的几何学和物理学——新的研究辅助物——关于审慎智慧的诸种规则艺术——诸种艺术的最高典范——印刷术——大学教育——研究目的

第三章　新批判方法的弊端——妨碍审慎智慧——阻塞雄辩之才——也是各门想象艺术、记忆艺术或兼用两种能力的各种艺术的障碍——古人是如何避免这种新批判法的弊端的——而今日则崇批判法轻论题法——其不当之处——这种新批判法所带来的弊端何以避免

第四章　几何学方法引进物理学所带来的弊端——排斥对所要探索的自然更深的思考热情——作为哲学家同时又是基督徒应该如何研究物理学——扼杀敏锐而华美的论说能力——阻碍自由而宏大的论说形式——它产生的是一种在雄辩术中尤其要避免的空洞无力的演说形式——如何才能避免这种弊端

第五章　关于分析法——人们怀疑分析法是否对机械学有

用——如何避免分析法的弊端

第六章　我们的研究方法将对医学产生什么样的弊端——如何避免这种弊端

第七章　我们的研究方法由其界限或目的而给伦理学、政治学说以及雄辩术带来的弊端——论政治学说——论雄辩术——再论政治学说——再论雄辩术——如何才能使审慎智慧和雄辩术远离我们的研究方法的弊端

第八章　论诗艺——何时新批判法对诗艺有所助益——几何学方法对诗艺的贡献——观念真理或者普遍真理直接指导着诗性审慎智慧（prudentia poetica）——当代物理学对诗艺的促进

第九章　论基督教神学

第十章　时代方法给关于审慎智慧的各种问题的诸种规则艺术带来的各种弊端——如何避免这些弊端

第十一章　论法学——论希腊法学——论罗马法学——罗马自由共和国时期的法学——哈德良大帝[1]之前恺撒时期的法学——哈德良大帝时期的法学——康士坦丁大帝时期的法学——在法学学习中的利与不利——第一有利之处——第一不利之处——第二有利之处——第二不利之处——第三有利之处——第三不利之处——第四有利之处——第四不利之处——第五有利之处——第五不利之处——第六不利之处——第六有利之处（摸索性的）——阿库尔修斯及其追随者们的法学的优越之处——其不利之处——其一——其二——阿尔恰图斯法学的优越之处——其不利之处——第一——其二——如何才能避免在法学学习中的这些弊端

第十二章　论艺术作品的最高典范——它们产生了何种弊端——如何避免由艺术作品的最高典范带来的这些弊端

[1] 哈德良大帝（Hadrianus，76—138，117—138在位），对外采取谨守边境政策，对内加强集权统治，数次巡行帝国各地，在不列颠境内筑“哈德良长城”，镇压犹太人暴动（132—135），编纂罗马法典，奖励文艺。——中译者注

第十三章　论活字印刷——活字印刷带来了哪些弊端——如何克服活字印刷带来的这些弊端

第十四章　论大学教育——大学教育带来了哪些弊端——如何限制这些弊端

第十五章　结语

[正文]

第一章　本次演讲的结构

弗朗西斯·培根[1]在其光辉的小册子《论学术的进步》[2]中谈到，除了迄今为止我们已经拥有的科学和艺术之外，我们需要发展什么新的科学和艺术，并且还需要将那些已经拥有的科学和艺术发展到何种程度，以便真正完善人类的智慧。然而当他发现那个新的科学世界时，结果他证明自己更称得上是那个新世界的人，而不是我们这个地球世界上的人。这是因为，他的宏图伟愿超出了人类的能力所限，因而看起来更像是向我们显示，为了达到绝对智慧我们还缺少什么，而不是我们能够完成什么。[3]我想这是因为，正如经常发生的那样，谁大能在握，谁就好高骛远、渴求无限。这也就是

[1] 以培根之名开篇并不是偶然的，而是准确对应了一种文化政治策略：即把英国培根方法论的经验主义和归纳法，与笛卡尔方法论的精神主义和演绎法对立起来。关于培根对维柯哲学发展顺序的影响，至少可以参看尼科里尼，《维柯和培根》，见维柯，《自传》(F.Nicolini，*Bacone e vico*，in Vico，*Autobiografia*，Bompiani，pp.219—226)；关于专门谈论培根对反笛卡尔主义的作用，可以参见卡姆帕伊拉，《维柯的〈论我们时代的研究方法〉中的笛卡尔方法与培根方法》[Campailla，"Metodo cartesiano e metodo baconiano nel *De nostri temporis studiorum ratione* del Vico"，in *Belfagor*，XXVI (1971)，n.3，pp.253—272]。——意译本注

[2] 小册子：这个昵称指的并不是沉重的《论学术的价值和进展》(1623)，而是它最后的一个简要附录，正如它的标题《科学新世界或者要解决的任务》(*Novus orbis scientiarum sive desiderata*)所揭示的，这个附录包含一个清单，其中详尽列举了实际现存的各门知识的分类，并且检阅了那些尚存缺陷或者尚未建立的知识门类。——意译本注

[3] 这里维柯批评了培根的乌托邦式的宏大计划。根据《论我们时代的研究方法》时的维柯，培根的这个计划错误地没有看到人类认识的界限。然而在《新科学》的宏伟勾画之后——这部著作就是详尽勾画人类所有文明时代的一幅文化画卷——维柯对培根先知预言的批评语调就减少了。——意译本注

培根在治学领域所想做的，他就像那些庞大帝国中的掌权者处理公共事务一样，他们拥有了人类的至高权力，便想运用他们的巨大力量来改变事物的自然本性，干出例如移石填海，驾帆越山，以及其他一些为事物本性所不允许的事情，这些都是徒劳无功的。[1] 事实上，允许人们获得的一切认识，就像人本身一样，都是有限的和不完善的。[2] 因为如果把我们的时代和古代做一个比较，并且从各个方面权衡一下在治学领域中各自的利与弊，也许可以找出我们与古人所用的同样的研究方法。许多对我们来说已经发现的东西，古人却完全无知；而古人熟知的许多东西，我们也根本不懂。我们拥有许多才能，以使我们能在某种学问上取得成功；而他们也拥有大量才能，以使他们从事另外一种学问；他们倾力于耕耘一些我们完全忽视的艺术，而我们所致力的某些东西，他们也显然漠视；许多被我们分割的学科门类，在他们那里是恰当地统一在一起的，而我们也结合了一些他们不适当地分裂开来的学科门类；最后，不少学科仅仅是改变了种类和名称而已。这些问题给我提供了一个很值得和你们这些高贵的年轻人讨论的课题：这两种研究方法究竟哪种更正确、更优越，我们的还是古人的？[3] 在探讨这个题目时，我们将举

[1] 参见贺拉斯，《诗歌集》（*Carm*），II，18，20—22。——意译本注

[2] 有限的和不完善的：对于那些站在克罗齐立场上的新观念主义的解释者们来说，维柯的《论我们时代的研究方法》是不可知论的和半怀疑论的。但实际上这篇演讲是在力求给人类知识划定界限，并不是为了使人屈服于无知；同时也是为了与当时的唯灵论和形而上学倾向作斗争，它们以笛卡尔的精神主义为榜样，并随着学会研究者们的思想危机而在那不勒斯开始露面。参见托里尼，《维柯初期思想中的知识—哲学的关系问题》[M.Torrini，"Il problema del rapporto scienza-filosofia nel pensiero del primo Vico"，in *Physis*，XX（1978），pp.103—121]。——意译本注

[3] 这个问题属于古今两者何者优越的问题，是整个西方传统中不断出现的问题，但它的繁荣发展却是在佩罗（Charles Perrault，1628—1703，法国诗人、童话作家、法兰西学院重要成员之一，在"古今之争"中持厚今派观点。——中译者注）1688 年的《古今比较》（*Parallèle des anciens et des modernes*）之后。其中一派维护古典的修辞学方法，另一派则为现代的逻辑学方法作战；划分双方争论的各种术语是由下列人物阐释清楚的：意大利的马尔焦塔，《古今之争的意大利起源》（G.Margiotta，*Le origini italiane della 〈querelle des anciens et des modernes〉*，Roma，Editrice Studium，1953）；西班牙的马拉瓦，《古与今》（J.A.Maravall，*Antiguos y modernos*，Madrid，Alianza Editorial，1986）；普莱蒂，《十七世纪的反人文主义问题》，（转下页）

例权衡两者的利弊得失：我们的哪些弊端可以避免，以及如何才能避免？如果不能避免，又可以抵消古人的哪些弊端？如果我没弄错的话，这是一个新课题；但这个问题对于认识来说是如此的必要，所以令人惊奇的是，这项课题竟然还是新的。但如果你们能够认为，我与其说是在批判我们的和古代的研究方法的弊端，还不如说是要结合两种时代的长处，[1]那么我就会招致较少的指责。你们的问题（caussa）则是：不要在某些地方比古人知道得多些，在另外一些地方却有所欠缺；而是要掌握一种研究方法，以便使你们可以在整体上也比古人知道得多；即使我们的研究方法中有些弊端不可避免时，如果你们想一想古人研究方法的弊端，就可以带着公平的心态去接受它们。

为了使你们能够更容易理解我们的问题整体，你们应该明白，我这里并不是拿古代的科学和我们的科学、古代的艺术和我们的艺术相比，我要讨论的问题是，我们的研究方法在哪些地方比古人优越，在哪些地方不如古人，以及通过何种方法才能使我们不输于古人。因此新科学、新艺术以及新发现，与新的认识工具以及辅助物，如果说不能割裂开来的话，也应该如此加以区别：前者是学问研究的质料；后者则是［研究的］道路或方法，而这正是我们所要讨论

（接上页）见《修辞和逻辑》（G.Preti，“La polemica antiumanistica del Seicento”，in *Retorica e logica*，Torino，Einaudi，1968，pp.61—144）以及皮佐卢索，《弗朗西斯·拉米思想中的修辞艺术和自我认识》，见《法国文艺理论》（A.Pizzorusso，“Arte retorica e *conoscenza di sé* nel pensiero di François Lamy”，in *Teorie letterarie in Francia*，Pisa，Nistri e Lischi，1968，pp.179—221）。在意大利，古今之争出现于1703年朱塞佩·奥尔希（Giuseppe Orsi）批判布乌尔（Dominique Bouhours，1628—1702）的《心灵活动中正确思维的方法》（*Manière de bien penser dans les ouvrages d'esprit*）之后。关于这场争论对维柯的影响，参见弗毕尼，《维柯与布乌尔》（M.Fubini，“Vico e Bouhours”，in *Stile*，pp.135—146）以及卡姆帕伊拉，《维柯在“古今之争”中》（S.Campailla，“A proposito di Vico nella *querelle des anciens et des modernes*”），见《维柯研究中心学报》［BCSV，III（1973），pp.181—192］。英语世界可参见莱韦内，《维柯与古今之争》（J.M.Levine，“Vico and the Quarrel between the Ancients and the Moderns”，in *Transactions of the VII International Congress on Enlightenment*，Budapest，1987，Oxford，The Voltaire Foundation，1989，pp.564 sgg）。——意译本注

［1］结合两种时代的长处：维柯的这个目的其实是调和性的，这与要求协调统一的知识的理性人文主义者相一致。如果是这样，那么维柯攻击笛卡尔的方法论，也仅仅是为了纠正它的缺陷与滥用。——意译本注

的课题。

所谓的研究方法其实由三种要素构成：工具[1]、辅助物[2]和目的。工具已然涵盖了研究之道（ordinem）[3]，因为有学之人若要学习掌握某种艺术和科学，都必定有理有法。工具先行，而辅助物紧跟其后；至于目的，虽然它排在最后，但是学者必须不仅从开端就要加以重视，而且要将其贯穿于任何一种研究方法之中。我们也将根据这个顺序来安排我们的讨论，也就是首先论述工具，然后再论述我们的研究方法中的辅助物。然而对于目的，因为它渗透于研究方法之中，犹如血液在全身循环一样，[4]所以正如在动脉更易觉察的地方考察血液运动一样，我们也将在研究方法的目的更为凸显的地方来讨论它。

在诸门科学的新工具中，有些本身就是科学，另外一些是艺术，还有一些则是纯粹艺术的作品，甚至还包括自然的作品。所有科学和艺术的共同工具就是新批判法[5]；几何学的工具是分析法[6]；几何学本身及其方法又是物理学的工具，或许新机械学也算得上是物理学的工具之一；医学的工具是化学，并且从中又诞生出了药物学；人体解剖学的工具是显微镜；望远镜则是天文学的工具；最后，指南针是地理学的工具。至于新的辅助物，我指的是关于那些被古人归于审慎智慧的大量问题的种种艺术，丰富的最高艺术

[1] 工具（instrumentum）：源于动词 instruere，意为建造、构造，整理、安排等。如果按照维柯对 testamentum 的分析逻辑，这个词也可能被理解为 in-struere-mens，即心灵的内在建构或结构。——中译者注

[2] 工具、辅助物（adiumentum）：这两个明显的近义词指的却是两类不同的事物，工具是由方法构成的，而辅助物则是补充手段。——意译本注

[3] 研究之道（ordinem）：ordo 原意为纺纱之经纬、纹路，犹如“理”，原指治玉之纹理。这里指治学之理路、方法和次序等。——中译者注

[4] 犹如血液循环全身一样：这个比喻有着比哈维在 1628 年发现的血液循环更深层次的含义。维柯在《新科学》1744 年版第 119 节又用了这个比喻来说明要素的功能。——意译本注

[5] 新批判法（nova critica）：维柯用这个术语来称呼笛卡尔的方法，并且他忽略了当时时代的许多其他认识论方向，直接把笛卡尔的方法等同于现代人的方法。但在《论我们时代的研究方法》的后面几章中，维柯仅限于在“工具”这个意义上来分析对待它。——意译本注

[6] 分析法（analysis）：代数学，以此几何学命题才能转化为方程式。——意译本注

典范，活字印刷以及研究大学的创建。至于各种研究的目的，在今天唯一要追寻，唯一要培育，唯一要尊崇的目的只有一个，那就是真理（veritas）。无论你们考察所有这些事物的便易性、有用性还是崇高性，毫无疑问，我们的研究方法将会比古人更正确，更优越。

第二章　从各门科学的各种工具中诞生的我们的研究方法的优点

批判法（critica）[1]既然给予了我们第一真理，这种真理，即当你怀疑时，仍可达到确定性；[2]因此，人们断定它完全推翻了新学园派[3]。分析法以其惊人的便易性，解决了古人没能解决的几何问题。[4]古人以几何学和机械学[5]为物理学的工具，但并未自始至终如此；我们则自始至终如此，并且更高级。分析法是否使几何学变得更清晰，或者是否使机械学得到革新，不是我们在这里要讨论的问题。[我们要说的是，] 这些领袖人物运用极其睿智的新发现，使得几何学有了长足发展；而且为了不致因为这些新发现而在自然的

---

[1] 正如维柯在关于《论意大利最古老的智慧》一书的《第二答复》中所说（参见第三部分），批判法这个哲学术语就是“判断艺术”，“是逻辑学的一个重要部分”，是“围绕着真理的标准而写在逻辑学中的所有规则的总和”，对应于斯多亚学派的辩证法。——意译本注

[2] 即笛卡尔的“我思故我在”（cogito，ergo sum）。——意译本注

[3] 新学园派（Academiam novam）：前2世纪特别以卡尔耐阿德（Carneade）为代表的怀疑主义学派。卡尔耐阿德坚持认为，不可能存在任何绝对确定的知识，最多只能是盖然的知识。在《论我们时代的研究方法》这个阶段，尽管谁也不能肯定维柯就是一个怀疑论者，但是他确实以卡尔耐阿德的论争为武器，来攻击笛卡尔的“我思”教义。——意译本注

[4] 经由笛卡尔改造后的代数学又被他应用于几何学，在1637年随着他的屈光学和大气现象研究一起问世。之前他已经出版了他的《谈谈方法》。维柯关于解析几何的判断是非常严肃的，如下文不久即可见到的；不过这里的阐释仅限于笛卡尔自己的意图，即笛卡尔在他给梅森的一封信中所宣称的，他在他的几何学中试图提供一个解决一切尚未解决的问题的一般体系。——意译本注

[5] 机械学（mechanica）：依照培根的词汇，机械学指的是归纳—实验方法。在古代实践物理学和几何学之间的密切关系的“工程师”中，维柯想到的是阿基米德和希罗（Hero）。——意译本注

黑暗道路中迷失方向，他们将几何学方法引入物理学，就像顺着阿里阿德涅线团一样，沿着既定的道路前进。因此他们也就不再像摸索前进的物理学家，而是像承担某项宏伟工程的建筑师一样，来研究这个令人惊叹的世界机器的种种原因，至大至善的上帝就是根据这些原因来创造世界的。[1] 古人对化学是完全无知的，但它对医学的创建又有何等帮助！[2] 依靠合宜的相似性，医学不再仅仅是推测，而是用眼睛分辨出各种化学现象，察知人体的大部分功能和疾病。当然，医学的分支药物学[3] 是古人所梦想的科学，但我们已经成为这门学科的主人。有人将化学引入物理学，正如有人将机械学引入医学。化学—物理学几乎直接重演了大气及其他自然现象，医学与物理学的结合使得我们可以通过机械运动来诊断和治疗人体疾病。[4] 解剖学不仅在人体的血液循环[5]、神经起源和人体的无数体液、脉管等方面超出了古人，而且借助于显微镜，解剖学很好地揭示了所有那些古人都对之视而不见的事物，例如各种微小器官、植物和昆虫的腺体，特别是对于生殖过程的清晰认识，例如对卵的孵

---

[1] 维柯在这里是通过与建筑师相比来阐明，关于这些原因的研究可以追溯到笛卡尔的分析方法和几何学方法，因而带有某种机械论的眼光。在这种代达罗斯式的建筑构造中，当然不能缺少迷宫和阿里阿德涅线团这个比喻，这是新科学的标志。然而在这种赞美的语调后面，维柯先是做了沉默的保留，而后才阐释清楚，即人类是通过他对自然的现实世界的某种虚构（例如几何学），以求与上帝相同。——意译本注

[2] 从 16 世纪帕拉切索（Paracelso，Teofrasto Bombast von Hohenheim 的化名）的理论出发，发展出了一门医学化学科学，据此各种金属应该从治疗目的来解释。在维柯的时代，这种医学化学在那不勒斯的研究者学会中有其支持者。参见托里尼（M.Torrini，“Uno scritto sconosciuto di Leonardo di Capua in difesa dell'arte chimica”），见《维柯研究中心学报》[BCSV，IV（1974），pp.126—139]。——意译本注

[3] 药物学（spargirica）：化学的“女儿”，因为这种药物学应用的是与炼金术士相同的东西。——意译本注

[4] 托马尔斯·科尔内利（Tommaso Cornelio）曾在那不勒斯教授说，凭借着宇宙和人体之间存在的相似性，人体也可以从物理机械学角度来进行研究。但真正把伽利略的机械学应用于医学的则是 1680—1681 年焦瓦尼·阿尔方索·博莱利的《论生物的运动》(Giovanni Alfonso Borelli，*De motu animalium*)。——意译本注

[5] 此时哈维的《论生物中心脏和血液的运动》(*De motu cordis et sanguinis in animalibus*）已经知名 80 年了，并且由于笛卡尔的《谈谈方法》所提起的争论，在哲学家们那里也很熟悉。因而维柯这里也只是偶尔提及。——意译本注

化的解释，等等。[1]天文学借助望远镜[2]的帮助，观察到了新的星球，无数不同的太阳黑子以及星球的运行周期等，这些新发现都说明了托勒密地心说的许多缺陷。[3]古人就像占卜一样，不无怀疑地猜测海洋的彼岸就是陆地，而我们则通过指南针的应用真正发现了这一点，并且在地理学上也取得了惊人的成就。谁会相信，今天人类不仅可以顺着太阳环绕整个地球，而且还可以越出太阳的运行路线，所花的时间比太阳完成它的循环的时间更短！[4]机械学由于今日采用几何学和物理学方法来教授，从而获得了长足进展，并以其多少惊人的发现，在多大程度上丰富了人类社会啊！你可以肯定地说，正是从这些科学中诞生了我们现代的战争工具，在这方面我们已经远远超越了古人，例如在现代的攻城守城方法面前，雅典娜女神将会蔑视她的雅典城堡，而朱庇特天神也将抱怨他的三叉雷笨拙而迟钝。[5]关于各门科学的工具已经说得很多了，现在我们来看看各种研究的辅助手段。从前仅仅依靠审慎智慧的许多问题，现

[1] 虽未指明，但维柯所想的是马塞尔·马尔皮吉（Marcello Malpighi，1628—1694），他用显微镜做出了许多原创性的解剖学发现。——意译本注

[2] 在列举新的科学工具的时候，望远镜是不可遗漏的，它在17世纪得到极大改进，并且成为伽利略革命的象征。——意译本注

[3] 由于当时教会仍然不允许谈论日心说和宇宙衰败的可能性，因而维柯很谨慎地只是一般性地提到了伽利略的新发现，这些发现其时已经广泛传播，例如“新的星球”，银河本身的发现，以及可能围绕木星而旋转的美第奇卫星的位相的发现等。关于太阳黑子，维柯提及的是1613年伽利略所编的《太阳黑子及其发生的历史和证明》（*Istoria e dimostrazioni intorno alle macchie solari e loro accidenti*）。——意译本注

[4] 因为在18世纪，人们不用一年的时间就能够环绕地球一周了，所以维柯肯定地说，人比太阳围绕地球公转一周的运动速度还快。——意译本注

[5] 把同样的技术放在希腊—罗马神话学中的神人同形同性与当时的前工业化时代的现实神话两者之间的对比中，维柯采取了一种值得讨论的态度，这种态度一直保留到马克思的《〈政治经济学批判〉导言》中。可能令人惊奇的是，维柯在这里列举对人类社会有用的创造和发明的时候，还提到战争机械的进步，特别是火药和火器。不过，正如沃尔珀在《火药修辞术和进步的观念》[R.S.Wolper，“The Rhetoric of Gunpowder and the Idea of Progress”，in *Journal of the History of Ideas*，XXXI（1970），n.4，pp.589—598]中所说，战争发明、维柯上面提到的指南针以及后面即将提及的活字印刷，这三者构成了16和17世纪关于技术进步的争论的三大关键点。——意译本注

在都已经成为各门规则艺术，例如在法学领域，古人做出了种种努力，但为重重困难所阻，终而未竟。[1]此外，在诗歌、修辞、绘画、雕塑以及其他模仿艺术[2]中，我们也积累了大量经典范例，通过它们的启发，现代艺术就有可能更正确、更容易地模仿那最伟大的自然天性本身。再者，活字印刷的便利，使得各种书籍到处充斥，因而在我们中间，有许多人不是仅仅通晓一两位作家，而是受教多方，学识渊博几至无限。[3]最后，我们拥有大学教育，教授各门各类的科学艺术，以此人类心灵、精神和语言得以进步和完善。今天在几乎所有的学问研究中，只追寻一个目的，那就是真理；如果我要称颂它的话，肯定要引起别人的惊奇：因为谁曾经蔑视过它呢？

让我们回过头来检视一下我们的研究方法的优越之处：让我们看看它是否丧失了古人所有的一些优点，或者掺杂了古人所没有的缺陷；再来谈谈我们的弊端能否避免，又能否吸取古人的方法中的优点以及如何做到；如果我们不能避免这些弊端，那么又能抵消古人方法的哪些弊端。

第三章　新批判方法的弊端

首先，就诸门科学的各种工具来说，我们的研究今天都诉诸批判法。这种批判法为了把第一真理不仅从所有的谬误，而且也要从所有被怀疑是谬误者中清理出来，它就要求把所有第二性的真理以及所有真似性的东西，像谬误一样从心灵中驱逐出去。这当然是不

[1] 出于策略的原因，在检阅现代发明的各种工具和辅助物的这一章中，维柯闭口不提罗马法学中重要的整理和分析工作，他宁愿影射地指出自16世纪以来法学学者们所作的无数专门专题的研究，而不是尤士丁尼的《民法大全》(*Corpus iuris civilis*)。——意译本注

[2] 模仿艺术：与第八章将要作的断言不同，这里并不讨论模仿原则的有效性。——意译本注

[3] 维柯还暗示道，随着印刷术的发明而出现的书籍复制技术，潜藏着一种可以导致原创权威原则的危机的因素。——意译本注

恰当的：因为对于青少年来说，首先应该发展起来的是常识[1]，以免成年后在生活实践中变得怪异妄行。不过，正如知识源于真理，错误出自谬误，常识就诞生于真似之物。这是因为，真似之物可以说介于真理与谬误之间，因而真似之物几乎大部分是真的，很少是谬误。由此，既然青少年首先必须接受常识的教化，那么就必须注意，不应让他们为批判法所窒息。此外，常识既是所有审慎智慧[2]的原则，又是雄辩术[3]的原则，因为让演说家更为伤神的，是那些真实而毫无真似性的事因，而不是那些具有可信的前提的虚假事因。[4]故而其危险就在于，我们的批判法会使青年人愈益拙于言辞。最

[1] 常识（sensus commune）：指的是修辞学和任何可靠论证的基础概念，这个概念既不能和平庸的明智（buon senso），也不能和次于任何知识形式的庸俗认识（senso volgare）混同起来。相反，它是指导人类不仅面向真理，而且面向用益的中介，要确立的是满足人们的需要和方式之间的关系。因而它是与不仅包括个人，而且包括集体的实践活动和经验或者审慎相联系的，亦即记忆和传统。因而再没有与笛卡尔唯我论的"我思"相比更远的了，因为后者将他人的经验都变成"白板"（tabula rasa）。参见葛拉希，《维柯思想中常识和想象力的先在性》（E.Grassi，*La priorità del senso commune e della fantasia in Vico*，in AA.VV.，*Leggere Vico*，a cura di E.Riverso，Milano，Spirali，1982，pp.128—142）；以及伽里佐，《论维柯的常识概念》（G.Giarrizzo，"Del senso comune in Vico"，in *Vico*，*la politica e la storia*，Napoli，Guida，1981，pp.125—141）；雅克贝里·伊索第，《维柯，一种"历史科学"》（A.M.Iacobelli Isoldi，*G.B.Vico. Per una scienza della storia*，Roma，Armando，1985）；莫迪卡，《维柯的常识哲学》（G.Modica，*La filosofia del senso comune in Giambattista Vico*，Caltanissetta Roma，Sciascia，1983）；特别论述本篇中的常识概念的有沙弗，《维柯之思想的修辞学原型：在〈论我们时代的研究方法〉中的"常识"概念》[J.D.Schaeffer，"Vico's Rhetorical Model of the Mind：sensus communis in the De nostri Temporis Studiorum Ratione"，in *Philosophy and Rhetoric*，XIV（1981），n.3，pp.152—167]。——意译本注

[2] 审慎智慧（prudentia）：对维柯来说就是实践方面的优秀德性。在文艺复兴时代和巴洛克时代之间，那些政治理论家以及那些论述"朝臣"亦即"秘书"或者个人行为的专门作家们，他们对这种艺术制定了规则，即懂得区分何者对人类有益，何者有害，它不是从某种抽象而普遍的原理出发，而是从具体而现实的情况出发，来达到某种政治目的。因此可以说这是受培根的影响，就其本性上来说是经验性的、归纳性的和实验性的。维柯在他1679年《给卡特琳娜·阿拉戈妮亚·塞戈宾西斯的奠词》（*In funere excellentissimae Catharinae Aragoniae Segorbiensis ducis*，见《维柯全集》，VII，pp.104—105）中已经给审慎下过一个定义。——意译本注

[3] 雄辩术（eloquentiae）：其对象是真似之物、可以讨论以及可以争论之物，以说明常识必须寻求修辞学的说服技艺的帮助。——意译本注

[4] 这预示着维柯在《新科学》1744年版第205节的那个认识论和美学结论：诗人塔索用想象构造出来的人物，例如高弗勒德（Goffredo）就比历史上存在的一切现实的将军都更为真实。其所以如此，是因为想象中的人物能够在自身中汇聚那些可信的品质。——意译本注

后，我们的批判法学者认为，他们的第一真理不仅先于，而且外在和超越一切物体形象。[1]但把它过早地灌输给青年人是不成熟和不合时宜的。因为正如老年人精于理性，少年人则擅长想象；[2]所以绝不应该以任何方式堵塞[3]青年人的这种想象能力，这种想象能力总是未来天才的标志。而记忆力[4]，就算和想象力不是一回事，也肯定几乎与之相同；又因为在孩子们那里，其他任何的心智能力还不突出，所以有必要大力培养他们的记忆能力。有些艺术或重想象力，或重记忆力，或两者兼重，例如绘画、诗歌、修辞、法学，等等。服务于这些艺术的各种心智能力（ingenia），任何一个也都不应该被削弱。作为我们[5]所有艺术和科学的共同工具的批判法，也不应该成为任何一门学科的障碍。古人则避免了这些弊端，因为对他

[1] 某些笛卡尔主义者的形而上学抽象，恰恰就是，甚至在物理学之中，也极力否定具有形体和感知基础的任何理论的价值。关于维柯这个争论的意义，参见莫迪卡（G.Modica，*I cenni di Giove e il bivio di Ercole*，Milano，F.Angeli，1988，pp.59—61）。——意译本注

[2]《论我们时代的研究方法》在心理学—教育学以及个体发生学层面上，所提出的论点与《新科学》相同，只不过后者是在人类学和系统发生学的层面上来论述的，或者说想象力和理性的历时配置在两者之间，具有一种倒转的比例关系。关于这个思想的前提，参见科斯塔，《维柯想象力概念的诞生》（G.Costa，*Genesi del concetto vichiano di fantasia*，in *Phantasia-Imaginatio*，cit.，pp.309—339）。关于这个观点与今日教育学的联系，参见阿宋陶，《十八世纪的一个论争的现实意义。维柯〈论我们时代的研究方法〉的引言，以及为今日文化中的想象力作辩护》（R.Assunto，"Attualità di una polemica settecentesca. La prolusione De nostri temporis studiorum ratione di Giambattista Vico e la difesa della fantasia nella cultura di oggi"，in *Studio Humanitatis*，Ernesto Grassi zum 70 Geburtstag，a cura di E.Hora e E. Kessler Editor，München，Fink，1973，pp.289—307）。——意译本注
参见本书第221页注释[1]。——中译者注

[3] 堵塞（excaecari）：直译即弄瞎。从这里开始，维柯用了一系列带有强烈的否定意味的隐喻动词，来谴责由批判法的早熟教育所带来的教育上的危害。——意译本注

[4] 记忆力（memoriam）：在维柯那里关于想象力的第一哲学功能，参见维莱内，《维柯：想象力的科学》（D.P.Verene，*Vico La scienza della fantasia*，Roma，Armando，1984，cap. IV）。更具有针对性的是他的另一篇文章：《哲学意义上的记忆力概念》["La memoria filosofica"，in *Intersezioni*，II（1982），n.2，pp.257—273]。——意译本注

[5] 我们（nostris）：自然就是那些笛卡尔主义者，他们在坚持他们的理性主义方法的普遍有效性的同时，否定了许多今天属于我们所说的"人文科学"的理论价值。关于"创造力"（ingenium）这个词不能被批判法在某种方式上削弱，以及它在维柯那里和在18世纪的词义，参见丹尼尔，《创造力哲学：维柯论原哲学》[S.H.Daniel，"The Philosophy of Ingenuity: Vico on Proto-Philosophy"，in *Philosophy and Rhetoric*，XVIII（1985），n.4，pp.236—243]。——意译本注

们中的几乎任何人来说，几何就是孩童们的逻辑。[1]他们模仿医生，听从自然的指示，按照孩子们的特点，给他们传授离开形象构成的敏锐能力就不可能正确理解的知识；这样孩子们就不违自然天性，顺应不同年龄阶段不同的心智能力，逐渐而顺利地习惯于理性的道路。

其次，今天只有批判法为人所崇仰；论题法[2]不仅未被推至前台，而且完全被束之高阁。这又是不恰当的。因为正如论题的发现在本质上先于对其真理性的判断，同样论题法的培养就应该先于批判法。[3]但现在我们摒弃了这种方法，认为它毫无用处。他们说，一旦人们成为批判家，只要教他们认识事物，让他们发现内在于事物中的真理就足够了；他们不用学习论题法就可以根据同

[1] 在古典时代，向青少年传授几何学的建议来自柏拉图的《理想国》（VII，9，526c—527c）。在《曼诺篇》（81e—84a）中，苏格拉底向一个少年教授几何学的基本原理，以便证明不朽的精神对观念的回忆这个理论。——意译本注

[2] 论题法（topica）：亚里士多德在他的《修辞学》（II，22，1396b）中给论题法下了一个综合性的定义，即论题法就是占有大量的论题，并且从中选取与特定演说对象最为恰切的论题的方法。换句话说，论题法就是“发现论题的艺术”（西塞罗，《论题法》，I，2），并且作为这样一种艺术，它属于创发（inventio）之列，即修辞学的第一部分。如果说在古罗马人那里，西塞罗利用它是要反对斯多亚学派的辩证方法，那么维柯在他的《第二答复》中公开引证西塞罗的《论题法》（II，6）时，他就是正确的，同样，《论我们时代的研究方法》也重拾论题法的那些特征，借以反对笛卡尔主义者，特别是那些目的现实主义的笛卡尔主义者的批判法。本演说被安排成一种双重的对立机制：一方面是论题法、创发、修辞学、想象力、真似性、历史，另一方面则是批判法、判断、逻辑、推理、真理、数学。关于这种矛盾冲突如何极为清晰地阐明维柯的《论我们时代的研究方法》的构成，参见葛拉希，《批判哲学还是论题法哲学？激情与理性的二元论》（E.Grassi，“Filosofia critica o filosofia topica? Il dualismo di pathos e ragione”，in *Archivio di Filosofia*，1969，n.1，pp.109—121）。关于维柯对修辞学的论题法的复兴，参见科普施密特（J.Kopperschmidt，“Kritische Rhetorik statt Moderner Wissenschaftlicher Rhetorik”，in *Sprache im Technischen Zeitalter*，1973，n.45，pp.18—58：20—25）以及珀格莱，《维柯和论题法概念》[O.Pöggeler，“Vico e l’idea di topica”，in *Studi filosofici*，V—VI（1982—1983），pp.65—81]。关于从论题法层面得来的认识论结论，参见瓦索利，《论题法、修辞学和维柯“第一哲学”中的论证》[C.Vasoli，“Topica，retorica e argomentazione nella prima filosofia del Vico”，in *Revue internationale de philosophie*，XXXIII（1979），n.127—128，pp.188—201]。——意译本注

[3] 论题法对于批判法的先在性并不是等级意义上的先在性——因为论题法的目的在于它们之间的整体和谐——而是时历上的（即在青少年中首先要发展的是想象力，而后才是理性推理）和逻辑上的（即人们首先必须发现各种论题，而后才能判断其可靠性）。——意译本注

一个真理标准，看到围绕该事物的真似之物。但谁又能肯定他已经看到一切了呢？伟大而卓越的演说德性所在之处，我们称为“完满”(plenus)，也就是说，无所遗漏，无所不及，听众所急无不满足。因为自然是不确定的，而各种艺术总有其主要目的，甚至唯一目的，以确保我们行动正确：批判法是赋予演说真理的艺术，而论题法则是使演说博大精深[1]的艺术。谁如果受过论题法，也就是发现中项［medii[2]，经院哲学家称为中项，拉丁人则称为论题(argumentum)］的艺术训练，他们就已经熟知演说中诸论题的所有环节[3]，犹如历经书写中的各项要素；[4]同时他们也就拥有了一种洞察能力，可以及时洞察内在于任何情事中可令人信服的东西。谁如果没有掌握这种能力，他就很难配得上演说家之名，因为演说家的首要任务就是，在容不得丝毫迟疑耽搁的紧要情况下（正如我们在法庭上审理刑事案件所经常发生的那样，这正是演说的任务）[5]，他必须在既定的很短的陈述时间内，在辩护中给予当事人及时的帮助。但我们的批判家遇到这种质疑的时候却回答说：“我还没有对它进行思考呢！”此外，我们所有的雄辩都是为了听众[6]的，所以我

[1] 博大精深（copiosae）：演说的完满和丰厚不是来自我们拥有关于对象的颠扑不破的真理，而是要有关于对象的可能的断言；遵从论题法，也就是要求我们必须尝试构建关于对象的所有可能的蕴涵关系。从认识论的角度来说，这种方法相当于归纳法和培根所想的“程度表”（tabula graduum）。——意译本注

[2] 中项（medii）：亦即中词。在三段论的大小前提里都出现，而在结论中不出现的概念。它的作用是作为大项和小项的中介，把两者联系起来，从而推出结论。——中译者注

[3] 环节（locus）：构成论题法的卡片柜的普遍环节。——意译本注

[4] 犹如历经书写中的各项要素（scribendi elementa percurrere）：关于发现最为恰当的环节这项运作和形成语词就如拣选聚合单个字母两者之间的对应关系，可以回溯到拉丁演说家那里。参见西塞罗，《论演说家》，II，30，130；昆体良，《雄辩术原理》，V，10，125。用现代语言来说，人们可以谈论关于密码和信息之间的范例关系。——意译本注

[5] 刑事诉讼案件比民事案件更加强调演说，也更加平静，因为这些案件更讲究证明（convincere）而不是说服（persuadere）。——意译本注

[6] 听众（auditoribus）：维柯恢复了古典时代演说的口头性质的特征，这种口头特征在古典时代以后，特别由于政治原因，开始服从于作为现代典型特征的文献化（letterarizzazione）程式，当然，这也包括维柯所处的17世纪。参见弗洛莱斯库，《历史发展中的演说艺术》（V.Florescu，*La retorica nel suo sviluppo storico*，Bologna，il Mulino，1971，cap. Ⅲ）。——意译本注

们必须根据他们的意见来调整我们的演说，而且事实上是，他们经常不为强有力的推理所动，反而会屈服于某些出于意见的轻松的论证。因此，演说家为了确保打动每个人的精神，就有必要遍及相关论题的所有环节。由此认为西塞罗的言词有诸多轻浮是不正确的，因为正是由于这些轻浮的言辞，他才轻车熟驾于法庭、元老院，特别是人民会议；最后脱颖而出，成为享有罗马帝国盛誉的最伟大的演说家。那么在同一类诉讼中，只关心唯一真理的演说家和同时也考察真似之物的演说家之间有什么区别呢？布鲁图斯可以说是受诲于我们的批判法的（他曾是斯多亚学派），他认为应该用讫免动议（deprecativo statu）来为米洛辩护，[1]应该争取免予起诉，以其对共和国的巨大贡献来争取赦免他杀了克劳迪奥这项严重罪行。而西塞罗则专于论题法，他认为，在这种状况下将被告托付于法官的仁慈之下是有问题的，他根据假设[2]来规划这个案件：假如按照所要求的去做了，那么如米洛自己后来所承认的，他可能就会被免予起诉了。[3]然而学识渊博的阿尔诺德[4]却轻视这种论题法，认为它不值一文。那么两种意见该信哪一种呢？是否定论题法的阿尔诺德，还是肯定论题法的西塞罗呢？后者承认自己主要受论题法所赐，方使

[1] 指的是前52年审判米洛的案件。维柯回忆道，由于米洛杀死了克劳迪奥（Clodio），在西塞罗面前有两种可能的辩护路线。第一条路线就是法学家布鲁图斯所坚持的路线，用司法程式命名的话就是“讫免动议”（status deprecativus），即放弃对事实的陈述和解释，并通过提起被告的功绩这种方式，来祈求法官的宽大处理。——意译本注

[2] 假设（coniectura）：按照以论题法为基础的西塞罗的第二条辩护路线，那么就要讨论，被告是否确实犯了被判的罪；如果是，那么就要寻找有用的论据来减轻其罪过。这样，争论就从主角的伦理形象转换到他在由之而受审判的特定事件中所实行的行为上来了。——意译本注

[3] 假如……免予起诉了：西塞罗还回忆道，在他倾向于米洛的辩护过程中，他受到公众的敌对呼声的威胁，后来他的辩护流产了。米洛被判流放，很晚才收到他应该在法庭上宣读的演说辞，然后他承认，如果他按照这篇演说辞完整地诵读下来的话，他将会被免予起诉。——意译本注

[4] 阿尔诺德（Arnoldone）：即安东尼·阿尔诺德（Antoine Arnold），他受到笛卡尔理性主义的影响，与皮埃莱·尼克莱（Pierre Nicole）一起写了《思想的逻辑或艺术》（*Logique ou l'art de penser*，1662）一书（关于指责论题法修辞，参见Ⅲ，17）。对维柯来说，他正是笛卡尔主义反修辞学立场的范例，因为他站在清教徒的冉森派教义基础上，对任何与盖然论和真似论相妥协的立场都持敌对态度。——意译本注

自己辩才无碍。不过，这个问题就留给别人去判断吧。我们则既不偏袒，也不打压任何一方，我们要说的是，正如批判法使我们求真务实，论题法则使我们博大精深；因为正如斯多亚学派曾全力推崇批判法，学园派（Accademici）则全力推崇论题法一样，现在新派学说致力于斯多亚学派的枯燥的演绎的论说方法，亚里士多德学派则推行学园派的变化多方的论说方法。[1] 皮科（Pico Mirandulano）的论点，今天的博学之士只要用一个连锁推理就可以击倒，而卡耶达努（Caietanus）却要用一百个三段论来反驳。[2] 只要你愿意，你还可以看到，古代的哲学学派离这种批判法越远就越渊博广大。斯多亚学派犹如我们当代的学者们，他们热衷于将心灵（mentem）作为真理的标准，最终在所有学派中最精细，也最单薄；伊壁鸠鲁学派要求把感觉作为真理的标准，故运思纯澈，并时而发散推远；古典学园派则追随苏格拉底，承认自己除了知道自己无知外一无所知，然而却汪洋恣肆，美轮美奂；新学园派更进一步认为，甚至连自己无知都不可知，但却思如激流，文如雪山。[3] 但斯多亚学派和伊壁鸠鲁学派都只坚持论证的一个方面。[4] 柏拉图则倾向于两者之中更

[1] 古今之争这个问题在维柯那里表现得有些异常，因为他不是把古代与现代进行对立，而是把他当时时代的笛卡尔主义（现代）和学园派（亚里士多德学派）之间的对立，与古典时代斯多亚学派和雅典学园派的怀疑主义之间的分裂相等同。——意译本注

[2] 用了一个巧妙的“数目修辞”[retorica del numero，关于它的论证价值参见杜朗德，《数目修辞》(J.Durand，“Rhétorique du nombre”，in *Communications*，n.16，1970，pp.125—132]，维柯阐明了片面追随演绎推理的演说进程的贫瘠。在10世纪，人文主义者皮科的《结论》(*Conclusiones*)受到当时托马尔斯主义者卡耶达努(Tommaso da Gaeta，1469—1534)的一百个三段论的批驳。但是现在笛卡尔主义者已经能够只用一个无休止的连锁推理，就把一切囊括在其中了。这事实上是一种逻辑程序，亚里士多德学派就已使用；后来则为斯多亚学派偏爱。正如这个词的词源所揭示的，它就是一种由命题锁链得来的“推理堆积”(mulo di ragioni)，其中一个三段论的结论成为下一个三段论的前提。连锁推理的判决一旦得出，结果并不会让任何人惊奇。参见西塞罗，*De fin*，IV，18，50。——意译本注

[3] 在这个古典雄辩术史框架中——这个框架应该归于西塞罗的偏颇判断——维柯想要展现的是，演说的前提越少僵硬，越少教条主义，那么演说的风格也将越典雅和广博。连思想如激流湍荡这个形象也是西塞罗的论点之一，并多次为维柯使用。最后，关于由柏拉图创建的老学园和阿尔切西罗(Arcesilao)与卡尔耐阿德创建的新学园的区分也是西塞罗的。——意译本注

[4] 两者都坚持彻底的理论严格性，都坚持在两个互相反对的陈述中，只能有一个是真的，而且作为真的陈述，它不能与其相反的论点有任何调和之处。——意译本注

其真似者。[1] 卡尔耐阿德糅合了两者之间的矛盾，但却以同等的分量和难以置信的论证力量，今天证明合理性的存在，明天又否认。[2] 所有这一切都是因为：真理是唯一的，真似是杂多的，谬误则是无限的。

因此两种论证方法都有其弊端：论题法常常良莠不辨，批判法则排斥真似性。故为了避免两者的弊端，我建议应该根据整合判断（integro iudicio）[3] 的原则，让青少年们接受所有科学和艺术的教育，以便用论题法开发［科学艺术的］各项环节，并且根据同样的方法，通过常识提高和增强其审慎智慧和雄辩才能，通过想象力和记忆力来发展以这些心灵能力为依托的诸门艺术；然后才研习批判法；最后才对其所学做出自己的整合判断；在此过程中，他们使自己在论说的两种方法上都得到了训练。[4] 通过这样的训练，他们就能在科学研究中发本求真，在实践生活中审慎睿智，在论说言辩方面博大精深，在诗艺绘画上富于想象，在法学上博闻强记；此外他还将小心谨慎，避免草率大意，不学妄谈；[5] 也能避免轻信盲

---

[1] 维柯像西塞罗一样，在这个文本语境中给我们的是一个盖然论者的柏拉图，即柏拉图对于一个问题满足于给出最为合理的答案，而不是要得出一个唯一的结论。然而如果这样理解对于某些对话录来说可以是正确的，如在《泰阿泰德篇》中，但是人们不应该忘记，在其他所有地方，柏拉图给我们展现的都是以一种最为严肃的观念主义为特征的思想，从而与修辞学相反。——意译本注

盖然论的柏拉图形象并非只有维柯持有，因为笛卡尔在《哲学原理》1647 年法文译本的序言中，就曾经把柏拉图看作是一个盖然论者。参见笛卡尔，《谈谈方法》，王太庆译，商务印书馆 2004 年版，第 64 页。——中译者注

[2] 卡尔耐阿德在前 156 年暂居于罗马的时候，重拾高尔吉亚和诡辩派的技法，展现了修辞学的能量（作为纯粹的技法，修辞技艺能够应用于任何想要论证的论点）。——意译本注

[3] 整合判断（integro iudicio）：一种人文主义的认识理想，即和谐地发展人类所有方面的才能，无论这些才能是属于理性推理范围，还是想象构造范围。——意译本注

[4] 这种论辩训练对于法庭实践来说是颇为有用的，因为法庭辩论几乎从来都不能达到绝对确定的结论。在维柯的时代，这种训练在耶稣会学校中是广泛采用的，他们的“研究方法”（ratio studiorum）对这篇导言的影响颇大。——意译本注

[5] 与问题的次要方面亦即伦理方面对应的，是一种为人熟知的糅合论题法和批判法、修辞学和逻辑学的方法，这方面可以用亚里士多德的“正确中介”（giusto mezzo）来说明：修辞学的盖然论引导我们小心谨慎，并且尊重传统要求我们以之为向导的各种权威（auctoritates）；至于依靠理性的力量而形成的个人判断的自主性，则引导我们从教条中解放出来，并且获得一种能动的认知。——意译本注

从，唯师言是从。在这方面，我觉得古人实际上过犹不及：毕达哥拉斯学派曾沉寂了整整五年，在这段时间里，他们对师言真传的辩护仅仅是用老师“他亲口说过”作为证词[1]，并且一般来说，其哲学继承者的真正的任务也就是听，因而“听者”(auditores）这个词对他们来说是名副其实的。阿诺都斯虽然在言词上反对这种研究方法[2]，但在我看来，他实际上却肯定并承认了它：因为在对他的逻辑学的说明中，他尽可能地采用了各种各样的隐蔽晦涩的教学范例，但是如果不是因为对与范例有关的各门科学艺术事先已有所把握，如果没有前辈师长的高超论说艺术和勤奋耕耘，[3]这些范例很难以某种方式为听者所理解。因此，如果逻辑学后于我们上述提及的科学艺术而教授的话，那么阿诺都斯所带来的这种弊端也就可以避免了：尽管他采用了有用的范例，但仍然晦涩难解；就更不用说亚里士多德的范例了，他的范例对于理解来说，简直就是无用之极。[4]

第四章　几何学方法引进物理学所带来的弊端

现在必须注意，当几何学方法被我们引入物理学时，应避免同时引进了这种方法的弊端。也就是说，依据这种方法，你根本不能否定这种物理学的任何部分，除非你否定它的根本。这样就必然采取下列途径之一：要么从根本上放弃这种物理学，凝神于考察宇宙

[1] 对于正确的教育有两种威胁，一种是对名师大家的盲目崇拜，另一种就是即便在学习阶段也完全自给自足的高傲；在这两者之间，维柯由于担心笛卡尔逻辑学的发展，因而担忧的主要是傲慢之过。而这里谈的是毕达哥拉斯主义者的神秘和宗教学派，他们自学生时代就被迫绝对静默，以不违逆师长。——意译本注

[2] 即维柯提出的论题法和整合判断法。——中译者注

[3] 笛卡尔的精神主义宣扬从本己思维来处理所有已知材料。但是逻辑学实际上是如此复杂，因而必须要求教师的教授。这种学说如果在学生已经受到坚实的修辞学训练之后，放在学习研究的最后阶段来学的话，将不再会如此困难。——意译本注

[4] 过于早熟的逻辑学教育使得那些经院哲学家们将逻辑学简化到极点，因而使之轻浮多余，也就是无用之极。——意译本注

大全；要么如果你坚持这种物理学，那就必然用新的方法来改造它；要么你就只能把任何新现象都解释成为这种物理学的序列推论。[1] 因而新近的物理学家们犹如这些人，对他们来说，前辈已经把大厦造好遗留给了他们，而且这些大厦已经再富丽堂皇不过了，再经久耐用不过了，以至于对他们来说，剩下的只是把这些丰富的家什移动一下位置，或者修修补补，略加装饰，以适应时代风格罢了。[2] 这些学者们说，用几何学方法传授的物理学就是自然本身：无论你去考察宇宙大全的哪些方面，你所看到的都是这种物理学。因此他们认为，我们应该感谢那些创始者，他们免除了我们进一步考察自然的诸多烦难：他们已经给我们留下广厦千万间，且美轮美奂。当然，如果自然必然如其所理解的话，那么再感激他们也不为过；但是，如果自然并非如此构成或显现，如果仅仅有一条运动规律是虚假的，更不用说已经发现不止有一条规律是虚假的了，[3] 他们就要注意、注意、再注意，因为他们不能再高枕无忧地对待自然了，而且当他们去关注屋顶的修缮时，其危险就在于忽略了大厦的地基。哦，听众们，让我们既不要欺骗别人，也不要被人欺骗。这些方法或这些连锁推理法，虽然在几何学中可以说是最正确的明证(demonstrare）手段或方法，但是，当事情本身不允许明证时，早先的哲学学派斯多亚派——他们也曾用过这种论证武器——就将它当作有害而虚妄的论证方式而摒弃了。一直到今天众所周知的是，古

[1] 维柯认为，几何学以其演绎的严格性，对物理现象世界的抽象构造是无边无际的。因而，一旦人们不愿意再局限于笛卡尔的严格构造——在这种构造之中，任何经验观察都必须还原为少数几条最初的原理——那么人们就只能要么从根本上改变这种方法，要么就只能逃避到一种想象的、神秘的宇宙论中去。——意译本注

[2] 维柯颇为不满地把这个建筑学类比用在《谈谈方法》中极为常用的那一类身上，是为了推翻笛卡尔的认识论功绩。维柯相信，笛卡尔的方法实际上不懂得如何扩展人类的认识，他将笛卡尔的思维大厦与一座其中只能调换已经存在的物品的位置的建筑相比，也就是说，继续沿用笛卡尔的方法，就不能再获得新的认识增长和新的财富。——意译本注

[3] 根据科尔萨诺（Corsano），维柯在这里极为谨慎地指涉笛卡尔在《哲学原理》中提出的关于物体碰撞的第二和第三规律，这两条规律在1699年被莱布尼茨驳倒。——意译本注

人对克吕希普斯的逻辑学[1]敬而远之，因为这种逻辑学极不可靠。

因此，通过几何学方法而得到的所谓物理学真理，无非是真似之物；通过几何学，他们当然掌握了某种方法，但他们所掌握的并不就是明证。我们能明证几何［真理］，因为我们创造了它们；如果说我们能够明证物理［真理］，那就是我们曾创造了它们。[2]因为所谓真正的事物形式只存在于唯一的至大至善的上帝中，自然就是依据这些事物的形式而形成。因此我们只是像哲学家一样去研究物理学，实际上也就是构造我们的精神。也就是在这方面我们胜过了古人，因为他们从事自然研究是在不虔敬地与神争夺幸福，[3]我们则是为了使人谦卑，因为我们要研究的是真理，我们辛勤耕耘所追求的也就是真理；在我们不能发现真理的地方，[4]我们追求真理的欲望将引导我们通向那至大至善的上帝，因为只有他才是大道和真理。[5]

其次，几何学方法处理物理学论证就如同几何学证明，其论证是如此缜密，以至于禁止任何修饰。同样，你可以看到，新近的所有物理学家都采用一种缜密谨严的论证方式。但是，由于这种物理学在其学习和理解过程中，永远都是连锁推论，因而妨碍了听者的

[1] 克吕希普斯的逻辑学（Chrysippi logicam）：克吕希普斯是前3世纪希腊斯多亚派谚语哲学家，以其论证缜密而著称。这个名字也出现在维柯《自传》中（中译本参见维柯，《自传》，收入《新科学》1744年版，朱光潜译，商务印书馆1989年版，第644页。朱光潜译作“烦琐的逻辑学”，代替了这个名字。——中译者注），作为特别缜密严实的作家的代称。这种风格在古典时代也受到学园派和西塞罗的攻击。——意译本注

[2] 这个原则也许可以说是《论我们时代的研究方法》中最为人熟知的论述，也正是《论意大利最古老的智慧》的真实与创造原则的先决条件，并在该书第七章末尾被引用；这个原则同样也是《新科学》第二版的先声（参见《新科学》1744年版，第331节），不过这里维柯考虑的仅仅是自然知识，尚未考虑历史世界，即历史世界由人创造，因而对人来说也是可知的。——意译本注

[3] 主要指伊壁鸠鲁学派，他们断言，对自然的认识能够给予人类一种智力满足，这种满足使他与众神平等。——意译本注

[4] 自然世界由于并非为人所创造，因而对人来说，其根本原则是不可知的。但这远不是让他绝望，而是让他更加走近上帝。这看来像是一个虔信派教徒的结论；然而知道了人类的局限之后，人们就可以明确地、不逃避地面对不可知之物的边界。——意译本注

[5] 参见《新约·约翰福音》，14: 6:“我就是道路、真理、生命；如不藉着我，没有人能到父那里去。”——意译本注

这种能力，这种能力也是哲学特有的能力，即从事物的距离和差异中看到相似道理的能力，[1]这也是一切聪慧敏锐而文采华美的论说形式的源泉和根本。但并不是说精细发微（tenue）就是敏锐聪慧（acutum），精细发微仅为一条直线，而敏锐聪慧则是两条直线相交。[2]在敏锐聪慧的言谈中，隐喻占有首要地位，这是任何华彩美文中最有代表性的装饰，也是最耀眼的饰品。但是，谁如果因为某种其他的原因，已经习惯于几何学这种论说方式，结果就是在论说雄辩上少能适应。因为雄辩在更大程度上其对象是无知大众，[3]而粗俗大众对于那些冗长的推理链条[4]是极难把握的，特别是

> ……到处飞翔着僵硬的语句；[5]

即使他们想要去把握它们，那也不是靠精神的多少操劳紧张所能达到的。由此必然要求一种自由流畅、轻松宽广的论说形式，在这种形式下，演说家时而证明，时而离题，时而又回归正言；言说较浅之处，使之完善；若稍简短，展开来讲；如有轻浮，则沉重之，但务必要在同一论题上，极尽各种论说形式之能事，以使听者能心领神会，如同切身自有。

最后，物理学家要说，他们的方法是根据那些第一真理来安排

---

[1] 这是关于创造力（或智力）的定义，即演说必需的一种性质，它能够提供更加丰富多彩的论据；它对哲学来说也是必需的，当它不仅联结语词，而且也联结事物之时。——意译本注

[2] 这里通过几何学的帮助来阐明两者的区别。关于这个结论如何引申到人类学结论中的定义，参见《新科学》1744年版，第404节。关于维柯的隐喻，参见切萨莱，《关于维柯的隐喻概念》，见《维柯研究中心学报》[D.Di Cesare，“Sul concetto di metafora in G.B.Vico”，in BCSV，XVI（1986），pp.325—334]。另外，还可参见《论意大利最古老的智慧》第七章第五节。——意译本注

[3] 季蒂昂的芝诺常常把修辞学比作摊开的手掌，以强调它的通俗性质；相反逻辑学则用握紧的拳头来形容，以表明一种仅仅保留给有关人等的秘传知识。——意译本注

[4] 冗长的推理链条：是对笛卡尔《谈谈方法》第二部分中对逻辑的庄重步伐的定义的拉丁文翻译。——意译本注

[5] 贺拉斯，《书信集》，I，18，71。——意译本注

的。不过，作为一个好的演说家，对于那些众所周知的东西，他自然会一掠而过；而在谈论那些第二真理[1]时，他无言中已经提示给听者那些第一真理。其目的在于，要使演说家实际上已经完成的论证，对听者来说好像是他们自己完成的一样。[2]因此，这种方法就是，首先要激发其心灵去思维，以便进一步激动其精神。[3]之所以并非所有人都赞同一种最完美的形式，但所有人都会欣赏一位优秀的演说家，其原因就在于此。[4]关于如何避免因几何学方法引进物理学论证中而带来的弊端，在上面关于如何消除批判法的弊端的讨论中我们已经谈到一些，其余的下面我们将接着再谈。

第五章　关于分析法

在分析法[5]方面必须承认的是，古代在解决几何学之谜上最博学之人就是达乌斯们（Davi），我们的时代受惠于这种方法之便利的就是俄狄浦斯们（Oedipi）；[6]依据便易使创造力懈怠，而困难使创

[1] 第二真理（secunda vera）：仅仅真似的或者盖然的陈述。——意译本注

[2] 这几乎已经是对“真实与创造相互转化”原则的应用了。演讲信息的接收者自从相关的晦暗含混的属性并未被他直接破译的时候起，就通过自己的重新建构来对其进行占有了。这就是巴洛克文化中所坚持的一条认识论标准，它要求文章准备得隐秘而简练，以便读者能提起解决其中蕴含的谜底的智力兴趣。由此，维柯在下一章开头的地方说“便易使创造力懈怠，而困难使创造力敏锐”，这与巴洛克诗学是相一致的。——意译本注

[3] 激动其精神：修辞学的目的除了教育（docere）和引导（delectare）之外，正是“促动”（movere），也就是促使对话者采取实践行动。《论我们时代的研究方法》的伦理和政治维度的这个意味深长的号召，首先关注的就是心灵的逻辑，而这却是纯粹逻辑的演说所完全忽略的。——意译本注

[4] 这里仍然可以隐约看见与修辞学的古典教义的联系，亦即维柯后来在《新科学》中所作的“凡俗智慧”和“隐秘智慧”的区别。——意译本注

[5] 分析法（analysi）：即代数学。——意译本注
实则是笛卡尔开创的解析几何。——中译者注

[6] 达乌斯（Davus）是普劳图斯喜剧中一个愚蠢的仆人；俄狄浦斯（Oedipus）常常与他一起解斯芬克斯之谜。在传统中，根据泰伦斯的一个谚语俏皮话（《安德罗斯女子》，194），他们是愚蠢的对立的两极的代称（因而维柯用了复数），以此表示小聪明和真无知。——意译本注

造力敏锐的原则，有必要提出一个问题，亦即现代最新的机械创造是否在某些方面应该归功于这种方法。因为发明创新仅仅是创造力的德性；而几何学的确训练着创造力。几何学方法犹如驯马者时而勒住烈马，以使之能更快地奔驰一样，它也在学习的过程中约束着创造力，以便在磨练和操练中使之聪慧敏锐。因为几何学方法提供给他们诸种形式的巨大功能，以使他们能神思敏捷地解决既定的问题，犹如浏览（percurrant）、拈取（legant）[1] 并联结（componant）字母一样。分析方法则

> 犹如蜗居于洞穴中的先知，粗野狂热，尚未服从于太阳神，来回奔走，以求从胸中抖落那伟大的神灵，[2]

它也控制着自己的推理能力，渴求着能被给予它所向往的这种平等。还可以回想到，阿基米德[3] 在流放于叙拉古斯岛时，就曾设想出惊人的战争器具。但他们可能会回答说，阿基米德已经熟知这种分析法，但却由于嫉妒而掩盖了这一点。然而谁这么认为的话，我不知道他是否也会把这种方法讲出来，而且更要用各种语言来美化这种贡献，因为它本身对于学问的共和国来说，确实是极其伟大的。当然我们有许多创造发明，在这方面我们明显地远超古

[1] 拈取（legant）：在《论意大利最古老的智慧》一书中，维柯对于“通晓”（intelligere）的词源学解释是，它来自 inter-legere，亦即“采集事物之中适合于表达一个完美观念的所有要素”（参见第一章）。在这个意义上来说，综合几何和欧几里得几何的演进就与修辞学的论题法毫无二致。——意译本注

[2] 维吉尔，《埃涅阿斯纪》，VI，77—79。维柯的这个类比并不是中性的，而是论辩性的。正如上面把代数学的演进与解决谜语的俄狄浦斯相比一样，现在又将其与被阿波罗神施魔的女预言家西比尔的预言行为相比，以表示这种方法的被动性，它不能真正增加任何对于前提来说新的东西，遵循的路线也是可以预见的单行道。——意译本注

[3] 阿基米德：为了证明大部分发明创造不是出现在现代，而是都回溯到对代数学并不熟知的时代，维柯在这里给出了一些零碎的证明，而后在他给安焦里的杰拉尔多（Gherardo degli Angioli）的信中以及在《论英雄心灵》中有了进一步发展，在《新科学》中得到完整表述（但后来被删掉了，参见《维柯全集》，IV，2，pp.207—208）。——意译本注

人，例如铜制火炮、帆船、钟表以及教堂圆顶等，[1]但这些其实都是在任何分析几何的传播之前，就已经出现的。在钟表方面，没有人虔诚地到古人那里去寻求支持，相反，他必须承认，我们在创造力上已经远远超过了古人。古代有名的十六桨船展现的主要是它在航海上的庞大壮观，而我们的帆船却拥有同样的能力。有人说，古人之所以没能发现新大陆，与其说是由于他们没有指南针，更不如说是因为他们的船舰没有在大洋上航行的能力，这并不是毫无道理的。同样，关于古代船舰的判断也可应用于德米特里乌斯·波利切特[2]的巨型武器以及古代其他的战争武器。古埃及孟菲斯的伟大作品[3]以及其他一些作品，与其说是在艺术上，还不如说是在力量上从某些方面领先于我们，故而你也可以毫无所惧地与之一争短长。他们也许去建造圆顶教堂，但他们的建筑艺术本身却否定了这个可能性。菲利普·布鲁奈莱希斯（Philipus Brunelleschius）穷其精力在佛罗伦萨第一个勇敢地承担了圣玛丽亚大教堂的一项工程，并将其完成，即在四个悬垂的点上，将大厦的一个巨大部分提升无限高度！而同时代的建筑师从未成功过，并认为这是不

[1] 铜制火炮、帆船、钟表以及教堂圆顶等：铜制火炮［为一个德国僧侣施瓦茨（Berthold Schwarz）所发明］，帆船（不同于另外一个航海发明，即指南针），擒纵机钟表［为奥里拉的杰伯特（Gerbert d'Aurillac）所发明］，教堂圆顶（下面维柯说明应归功于布鲁奈莱希斯），等等，都是今胜于古的证明。然而这些发明根据维柯的稍有粗略的年历来算的话，应该属于中世纪，或者后来所说的"野蛮复归"时代，这整个历史时期都是无知于代数学的。——意译本注

[2] 德米特里乌斯·波利切特（Demetrii Poliorcetis，前336—前283）：马其顿国王，擅长设计和发明有效的战争武器，占领了无数城池，其中就包括雅典。因此之故，他被称为波利切特（Poliorcete），古希腊语的意思就是"破城者"。但即使是他，维柯强调说，也不能以他的巨型复杂武器抵挡火器。——意译本注

[3] 古埃及孟菲斯的伟大作品：从埃及的塔索时代到阿塔纳修·基歇尔（Attanasio Kircher）以及罗伯特·弗拉德（Robert Fludd）时代古埃及的巨大建筑，在近代的欧洲文化圈中成为一种时髦，其时欧洲正受到埃及方尖塔和金字塔中神秘的象形文字的吸引。然而，这种建筑艺术并不能点燃维柯的崇拜之情。正如他因为这是手工财富而不赞扬这类作品的庄严伟大，同样，他也不愿意欣赏一种如此简单的建筑结构，因为它们简直都不需要创造力的敏锐。在这种对埃及作品的贬低之中，人们可以隐约看到，在后来的《新科学》中，维柯为何戳穿了"民族的虚骄"给成为它的牺牲品的人民所带来的危害。——意译本注

可能的。[1] 那么，谁会因为学习了分析法后设想发明了新奇的机械事物，而后又对它轻视不顾呢？但对那些企图仅靠分析法就创造某种奇迹的人来说，他们又是否曾经成功过呢？佩罗图斯[2] 就曾按照代数分析原理，建造了一艘处处讲究尺度精确的船，希望它会无比快捷，但放船入海后便触礁沉没。这种现象的发生是否是因为，犹如美妙的音乐如果讲究像算术一样精确就不会动听，同样，机械工具如果按照代数分析来建造就不实用？[3] 但这并不是我们要讨论的问题。[我们的问题是,] 我们的论述使我们有理由怀疑，那些新近对机械学做出重大贡献的人，他们能在这方面表现卓越，到底是受惠于几何学本身的能力和创造力的功用较多，还是主要因为代数分析的功能。因此，为了培养机械学方面的创造力，一定要注意的是，不要通过他们所讲的种属（species）[4]，而要通过形式（formas）[5] 来给青年学生们讲授数学；而当代数分析法可以说类似于某种占卜艺术时，我们就要如同对待某种器械工具一样对待这种方法：

上帝不会干涉其中，除非难结中藏有化解不开的仇怨。[6]

第六章　我们的研究方法将对医学产生什么样的弊端

但在医学领域，同样存在着这些弊端，因为我们并不肯定我们

[1] 关于这个事实的报道参见瓦萨利的《优秀的画家、雕塑家和建筑家生平》(G.Vasari，*Le vite de' più eccellenti pittori*，*scultori e architettori…*，a cura di R.Bettarini e commento di P.Barocchi，Firenze，Sansoni，1971，Vol. III，pp.156—158)。——意译本注

[2] 佩罗图斯（Perotus）：即使是饱学的尼科里尼也无法确定这个人物为谁。然而，朱塞佩·谢尔堡（Giuseppe Scerbo），一位20世纪30年代特别关注维柯和笛卡尔之间的关系的学者，他没有指明原因地认为，佩罗图斯是马尔西里亚的一位工程师和物理学家（参见G.Vico，*De nostri temporis studiorum ratione*，a cura di G.Scerbo，Napoli，Perrella，1937）。——意译本注

[3] 对维柯来说，这种所谓的理性机械的纯粹理论构造必须与现实紧密联系，必须考虑到试验主义。——意译本注

[4] 种属（species）：在维柯时代的数学词典中，种属即所谓的代数符号。——意译本注

[5] 形式（formas）：即各种几何形状，它们能够通过直观和想象更好地理解。——意译本注

[6] 贺拉斯，《诗艺》，191—192。——意译本注

已经确知病因，却又忽略疾病的症状，就几乎下了判断；在这方面古人的确胜于我们，他们的治病之道和方法无疑更加准确。[1]或许是因为对他们来说，疾病的原因是极其幽暗不定的，因而他们有一种近乎虔诚的热情和求知欲，仅仅关注于他们能够做出反应和能够做到的事情，即要依靠长时间的观察才下判断；所谓症状，与其说是显示了疾病的原因，还不如说是显示了病情的严重性和发展阶段，他们根据对相关症状的这种理解，来决定准确的治疗方案。[2]这里存在着身体疾病和心灵疾病之间某种密切的相互呼应和相互关联。朝臣们就常常忽略国王发怒的本质，也不问他发怒的原因；那些精于此道者常常根据经验习惯，来察知怒气何时发作，以便不逆其性；同时还要把握其恼怒程度，以免火上浇油；当怒气稍有冷却，他们便祈求使之恢复平和；当怒气完全消失之后，他们再尝试慢慢地去接近。今天所有的医学家都异口同声地说："我们要静观以待，以便发现疾病的本性。"而我们的古人相信，保养身体的健康和其他的福善要比病后求医容易得多，于是他们密切观察着健康身体的诸种症状，这些症状指示着未来可能的疾病，以便能够预防和避免疾病的发生。[3]这就是提比略·恺撒皇帝的医学，他认为，只要到了30岁，人人都应该掌握这门艺术；[4]而且就是这种医学，无比睿智的罗马人几乎尽人皆知，并且使用了几个世纪。这并不是说，每个人身上的自然本性都是不可靠的，实际上，这种自然本性在尽职尽责地维护着每个人的健康。[而只是说，] 因为在身体陷入疾病之前，总会有

[1] 在实践科学例如医学中，维柯发现笛卡尔的方法存在着更严重的局限。因为这种方法关注的仅仅是获取数学上的严格精确性，而忽略了症状学的经验特征，以及对个别病人和个别病症具体而特殊的研究。——意译本注

[2] 这里又一次体现了维柯正确的认识论态度，就其本身来说，既非不可知论，亦非怀疑论，而是（明确医学的认识界限，对医学来说是不可能达到所谓的第一原因的）要付诸实践行动以治愈病人。——意译本注

[3] 关于这段医学论述，可以参照中医的治病方法与机理。——中译者注

[4] 古罗马传记作家苏埃托尼乌斯（Suetonius）确实在其《诸恺撒生平》(*Vitae Caesarum*)"提比略"一章中说，这位皇帝身体格外健康，在他过了30岁之后，都是自己照料自己的健康，没有求助于任何医生的建议。——意译本注

某些预示未来的疾患的标志；事实上，我们忽略了这项侦查我们自身症状的艺术，也没有致力于这项艺术。我可以大胆地说，人既不可能瞬间痊愈，也不可能无端骤死。

为了避免这些在医学上的弊端，关于我们在上面粗略提到过的那些因素，我们再展开来谈。今天我们是从那被发现的唯一真理来推演我们的物理学论证的，然而症状与诊断都是真似物，是经过长期的观察得出来的。因此，正如培根所指出的，盖仑医学不可能靠三段论来正确地推断病因，[1]我也可以说，新近的医学根据连锁推理来探究同样也不行。靠三段论不会抓住任何新东西，因为整体就包含在其前提或假设中；同样，靠连锁推理也只不过是将潜藏于第一真理中的未展开的第二真理展开而已。然而，疾病却总是新异不同的，正如总会有不同的病人一样。[2]就连现在的我，也不是和刚才谈论病人的我毫无差别：我生命中的无数时刻已经过去，催促着我迈向生命大限的无数运动已经完成。[3]同时，如我所说，在任何属中疾病都是无穷的（因为真的属是包含所有种的），而一种形式却不能涵盖一切。既然事情是这样的，即在三段论中，它的主要部分是由属构成的，而这些事物却不能涵盖于真正的属中；同样，我们也不能指望连锁推理达到关于这些事物的任何真理。因此，更可靠的办法是我们要紧抓特殊；在运用连锁推理时不要超越其特定的适用场合，而主要依靠归纳法；[4]我们将根据新近的方法来解释病因，因为现代方法更明确；但我们更要看重症状和诊断；我们要同等重视

[1] 在培根《论学术的价值和进展》一书的医学一章中（Ⅳ，2）并没有发现有对盖仑医学的这类批评。——意译本注

[2] 这里有关病人和疾病的极端相对主义模仿了奥维德的两行诗，见《爱的治疗》（*Remedia amoris*，525—526）；又可参见培根《论学术的价值和进展》，Ⅳ，2。——意译本注

[3] 采用一种赫拉克利特式的动力论，据此在河流的同一点上不可能流着同样的水，维柯强调了一种弹性诊断方法的必然性，它应该适应于各种偶然情况，这同样也是修辞学方法的典型特征。在纪念亚里士多德的下一章中，维柯又采用了莱斯博斯人所运用的弹性尺度这个形象。——意译本注

[4] 论医学这一章的整个第二部分均追随培根的经验主义观点，自然而然其结论也倾向于归纳法。——意译本注

和发展古代医学的养生功能（我理解为健身功能和食疗功能）和现代医学的治疗功能。

第七章 我们的研究方法由其界限或目的而给伦理学、政治学说以及雄辩术带来的弊端

我们时代的研究方法的最大弊端就在于，当我们竭力耕耘于自然科学时却忽视了伦理学，尤其忽视了这一部分，在这一部分中讨论的是，关于人类精神的心智（ingenio）及其情感如何适应公民生活和论说雄辩，关于德性和罪恶的本质特点，关于各种好的坏的艺术，关于不同时代、性别、条件（conditione）[1]、运气、民族、国家等的不同社会习俗特征[2]，关于那庄严而又无比困难的艺术，也就是那博大精深、高贵无比的国家学说[3]，它在我们手中几遭遗弃，任其荒芜。因为今天我们研究的唯一目的是真理，因此，我们之所以致力于关于事物本性的研究，是因为它看似确定；我们之所以放弃关于人类本性的研究，是因为它由于意志而极不确定。[4]但这种研究方法却会给青少年带来很多弊端，并且进而使他们不大懂得如何审慎地安排其社会生活，也不大懂得如何使其言谈论说合乎习俗伦理，并且富有激情和感染力。在社会生活的审慎智慧方面，由于人

---

[1] 条件（conditione）：这是根据1709年版中的conditione，尼科里尼版本更正为“condicione”。conditio一词在古典时代含义与此不同，意为契约、法规等。——意译本注

[2] 社会习俗特征（de morum characteribus）：在属于盖然性的领域，每当信息仅仅是真似信息之时，要并且首先要考察言谈者的习惯（ethos）和品格。因此，亚里士多德的《修辞学》用整个一章（II，12）来谈论习俗（mores）。相反，笛卡尔的《谈谈方法》则在第一章的结尾断言道，从对他人习俗的考虑出发，是得不到任何确定的东西的，因为在他们之间存在着巨大的差别。——意译本注

[3] 国家学说（de republica doctrina）：或政治学说。修辞学就是公民性、社会性和政治性三者统一的艺术。据此特征，《论我们时代的研究方法》既是关于国家最高利益，又是关于公民艺术的专题研究的结果。——意译本注

[4] 作为冉森教派所迷误于其中的宿命论的坚决反对者，维柯给予自由意志以极为广阔的余地，以与用自然现象验证的命定论相反对。——意译本注

类事务的主宰是极不确定的机遇（occasio）和抉择（electio），这两个要素本身又常常是由假装（simulatio）和掩饰（dissimulatio）[1]这些最具欺骗性的事物所诱导的，所以，如果一个人仅关心一种真理[2]，就很难理解其手段，更难把握其目的；因而正如时常所发生的那样，他往往在自己的希望面前受挫，被他人欺骗。因此，生活实践就应该从所谓的环境（circumstantiae）来理解，也就是从事物的时间和境况上来理解。不过，或许环境中有许多因素并不从属于也不适应于其目的，而且常常不少是有害的，有时甚至与之对立；因此，我们不能从那条呆板的心灵上的正确标准来评价人类事务，而应该遵照那灵活的莱斯博斯律[3]来考察，根据这条衡量规则，铅尺在衡量物体的时候，不是让物体来适应自己，而是弯曲自己以适应物体。由此，知识和审慎之区别即在于此，在知识方面出类拔萃的，是那些引出仅仅一条原因，却可以解释诸多自然现象的人；真正在审慎上卓越之人，则能在孤立的事件中寻找各种各样的原因，总结得出事情的真相。[4]之所以如此，是因为知识趋向最高的真理，审

[1] 假装（simulatio）和掩饰（dissimulatio）：假装就在于肯定完全虚假的事物；而掩饰则在于否定或者用嘲讽贬低本身真实的事物。这是国家最高利益的两种典型性质，是对于“诚实的掩饰”和“朝臣”无声的审慎的研究，是君王的灰色显赫。——意译本注

[2] 仅关心一种真理（qui unum verum curant）：意译者认为，这里证明了维柯对柏拉图和西塞罗的观念论进行了一个颠覆，在这种观念论中，认识的第一性被归于纯粹的沉思认知。相对于其他的开学演讲来说，维柯不再相信心灵的神圣性，以及不对他人有任何实践影响的闲逸（otium）了。关于意译者的这个判断，读者应该审慎考虑。心灵的神圣性一直是维柯的一个主题，即使在《新科学》之后的《论英雄心灵》中，这仍然是一个极其重要的主题。意译者这里考虑的可能是笛卡尔式的精神主义。——中译者注

[3] 灵活的莱斯博斯律（illa Lesbiorum flexili）：亚里士多德在《尼各马可伦理学》，V，10，1037a—b 中记述道，莱斯博斯人使用一种特殊的铅尺来衡量事物，其特点是，它能够灵活地顺应石头的形状，而不是保持僵硬。在法律范围内，它代表了相对于法律条文的不可动摇性来说的法律精神的柔韧性。这条莱斯博斯律后来为普鲁塔克、托马斯·阿奎纳、罗马诺（Egidio Romano）、路德、布德（Budé）、托马斯·摩尔、维夫斯（Vives）、博丁（Bodin）、乌尔特尤斯（Vultejus）、坎帕内拉、培根以及维柯所采用。关于这个词的法学语义学，参看伽里佐，《公平与审慎。维柯的一个论题的历史》，见《维柯，政治和历史》（G.Giarrizzo, *Aequitas e prudentia. Storia di un topos vichiano* in *Vico*, *la politica e la storia*, pp.145—174，特别关于这一部分的是 pp.172—174）。——意译本注

[4] 这说明即便是审慎智慧，也是以论题法为其运作方法的。——意译本注

慎则趋向较低的真理；这也是愚人、聪明的文盲、不审慎的学者与智慧之人之间的区别所在。[1] 因为在生活实践中，愚人既不关心最高真理，也不关心较低真理；聪明的文盲则仅注意较低真理，而对第一真理视而不见；不审慎的学者从最高真理推出较低真理，智慧之人则从较低真理中引申出最高真理。由属推出的真理是永恒真理，特殊真理却可能随着时间的流逝而变为虚妄；永恒真理超越于自然之上，[2] 因为在自然之中没有什么是静止不变的。又，善与真是相融的，并与之有相同的能力和品性。故而，由于愚人既不从属中，也不从种中认知真理，因而总是品尝由其盲目轻率所带来的恶果。对那些聪明的文盲来说，他们只关心特殊真理而不从属来把握真理，他的小聪明今天有利，明天可能就会有害。[3] 不审慎的学者们，由于直接从属和真理出发来理解特殊，很可能会在曲折颠簸的生活道路上跌倒。真正智慧之人，他们在生活实践的曲折不定中采集着永恒真理；因为真理不可能直接达到，他们就通过迂回曲折的道路；他们高瞻远瞩，能够放长线钓大鱼，一旦时机成熟，自然就会产生有利的结果。[4]

据上所述，那些把在知识中应用的判断方法移植于审慎之事中的做法是不对的。因为尽管他们用正确的理性来看待事物，而人却在很大程度上是愚昧的，他们不是受明智的决断，而是受情欲和机运来调控的。虽然他们自己也对符合需要的事物进行判断，而事情大部分都是盲目草率进行的。他们既不培养常识，也不研究真似物，

[1] 这个等级也肯定了“大人”(vir)优于“学者”(doctus)，或者说实践生活优于沉思生活。——意译本注

[2] 维柯这里的问题并不在于对抗自然科学，而是反对凌驾于其上的形而上学的僵硬，反对它们听从于笛卡尔主义。——意译本注

[3] 参见本书第二个演讲。——意译本注

[4] 可以看出，维柯这里的观点受到了耶稣会不偏不倚的伦理学的影响，只要最终达到了永恒真理，那么即使那些间接地应受谴责的行为也可以是正当的。但这种蜿蜒的、如迷宫般的路和曲折的路线的比喻，也反映了现实和真正的巴洛克风格的蜿蜒曲折，这是由巴洛克风格中那些令人眩晕的、弯曲扭转的冗长多余及其动力感造成的。——意译本注

而仅仅满足于那唯一的真理。而且，他们也根本不去考虑，人们有些什么样的共同意识，以及这些共同意识对人们来说是否看起来也是真的。但这却会给个人，也会给上流显要以及王公大臣们带来巨大危害，有时甚至是最大的灾难和破坏。法国国王亨利三世[1]在法国议会中秘密处死了将军吉斯·亨利[2]——一位深得民心的王公，但他并未取得公众的信任。虽然事实上可能有正确的道理存在，但在公众看起来却并不是这样。这件事传到罗马后，在国家政治方面极其审慎睿智的主教路德维克·曼德鲁特[3]用这句话评价说："君王们处理事情不仅要坚持真实和公正，而且要让事情看起来也是这样。"那个事件后来在法国所产生的恶果就证明了这句箴言是多么正确。[4]因此，在审慎之事上，睿智的罗马人就正确地考虑到了那些"看起来如此"的东西；例如法官以及议员们都用"看起来"(videri)一词来展开他们的陈述。[5]

因为将所有这些因素都涵盖在内，那些具有关于最崇高事物的卓越知识的哲学家们，曾以普遍的公共事务之名而被称为政治家；后来又从他们教授讲学的地方，雅典城中的一个小区，得到了他们

[1] 亨利三世（Henricus Tertius，1551—1589）：自 1574 年任法国国王。由于他和新教议和，因而遭到吉斯家族领导的"神圣联盟"（Lega Santa），即天主教徒的反对和斗争。——意译本注

[2] 吉斯·亨利（Henricum Guisium，即 Henri I de Lorraine，1550—1588）：法国宗教战争中天主教派和天主教贵族神圣联盟的领袖，参与策划圣巴托洛缪惨案（1572），在巴黎称雄一时，后遭国王亨利三世密谋刺杀。——意译本注

[3] 主教路德维克·曼德鲁特（Ludovicus cardinalis Mandrutius）：意大利特兰托的首席主教（1532—1600），帕拉维奇诺（P.Sforzo Pallavicino）在《特兰托主教会议史》（*Istoria del Concilio di Trento*）中常常提到他；他于 1561 年在教皇庇护四世之下成为红衣主教，并在格里高利十三世之下就任要职。关于他的轶事，特别是巴洛克版的轶事，实际上成为了所有演说颂词的题目，即他坚持人们不仅应该考虑他所肯定的东西，而且也应该考虑对之言谈的方式。它的原始版本可以追溯到亚里士多德的《修辞学》，III，1，1403b，15—17："把握了必须阐明的论点是不够的，还必须以恰当的方式将它阐明出来。"它的否定版本参见但丁，《神曲·地狱篇》，XVI，124—126。——意译本注

[4] 刺杀吉斯·亨利引起了巴黎暴动，当亨利三世围困城市意欲镇压暴动之时，受到了一个多明我修会的修士克莱门特（Jacques Clément）的致命一击。——意译本注

[5] 这个语用学证据也被维柯用于《论意大利最古老的智慧》第五章第三节。——中译者注

的名字，也就是逍遥派（peripatetici）和学园派（academici）。[1] 他们恰如其分地把逻辑知识、自然知识以及伦理知识都归于公民审慎智慧之下；而现在，我们却向古代的物理学回归了。这些哲学家还曾教导说，这种三维哲学[2] 应很好地践行于雄辩术中，[3] 因此后来就出现了吕克昂学园的狄摩西尼[4]，还有学园派的西塞罗[5] 等文采无比灿烂的最伟大的演说家；今天则采用这种方法来教授，在这种方法中，所有真似道理的源泉，所有荣华的、敏锐的、华丽的、清晰的、广博的、教化的以及激情的演说的源泉都被斩断，而听者的思想被构造得犹如

> ……我们的处女，她们的妈妈渴望她们垂肩束胸，以显得苗条；如果这样仍稍显丰腴，便说她犹如拳手，即对之实行节食；即使天资不错，她们也悉心照料，使之苗条宛如灯心草。[6]

对于这个政治智慧问题，那些无比博学之人或许会回答说，我要他们成为达官贵人，而不是什么哲学家；要他们忽略真理而去追随现象；要他们压制德性本身而仅要德性的幌子。但这完全不是

---

[1] 西塞罗，《论演说家》，III，28，109。——意译本注

[2] 三维哲学（triplex philosophia）：即上述逻辑知识、自然知识、伦理知识，或者逻辑学、物理学以及伦理学，三者都被苏格拉底归属于公民审慎智慧。——意译本注

[3] 智慧和雄辩术、哲学和演说艺术之间的人文关系，后来成为维柯 1737 年演讲的论点，参见维柯，《哲学和雄辩之间的关系与学园》。——意译本注

[4] 吕克昂学园的狄摩西尼（Lyceo Demosthenes）：实际上西塞罗在《布鲁图斯》（*Brutus*，XXXI，121），《论演说家》（IV，15）；昆体良在《雄辩术原理》（XII，2，22）；塔西佗在《论演说家对话录》（*Dialogus de oratore*，32）以及普鲁塔克在《狄摩西尼生平》（*Vita di Demostene*，5）中都将狄摩西尼与西塞罗作了对比，都传说根据资料（不过并不可靠），狄摩西尼曾是柏拉图的学生，而不是像维柯所肯定的，他来自吕克昂学园，即逍遥学派。维柯在 30 年后的演讲中作了更正。参见维柯，《哲学和雄辩之间的关系与学园》。——意译本注

[5] 学园派的西塞罗（ab Academia Cicero）：指的是卡尔耐阿德的第三学园，这个学园在西塞罗的演说中常常被引用，他特别在《论演说家》（III，12）中记述了在雄辩术方面，他从这个学园中获得的益处。关于卡尔耐阿德，参见同书，XVI，51。——意译本注

[6] 泰伦斯，《阉奴》，313—316。——意译本注

我所要求的：我要他们既是执政者，又是哲学家，[1]既要关心所显现（videatur）的真理，又要追随众人都赞同的荣耀。在雄辩术方面，那些哲学家本身也力争，他们的研究方法不仅没有带来任何弊端，而且还给他们带来了最大的效用。[2]“由于真正的论证力量是和理性紧密联系在一起的，一刻也不能与之分离，”他们说，“因而凭借这种力量来影响心灵，比通过演说的魅力和雄辩的烈焰来左右精神要更为优越，因为后者一旦熄灭，人就会重新回到自然天性（ingenium）上去了。”但是，如果依靠精神而不是心灵的事情整个都是雄辩的事情，你该怎么办呢？心灵思维可以被精细的真理之网所俘获，然而精神离开肉体的运作机制就无法支配和征服。雄辩术是说服对象履行责任的能力；而说服就是引导所要说服的听者的精神。智者对自身精神的引导是靠意志的，而意志则是心灵的顺从的女仆；因此只要教以责任，以使执行就够了。然而，平民大众是为欲望所左右的，但欲望却是骚乱不安的；因为欲望就是精神的沉沦，它受制于肉体的感染，服从于肉体的本性，因而离开肉体就不可能活动。[3]因此，必须用生动的形象来激动听者以使之爱；因为一旦产生爱，就易教之信；而一旦能爱能信，就应该激励听者，以使之从平时的软弱中产生意志：此三者若做不到，那么其说服工作就鲜有成效。精神的骚动，也就是人类内心的一切恶，可以说都是来源

[1] 维柯这里重塑政法人物的形象，这是从卡斯蒂廖内（Castiglione，1478—1529，意大利外交官，侍臣，著有《侍臣论》。——中译者注）出发而来的一个极为宏大的专题。正如后来在《新科学》中所肯定的，在“开明文昌的时代”臣民们关注私人事务，而君王则必须在睿智而审慎的哲人的帮助下照料公共生活。这里对政法人物形象的重塑，也就等于一次知识分子和权力的联合，也就是维柯在那不勒斯所想要实现的国王与所谓的市民或政法阶层之间的政治关系。——意译本注

[2] 当那些目的论现实主义者（portorealisti）在主要方面贬低修辞学的同时，也丝毫不乏对经院学派干瘪而缺乏文雅的风格的指责，并且以这种方式来挽救修辞学的正面价值。——意译本注

[3] 对于笛卡尔来说，情欲问题应该归属于对各种情感的缜密分析，情欲是精神的疾病，应该得到治疗，而且只能通过理性的途径来治疗。相反，维柯提出精神和肉体的协同论以对抗思维实体和广延实体的二元论，因而对他来说，必须求助于修辞语言的感性和想象本性的介入，因为它是直接作用于人类的意志的。——意译本注

于那唯一的源泉——欲望；要将其引导到善的道路上，只能通过两种事物：其一是哲学，因为哲学在贤哲身上节制精神的骚动，以使德性发现；其二为雄辩术，因为雄辩术在常人身上激发同样的骚动，以使德性责任得以践行。但有人会说："现今采用的国家形式就是这样，它使雄辩术不再具有对自由民众的调控作用。"[1] 我们确实应该感谢那些君王们，他们不是用语言，而是用法律来领导我们；但也就在同样的国度内，伟大的演说家们曾经以其宏伟、灵活而热情的演说方式而闻名遐迩，并且在法庭、议院以及圣会讲坛中，以其对国家的巨大福祉和语言的最高辉煌，焕发出耀眼的光彩。

让我们来看看事实或许是什么。法语中充斥着名词；然而名词就其本身而言却是僵硬不动的，也不允许比较。[2] 因此，由于它缺乏强健的动力，故而既不能激燃词句，也不能有所扩充和夸张；同样也不能颠倒词义，因为名词就是事物的最高类属，其下并无任何中介[3]，来借以发现和联结种种相似性的界限。相应地，隐喻在这种术语中也不可能用一个词来表达；而用两个词来表达则经常僵硬牵强。此外，当他们企图演说时，总不能形成复杂的长句；[4] 也不能构造例如被称为亚历山大格式的较长的诗句。[5] 法语的诗句除了可以说是营养不良之外（因为他们的诗句常以单句完成，并类似

[1] 关于政治形势和演说艺术发展的古典原型，参见塔西佗的《论演说家对话录》。——意译本注

[2] 在这里指出维柯的这些判断的独断性是无用的。维柯这里所要表明的是一种单一明确的汇报性、静止性语言和另一种隐喻性的或者灵活的富有内涵的呼唤性的语言之间的对立。一方面，法语的语言表述具有理性主义的特征以及良好的鉴别力的诗性特点，另一方面，意大利语的表达仍然具有富有创造力的巴洛克诗性特征。前一种语言是适合逻辑的载体，后一种语言是更为理想的演说工具，因而维柯就不能不偏好后者了。——意译本注

[3] 并无任何中介（nihil medium）：表达于名词中的实体是不可分割也不可分解的实体。因而它不能提供与另外一个语词共通的任何语义支撑点，以使得从语词的本有含义到它的隐喻含义的跳跃成为可能。——意译本注

[4] 对于那些狄摩西尼、西塞罗和薄伽丘的复合长句，亦即滔滔不绝的演说能力的范型的爱好者来说，法语的人所共知的并列句法表现得过于枯燥单调。——意译本注

[5] 亚历山大格式的较长的诗句是一种复调六音步诗，12 世纪这种诗歌形式开始应用，17 世纪成为法国古典戏剧的诗歌形式。——意译本注

地以双句作结，故而其中有两个缺陷，其一是减少了雄伟，其二是轻慢了庄严），它们比哀歌体还要无力和贫乏。他们的重音放在两处：最后一个音节，或者倒数第二个音节。当我们把重音放在倒数第三个音节上时，他们则把音节放在倒数第二个音节上。我不知道哪一种听起来精细入微：正是由于这个，他们不适应较长的日期和较大的数字。不过，虽然这种语言并不胜任所有那些崇高华丽的言谈风格，在精细入微方面却是完全可以的。既然这种语言的词汇中充斥着名词，而这些词汇正如经院哲学家所说，意味着“抽象的实体”，正是由于这些词汇，法语总是紧抓事物的一般原则。所以它极适合教研论述，因为艺术和科学所追求的正是事物的一般属性。因而事实是，我们称颂我们的演说家，是因为他们的演说有力、明了、雄辩；而他们称颂他们的演说家，则是因为他们沉思真理；至于敏捷、恰当而成功地联结各种分别的心灵德性，我们称为“创造力”(ingenium)，而他们则宁愿称为“精神”(spiritum)；他们极其轻视心灵的结合能力，因为他们的心灵无比精细，因而更擅长于思维的精微，而不是结合。如果他们的堪称哲学至理的立论基点是真的，即用语言形成创造力，而不是用创造力来形成语言，[1]那么，只有在法国的土地上，只有用他们这种精细的语言，才能够想到纯粹心灵的新批判法以及分析法，这种分析法出于自身本性，将数学作为分析对象，并脱离了一切形体性质。因而一切就成了这样：适应于他们的语言特点，他们仅仅以其语句判断的真理性和精确性，以及在规则安排上的演绎的德性，来讲求他们的言谈雄辩。

而我们所拥有的语言却是一种永远激起形象的语言；从而意大利在绘画、雕刻、建筑、音乐等方面巍然屹立于其他一切民族之中。这种语言也是极其能动活跃的，它可以借助相似性的力量，使

[1] 16、17世纪的“语言天赋”概念引导维柯得出了一个极为现代的结论，这个结论可以与沃尔夫—萨丕尔（Whorf-Sapir）的语言理论相比：一种语言的结构调节着言说这种语言的人的思想和秉性，而不仅仅是相反。——意译本注

听者的心灵游刃于千差万别、相隔久远的事物之间；这就使意大利成为继西班牙之后[1]最为敏锐的民族。在语言形式的华丽博大方面，有希罗多德、李维、西塞罗以及圭恰尔蒂尼；雄伟激昂有修昔底德、狄摩西尼、萨卢斯特，等等；薄伽丘继承了雅典式的典雅简洁；[2]彼特拉克则在新诗体上成就非凡；阿里奥斯特（Ariostos）重拾荷马神话想象的瑰丽和语言的练达；[3]塔索（Torquatos）[4]则复归维吉尔的崇高语言和神圣诗句。我们的语言拥有这么多的成就，因而也是如此的美丽，难道我们能不去加以培育？因此，谁如果不是研习物理学或者机械学，而是进修国家政治学说，或进法庭，或入议院，或为圣会，那就不能从孩提时代起，或长久地停留于用笛卡尔式的方法来学习这些知识；他应该以培养创造理性为目的，通过形式来学习几何学；他应该培养论题法，应该从两方面以自由的和更为恰当的讨论方式来研究关于自然、关于人、关于国家的各种问题；他应该做到能融合事物中具有较高的可能性和较高的真似性的东西；我们还要避免的是，我们虽在科学上优于古人，却又不如古人智慧，或者我们虽在真理上胜于古人，但却不如古人雄辩；我们的目的则是，既要在智慧和雄辩上不输于古人，又要在科学上超越他们。

---

[1] 继西班牙之后：在白银时代的拉丁作家们［塞内卡、卢坎、马提雅尔（Martial）］之后，西班牙在17世纪又达到了新的高峰，由于诗人格拉齐昂（Gracián）和贡戈拉（Góngora）的天才创造，西班牙被认为是更多更好地表现巴洛克风格的民族。——意译本注

[2] 在西塞罗散文的霸权跌落之后，17世纪人们运用了三种书写风格：亚细亚式的雄浑流畅；斯巴达式的简练紧凑；以及介于前两者之间的雅典式。参见拉伊门蒂，《关于巴洛克散文的争论》，见《巴洛克文学》(E.Raimondi，"Polemica intorno alla prosa barocca" in *Letteratura Barocca*，Firenze，Olschki，1982，pp.175—248)。——意译本注

[3] 尼科里尼恰当地指出，在《论我们时代的研究方法》这个阶段，维柯在荷马这个问题上离《新科学》中的立场还相差甚远。在这里维柯将《伊利亚特》的作者与一位成熟而精巧的诗人阿里奥斯特相类比，这表明要达到一个自发的充满想象力的原始诗艺的概念，在这种原始诗艺中"完全充满了感觉和惊奇"，维柯还有一大段距离要走。——意译本注

[4] 塔索（Torquato Tasso，1554—1595）：意大利文艺复兴后期诗人，主要作品有牧歌剧《阿明达》、反映第一次十字军东征的史诗《被解放的耶路撒冷》及理论著作《论诗的艺术》等。——中译者注

第八章　论诗艺

关于诗艺我至今尚无任何特别的论述，因为诗性灵感是至大至善的上帝的恩赐，不可能有什么工具来加以培养。但如果已经受到了这种能力的神启，而又想通过文学研究使之完善，那就有必要吸取一切学问研究的精华；[1] 关于这方面，那些既无方法可循，但又不是全无章法的地方，[2] 并且属于我们的论题范围的，我们将加以论述。

我们曾经说过，我们时代的批判法遏制了诗艺，[3] 如果在孩童时期向他们教导这种方法的话；因为这会闭塞他们的想象力，压制他们的记忆力；但是，优秀的诗人却都是想象大师，他们特有的女神是记忆女神，而缪斯就是记忆女神的女儿。所以我认为，如果青少年们已经拥有这两方面的能力，然后再修习这门艺术，那么对诗艺就会有所助益；[4] 因为如我们下面将要讲到的，诗人们也在观念中或从一般出发来考察真理。[5] 其实几何学方法在很大程度上是有助于诗性谎言 [6] 的创造的，比如在寓言故事的任何情节中，人物形象始终都保持一致，一如他们出场时那样；如亚里士多德所说，荷马

---

[1] 这里关于诗艺的柏拉图式论述——例如神圣的“癫狂”——接着又被一个承认修辞训练的价值的相反命题所纠正。在《新科学》中就不再如此，在那里技艺和理智主义同诗艺一起构建了一种相反的对称关系。——意译本注

[2] 按其本性来说，诗艺是不属于教育训练范围的。不过可以允许通过某种恰当的学习研究使之完善，在这一点上它也可以在一种全面的教育体系中有其位置。——意译本注

[3] 参见本演讲第三章第一段末。——意译本注

[4] 在《论我们时代的研究方法》中的调和策略之下，即便这两种事实上不可融合的原则，即逻辑原则和诗学原则，也找到了可能的对话园地，除了论题法在时间上的先在性之外。——意译本注

[5] 这个概念实际上来自亚里士多德，《诗学》，9，1451b：如果历史学家描写现实发生的事情的话，那么诗人描述的就是可能发生的事情，因而诗歌也是普遍的。——意译本注

[6] 诗性谎言（mendacia poetica）：除了谎言（mendacium）这个术语之外，维柯用得更多的是 falsus 一词，这个词包括多种含义，其中主要的意义就是欺骗的、虚构的；维柯有意兼用这两种含义。译者根据具体语境翻译为谎言、虚构、虚诞、虚谬，等等。不过，在维柯的用法中，虚构始终是最为基本的语义，无论是诗性谎言的创造，还是代数几何的前提假设。——中译者注

就是传授这种艺术的第一人；[1] 并且如同一哲学家所指出的，这实际上就是因果关系上的谬误推理，[2] 例如，如果代达罗斯（Daedalus）插上翅膀，他就会飞。[3] 因此，如果不能足够正确地掌握如何联结不同的事物和关系，即第二条件从其本性上要出自第一条件，而第三条件又要出自第二条件，那就不能正确地创造艺术形象。相应地可以说，这句话既敏锐而又不失其真，即如果谁真正知道了哲学真理，[4] 他就有能力创造出这类形式的谎言。几何学家们在这方面就非常优秀，他们根据虚构的前提或假设，借助他们的方法的功用，就可以得出相应的正确结果。

我断定，今天所极力推崇的研究目的，亦即观念真理或者普遍真理，在诗学中也是极为有用的。因为我并不是说，诗人尤其欣悦于虚诞；相反，我甚至敢肯定，诗人和哲学家同样特意地追求真理。只是诗人在娱乐中教化，哲学家则严肃为之；两者都教以责任，都规定人类的习俗，都使人激发德行且远离恶习；只是哲学家要与学者交流，因而多从普遍性上来论述；诗人意欲教化百姓，便构造出崇高的人物形象，以其言行为模范说服大众。同理，诗人们是从真理的寻常形式中脱身而出，以构思（effingant）[5]

[1] 参见亚里士多德，《诗学》，8，1451a；23，1459a。对荷马的赞扬主要是由于他重视了行为的统一性，这种行为的统一性是由于其内在的一致性。按照维柯的观点，这能够从几何学方法中获得某种好处。——意译本注

[2] 谬误推理（paralogismi）：在《诗学》谈论不可能的真似之物那一点上，亚里士多德赞扬了荷马在《奥德赛》中所运用的方式，即他懂得如何使即使是不合理的和荒诞的东西也能成为可接受的东西。——意译本注

[3] 亚里士多德并没有运用这个例子。维柯可能混淆了亚里士多德的文本与卡斯特维特罗（Castelvetro）的嫁接文本，该作者在引证亚里士多德《诗学》（24，1460a）中“不可能的可信”时，谈到了会飞的代达罗斯。——意译本注

[4] 尽管与第三章的前提相对立，为了调和诗歌和逻辑之间的关系，维柯在这里追随了亚里士多德以及16世纪的评注者的理性主义诗学［参见德拉·沃尔佩，《十六世纪的诗学》（G.Della Volpe，*Poetica del Cinquecento*，Bari，Laterza，1954）］。然而在《新科学》中，维柯的态度就完全不同了，尽管他还坚持诗歌的认识论价值这个观念。——意译本注

[5] 构思（effingant）：这是1709年版本的用词，金蒂莱—尼科里尼版本更正为affingant（构造，创造）。——意译本注

effingere同样含有构造之意，但又偏重于沉思、想象等，译作构思，这里可解，因而接受1709年版本。——中译者注

较为卓越的真理形式；同样他们抛弃不确定的自然本性，而寻求恒定的自然本性；现在他们之所以追随虚谬之物，只是为了使之在某种程度上更为真切。[1] 人类行为中存在一条严格的规律，亦即人在一切事物中并通过一切事物自我持存。关于这个问题斯多亚学派曾经说得最好，在当代学者中似有回应。他们很有理由可以宣称荷马是斯多亚学派的鼻祖，[2] 而亚里士多德则认为荷马又是诗性谎言的艺术大师。[3] 因此，尽管由于同样的原因我曾讲道，我们现代的研究目的有碍于政治智慧的培养，然而我将肯定，它对于诗艺却有着引导作用。因为审慎智慧要探讨的是在人类的行为中如其所是的真理，因而同样也要从轻率、无知、情欲、需要和机运中去追寻；然而诗艺考察的却是自然和明哲所必然要求的真理。

我还觉得，新近的物理学对诗艺是有所裨益的，因为诗人们所采用的大量语句都是解释事物的自然原因的，这或者是出于对诗歌用语的爱慕，或者是出于对这项古老传统的维护，因为最古老的诗人们都是物理学家。[4] 例如，用“血中生成”（sanguine cretus）来代替“诞生”，[5] 用“逝于气中”（abire in auras）来表达“死亡”，[6] 用“心

[1] 参见本书第 111 页注释 [4]。——意译本注

[2] 根据尼科里尼的说法，维柯混淆了斯多亚学派与怀疑论派，按照拉尔修的说法 [《名哲言行录》，皮罗（Pirrone），IX，11，71]，怀疑论派把荷马当作他们的创立者。——意译本注

[3] 亚里士多德，《诗学》，24，1460a。——意译本注

[4] 在《新科学》中，维柯认为所有最古老的诗人都是神学诗人，又都是物理学家，即自然哲学家，因为最古老的物理学家必然都是用诗歌来思考和写作的，特别是在神的时代和英雄时代前期；而且这些物理学家必然都是政治学家。不过所有这些“学家”的确不是学家，因为他们并没有反思智慧（参见《新科学》1744 年版《诗性物理》部分）。当然，此时的维柯还没有走到这一步，不过这里已经有了萌芽。请读者注意“物理学家”这个提法。即使不是全部，也有许多爱奥尼亚学派中的前苏格拉底哲学家，他们投身于自然知识研究之中，同时也是诗人。——中译者注

[5] 维吉尔，《埃涅阿斯记》，IV，191；在《新科学》第 694 节中亦有出现。——意译本注

[6] 奥维德，《变形记》，XV，246—247，但其本意是潮湿转化为空气。至于“死亡”的委婉语，词典所录与维柯有所不同：abire in aetherias domos（逝入大气之家或天堂之家），参见奥维德，《黑海零简》（*Epistulae. ex Ponto*），IV，13，25；马提雅尔，《奇观》（*Liber Spectaculorum*），16。——意译本注

中热火沸腾”（ignis circa praecordia fervens）来表示“发烧”，[1] 用“空气中雾气浓重”（concretus in aere vapor）来对应“云”，[2] 用“撕裂云雾的火焰”（excussus nubibus ignis）来形容“闪电”，[3] 用“大地上阴霾低垂”（terrae umbrae）来比喻“黑夜”，[4] 用天文学定义来描写时令，他们也大量使用以因喻果的转喻。由此，当新近的物理学尤其以机械学为工具来描述较为感性的原因形象时，就能更好地启发诗人创造新的表达方式。[5]

第九章　论基督教神学

我当然相信你们一点也不会惊奇，为什么我已经论及了科学研究中的所有工具，而对基督教神学却尚无只言片语；因为我认为，你们绝不会期望，我会用一种蹩脚低劣的形式来比较真理与谬误、神性与人性、基督与吕库古（Lycurgus）或努马（Numa）之间的区别。但是，为了让你们能简明扼要地了解，异教徒在神的学问这方面犯了多大的罪过，首先应该注意的是，他们对诸神的观念纷繁芜杂，游移不定；他们的执政者能以平和的心态容忍哲学家们谈论关于神的事物的不同见解；在他们那里，所要谴责的大不敬者只是因为这些人否认了神的存在；或许他们认为，哲学家的观点是超

[1] 看似来自塞内卡，《庞图斯来信》(*Phaedra*)，641，实则有所不同：intimis fervet ferus visceribus ignis（火在内脏之中熊熊燃烧），不过，内脏（intimis visceribus）与心脏（praecordia）同义。——意译本注

[2] 西塞罗，《论众神的本性》，II，39，101。——意译本注

[3] 卢克莱修，《物性论》，VI，160—161。——意译本注

[4] 西塞罗，《论预占》，II，6，17。——意译本注

[5] 在《新科学》中维柯也确立了一种物理学和诗歌之间的联系，不过那里更多地是站在历史循环论基础上的，他把现实的、反思科学的、时代的这种联姻转移到文明的原初时代，在那里，即便是自然知识，人们也是通过诗歌来表达的。在《论我们时代的研究方法》中是科学家的理性主义可以启发开明成熟的诗人；在《新科学》中则是高贵的诗歌在自身就有着任何知识形式，因而也就表达着原初人类对物理世界所具有的所有理解。另外，还可参见《论意大利最古老的智慧》序言，其中说明了语言和各门科学以及思想之间的关系。——中译者注

越于凡俗头脑的，而凡俗头脑才是宗教教导的主要对象。[1] 他们也任由诗人们赋予诸神新的本性和权能，以使其作品更有魅力，因为他们以为这同样属于宗教，可以在凡俗精神中确立起关于他们的神灵能力的更为崇高的观念。而在祭祀、占卜、鸟占[2] 等活动中，因为这些活动是最大地发挥宗教功用的地方，所以为使这些活动显得更加神圣和更加庄严，就要求那些侍奉神的宗教仪式尽可能地无比谨严、无比隆重。[3] 所以他们要扼杀和已经扼杀的仅仅是邪恶不洁的宗教仪式，轻慢不敬的宗教占卜，以及新奇异端的预测占卜方法。他们曾经迫害过基督徒，但并不是因为基督徒不信仰他们的神，而仅仅是因为基督徒不祈祷他们的神。但是，还有什么比以确定之极的仪式来崇拜不确定的神祇还要愚蠢和荒诞的呢？基督教关于至大至善的上帝的本性和神迹的教义却是确定之极的，正因此他们的典礼和仪式当然也是确定的。因而我们的新科学是蒙天启而诞生的，它开启了它的真理的神圣源泉、《圣经》及其传统，故被命名为“神学教义”(theologia dogmatica)。同理，《十二表法》曾经在关于神圣仪式的一开头就刻下这样的原则“事神当敬”(DEOS CASTE ADEUNTO)[4]，《尤士丁尼法典》(*Iustinianeus Codex*) 也以《关于天主教的圣三位一体及其信仰》(*De summa Trinitate et fide catholica*)的标题开篇。[5] 根据它的教义中的宝贵方法，又如溪流般涌现出其他的神学，例如道德神学，它根据基督教的教义，在关于善的目的、德性以及责任等的教条规章方面做出了重大贡献。它的关于神的知

[1] 即便论神学的这一部分也回响着古典的主题，特别是西塞罗的《论预占》和《论众神的本性》。——意译本注

[2] 虽然这些现象在这里并没有得到充分展开，但已表明其中关于异教的人类学蕴含，而后将成为《新科学》的研究对象。——意译本注

[3] 在古今比较之中显露出了异教（亦为王国体制所用）的公共和集体特征与基督教的内在和个体主义特征。在《新科学》时期，异教诸神被看成是在历史意义上一种必然的现身，并为基督教作准备；而在这里的比较中，却是在反对异教的愚昧性。——意译本注

[4] 不是《十二表法》本身，而是西塞罗在《论法律》(II，8，19) 中引述了这条规则。这条规则也出现于《新科学》1725 年版，第 378 节以及 1730 年版，第 469 节。——意译本注

[5] 这本身已经是对法和整个社会都诞生于宗教这个原则的一种“语文学”证明了。——意译本注

识，它的典仪的圣洁，以及它的人伦教义，无论在真理性上，在崇高性上，还是在德性上都无比卓越，因为基督教不像其他宗教，[1]它不靠权能和武器来消灭人民，而是几个世纪以来，以其德性和殉道者的坚贞，在两个最为智慧的民族希腊人和罗马人中间，在世界上最伟大的帝国中间生根发芽；并且这些民族将自己连同他们的国家，他们的智慧，自愿地置于基督教的名义之下；但这并不是说，他们在宗教和哲学上的成就就此毁于一旦，而是说由于神圣的天命，在一个较长的时期内，两者总会相互交汇在一起，只不过他们的表现为人性的，而我们的则完全是神性的。

第十章　时代方法给关于审慎智慧的各种问题的诸种规则艺术带来的各种弊端

此前所述均围绕诸门科学之工具而展开，现在我们开始讨论我们的研究方法的辅助物。关于出自审慎智慧的诸多问题，我们已经在诸门规则艺术中有所讨论；但在这方面，我恐怕我们的研究方法会必然地被判断为弊大于利。因为处理有关审慎智慧的诸门艺术，多则不值，精少反贵。[2]谁如果企图将审慎智慧中的一切事物囊括在一门艺术之中，这种开端本身就是在做无用功，因为审慎智慧要在无限的情况中采取明断；因此对于相应情况的任何理解，即使再广博也是不够的。接着，他们又欲使听者习惯于遵从相同的教条而行事，然而在实践操作中，没有比这更为无用的了。同理，为了使由审慎智慧构成的各种艺术，例如雄辩术、诗歌、历史等具有各自的功用，它们就应该像罗马的守护神[3]一样；它们要充分[4]显示出，

[1] 这里最为典型的恰当例子就是伊斯兰教。——意译本注

[2] 这里的例子就是《十二表法》，见后文。——中译者注

[3] 罗马的守护神（deorum compitalium）：指的是罗马时代，在十字路口指点方向的神像，也通指守护神。维柯在这种神的静默的姿势中发现了一种启蒙的象征。——意译本注

[4] 充分（tantum）：意译本译作“仅仅”。——中译者注

他们应该到哪里以及如何到达，也就是说，通过哲学来沉思他们的最高本性。由于过去曾经只培育那唯一的哲学，只考察那唯一的至善本性，所以在希腊、罗马以及我们当代，都涌现出了无数这方面的伟大作家；但当他们开始分别培育各门艺术的时候，便不再有如此的繁荣。[1] 请你们分别考察一下其中的原因，你们就会发现我说的一点也没错。过去，不仅任何一门艺术和学问，而且它们作为整体，都曾包含在哲学中。那些把这些艺术和学问从哲学中分裂出来，并且把它们从其相互联系中割裂开来的人，我觉得他们就像是一些暴君，他们占领了敌人的无比广大、无比富有、无比繁荣的城池，然后为了更加高枕无忧地拥有它们，便毁城破池，远迁居民，以便使他们不能再依靠他们城池的伟大、富有以及居民众多来重振民心、互通声气，并且相互为用。

第十一章　论法学

下面我们将特别在法学中验证这一点。法学对希腊人来说是一片空白，对早期罗马人来说也完全是另一码事。所以有必要讨论与此相关的、从属于我们的论题的一些主要问题。

《学说汇纂》的前四章所处理的问题，就相当于希腊人所说的基本原则问题（Priora）。[2] 它包括关于法学的本性及其目的的学说，即正义（iustitia），[3] 以及法学的内容，即法（iure）或公正（iusto），[4] 关于法律（legibus）的起源、德性的学说，[5] 还有关于法

[1] 在《新科学》中也存在着一种统一的文化与前历史时代的“诗性智慧”相对应，它被此后时代的专门化所瓦解。——意译本注

[2] 拜占庭法学家们不是将 τὰπρῶτα（即 priora，原则，原理）定义为第一部的前四章，而是《学说汇纂》的前四部书，亦即对罗马法的系统收集。——意译本注

[3]《学说汇纂》，第一章：《论正义与法》（*De iustitia et iure*）。——意译本注

[4] 同上书，第二章：《论法的起源以及所有长官和法学家的承续》（*De origine iuris et omnium magistratuum et successione prudentum*）。——意译本注

[5] 同上书，第三章：《论法律以及元老院和执政官的长期习俗》（*De legibus senatusque consulti et longa consuetudine*）。——意译本注

律的解释方法的学说等，[1]哪个细微的问题没有涵盖于这部伟大的作品中？由此它阐明了法学的一切艺术。审慎智慧的唯一艺术是哲学，但为什么又说，法学是“审慎智慧的艺术”(ars prudentiae)？因为如果我们要根据《民法学的方法》(*Methodi iuris civilis*) 一书[2]博学的作者来正确地讨论的话，在原理（priora）中包含的是法哲学，在其余整个法典中包含的则是历史；[3]而我要另外补充肯定的是，它们包含了极为丰富的司法方面的论题法。要不然如何解释这样奇特的现象，即不仅我们现代，而且罗马人自常续谕令[4]之后，都出现了汗牛充栋的法学著作，而此前的罗马人却非常之少，希腊人甚至都没有？这是因为，在古希腊，哲学家们传授法哲学，也就是传授关于国家、正义以及法律等的学说；司法长官（pragmatici）[5]则为演说家提供法律；演说家[6]在诉讼中要公正地根据事实本身来寻求证据。因而希腊人的法学就包含在哲学家们的知识、法律实践的历史和演说家

[1]《学说汇纂》，第四章：《论君主谕令》(*De constitutionibus principum*)。——意译本注

[2] 这个标题过于普泛，因而不能准确确定具体书目和作者。本书英译者认为可能是赫尔曼·乌尔特尤斯（Hermann Vultejus）或者尼古拉·维捷尔（Nicholaus Vigel）。本书法译者阿兰·庞斯（Alain Pons）却并不赞同这个看法，认为一位如此有名的法学家不能用这么一般的形式来称呼。乌尔特尤斯确实写过一本《民法阶梯评注》(*In Institutiones iuris civilis commentarius*)，其中在某种方式上对应了维柯所记忆的这个标题。——意译本注

[3] 哲学……历史：这可以看作是对不久维柯将要确立的关于真实与创造的原则的补充。在《新科学》中，正如在《学说汇纂》中，各项原理的原则（i princìpi delle degnità）总是走在对各民族共同史的分析的前面。——意译本注

[4] 常续谕令（edictum perpetuum）：这是长官上任时宣布的施政纲领，说明他将保护哪些权利，不保护哪些权利，在其整个一年的任期内有效。前 67 年，《科尔内利谕令法》规定，长官应严格遵守其任职时公布的谕令，不得任意变更。“perpetuum”本来是持续、不间断、永久之意，有的书将“edictum perpetuum”译为“一般告示”或者“永久谕令”，都不确切，根据其本身含义，可译为“常续谕令”(参见周枏，《罗马法原论》，商务印书馆 2001 年版，第 48 页)。意译者注释说，这里的常续谕令指的是古罗马法学家萨尔维·尤利安于 129 年，根据哈德良皇帝的委托，对执政官的常续谕令进行整理和汇编而得到的成果，他通过此项工作解释和解决了一些长期争论不休的问题。——中译者注

[5] 司法长官（pragmatici）：法学实践家，掌管司法事务之人，关于他们的形象在西塞罗的《论演说家》(I，45，198）中有描述。维柯在《新科学》的附录中又回到了这一点（见《维柯全集》，IV，2，pp.294）。——意译本注

[6] 演说家（oratores）：这里的演说家其实就是辩护士，相当于现代的律师。但是在古希腊、古罗马时代并不存在现代意义上的专业律师，演说家本身同时就充当了辩护士或者律师这个角色。在本章中如无特别说明，演说家指的就是辩护士。——中译者注

的能力三个方面之中，相应的结果就是哲学论著浩如烟海，演说论著也多如牛毛，然而法学著作却一本也没有。罗马人的哲学家本身就是法学家，因为通晓一门法律，就意味着凝聚了所有的智慧，或者说凝聚了英雄时代的纯粹智慧。因为，

> 这就是那个时代的智慧：将公与私分开，区分神圣与凡俗；禁止男女淫乱，为婚姻定立法权；建设和加固城堡，将法律刻于木上。[1]

故罗马人将其法学（iurisprudentia）[2]，希腊人将其智慧（sapientia）都同样定义为“关于神的事物和人的事物的知识”(divinarum humanarumque rerum notitiam)[3]。但是，既然这种智慧几乎全部由正义和公民审慎智慧所构成，那么罗马人的做法比希腊人就远为正确，因为他们不是在言说论辩中，而是在国事习用本身中，来掌握关于国家和正义的学说的。同样，他们追随的是那真正的哲学，而不是虚假的哲学（因为关于他们自己的时代，法学家的言词可能更为真实）。首先他们修养其公民德性，敬事各种公共职责，即身居司法要职，掌管国家事务；及至年老，以其丰富的经验和不惑的德性倾心于法学智慧，犹如迈向生命中那最为荣耀之门。[4]

---

[1] 贺拉斯，《诗艺》，396—399。维柯在后来给皮索尼（Pisoni）的信的注解中虽有所夸张但也不乏真理地直接承认道，《新科学》中论述“诗性智慧”的整个第二卷，可以说就是对贺拉斯这个地方的评注。参见维柯，《关于贺拉斯致皮索尼以及〈新科学〉的重要读者》（*L'epistola di Orazio ai Pisoni ai lumi della Scienza nuova*），见《维柯全集》，VII，p.76；以及切拉索罗，《维柯关于贺拉斯〈诗艺〉散编》(S.Cerasuolo，“L'inedito vichiano sull' Arte poetica di Orazio”)，见《维柯研究中心学报》[BCSV，IV（1974），pp.36—50]。——意译本注

[2] 法学（iurisprudentia）：这个词如果严格按照其本意来译的话，应该是“法的审慎智慧”，或者关于正义的审慎智慧。因而就其词义本身来说，它已经包含了法、智慧和实践三者的统一。——中译者注

[3] 这个定义参见晚期乌尔比安，《学说汇纂》，I，1，10，2。后来又原封不动地保留于尤士丁尼的《法学阶梯》，I，1，1。——意译本注

[4] 重拾第四个演讲的一个论点，就此而言，他受到了西塞罗《论演说家》的启发，后来培根也曾对此加以注意。参见本书第60页注释[2]。——意译本注

但法本身被贵族们当作“权力的隐秘”(arcano potentiae)[1]来使用。因为在罗马社会中有三个阶层，平民、骑士以及元老院议员，然而贵族却不属于任何等级，所以也就没有任何稳固的途径——除非他们通过某种艺术——在国家中谋取自己的权力地位。于是就出现了三种法：神法（sacrum）[2]、公法（ius publicum）[3]和私法(ius privatum)[4]，神法处理祭祀占卜，公法处理国家行政事务（ius feciale），私法处理诉讼程式；而贵族们为了不仅控制公民大会（公民大会的召开须以吉占为前提），而且将宣战、议和、联盟以及至少部分裁判权控制在自己手中，于是就沿用了这条决议：任何人，假如他并不通晓这三种法的话，就不能被承认为法学家；[5]也正是由此，他们才把法学智慧定义为“关于神的事物和人的事物的知识”。只是，谁如果不属于祭司或者占卜官阶层，谁就不可能通晓这三种法；又因为他们之中能居要位者无非达官贵人，所以只有贵族们才能掌管法，并且把法律作为某种神秘来加以守护。而且，自从提比略（Tibelium Coruncanium）第一个对罗马人公布了这项法令

[1] 权力的隐秘（arcano potentiae）：这个观点的表述回响着塔西佗的笔风，根据塔西佗，贵族掌握了知识和法律训练的特权。这个观点也解开了温谦佐·维达尼亚先生（Vincenzo Vidania）在给维柯的信中所提出的疑惑。参见维柯，《自传》(中译本参见维柯，《自传》，收入《新科学》，朱光潜译，商务印书馆 1989 年版，第 676 页。——中译者注）。维柯在后来的《普遍法》的脚注里做了公开答复。——意译本注

[2] 神法（sacrum）：在拉丁语中也可以作 ius divinum，指宗教法律规范总和，或被称为 fas。与之相对应的是世俗法或者人法（ius humanum）。——中译者注

[3] 公法（ius publicum）：指调整国家或共同体的政治关系、维护其基本秩序和稳定的法律规范总和。它具有较为强烈的强制性，因此，罗马法学家说，公法不得因私约而变通（ius publicum privatorum pactis mutari non potest）。——中译者注

[4] 私法（ius privatum）：是调整私人之间关系的法律规范总和。对于罗马法来说，它最初以市民法（ius civile）为核心。——中译者注

[5] 在《论我们时代的研究方法》这个时期，维柯受到 17 世纪理论以及马基雅维利的国家理论的影响，认为法学知识的独占和神秘是由贵族构想出来的一种运用权力的“计策”。但是自从《普遍法》之后，特别是在《新科学》之中，这种“英雄们”的特权就表现为一种没有军队防卫的权力，即英雄们通过宗教信仰和社会习俗，使人确信他们拥有举行占卜活动的权利和德性，这本身是平民被剥夺了某种自发的宗教性的结果。无论如何，即使在 1708 年的这个演讲中，维柯业已发现了法学知识的特权和被剥夺了这种特权的阶级的斗争之间的关系。——意译本注

之后，[1]这条原则就几乎作为圣律沿袭下来，即法学智慧非贵族子嗣绝不外传。[2]为了用法律的神圣性使他们的权力的神秘性质更加神圣，他们无比虔敬地捍卫法律的词句；[3]但是为了使法律显得更加庄严，他们又无比讲求民事程序的确定性和庄重；最后，为了使法律在平民面前显得更加隐秘，他们以符号书写法律[4]，而不是论述详备。罗马的智者们同样心照不宣地，甚至对自己也掩盖了这种神秘性，一方面，执掌国事的大人，例如贵族们，由于其战争的才能为国家所必需，就应该看重正义甚于不义和强权；另一方面，百姓则应该竭力培养对法的高度虔敬。

哪里法律能犹如无名之神的宗教约制社会公民，社会律令在其执行的平等性和恒定性上，一点也不亚于军事律令，哪里就国运昌盛。在军事命令下，士兵询问所要执行的命令的原因是不合法的，他唯一要做的就是随时待命，勤力执行。因此，法律在自由的共和国内曾经是严格至极的，[5]比如，法官只是市民法的纯粹守护者；所有契约都须以要式口约[6]敲定；所有货币支付，无论是应收或应付，

[1] 这项法令颁布于前254年。提比略是第一位平民出身的大祭司长，生活于第一次布匿战争期间。参见彭波尼（Pomponio），*Liber singularis Enchiridii*，见《学说汇纂》(*Digest*)，I，22，38。——意译本注

[2] 这个观点受到维达尼亚的质疑。参见本书第146页注释[1]。——意译本注

[3] 古代法律严格尊重法律的词句，不仅因为古人要维护与法律的神秘形式紧密相连的神圣特征，还因为他们的语言贫瘠，从而阻碍了他们进行进一步的解释。只有在“人的时代”，各项法律才能根据其精神来进行理解。——意译本注

[4] 以符号书写法律（per notas scribebant）：与贵族不惜一切代价维护法学知识的神秘性以免通俗化这个论点相一致，维柯得出结论说，花押速记字体应该是人们凭借智力创造和构想出来的一种密码术。相反，在《新科学》1725年版中，象形文字、题铭、徽章等都不再是由于隐秘的需要而构想出来的沟通形式，而是通过简明扼要的形象来表达的思想形式。——意译本注

[5] 如果谁要在这里强调维柯为了用古代法律形式主义的毫不妥协的刚硬来反对现代法律解释的极大柔韧性，因而牵强附会地用善恶二元论的术语描述这段法律史（尽管十分明显），是没什么意义的。——意译本注

[6] 要式口约（stipulationibus）：即stipulatio，罗马法中的口头契约之一，表现为作为要约人的一方向作为承诺人的另一方按照固定的程式进行提问，后者就该提问所涉及的责任做出承诺或保证。——中译者注

参见《新科学》1744年版，第569节和第1072节。——意译本注

都须遵照法定货币量度；当诉讼行为（actiones）不能救济时，在裁判中就要考察司法保证（sponsionibus）。谁如果出于善意的信任以善相交，同时又要讲求公平，那么这就不是裁判而是意愿的事情，在这里起调控作用的不是法的强制性，所需遵循的是责任良心。即使当事人因其功德应获司法豁免，或者因其罪行当适用新的惩罚，也并不增删《十二表法》的条文——正如塔西佗所说，我也这么认为——而是提请对当事人运用个别法或者特别法[1](如果情况不是极端紧迫，亟需决定，因而有必要制外裁定[2]的话)，从而照顾了"公平法的目标"(finem aequi iuris)[3]。因此那时的法律处处要求严格不变；所以不用说私人用益了，即便是出于国家用益的考量需要违背法律的话，也要法学家们通过法的虚构或构想来对其加以解释，以便不使法有所变更。这方面的例子有战后公民资格恢复权[4]、科尔内利法[5]和其他的法律虚构，还有在解放奴隶和遗嘱中的虚拟买卖[6]等。如果谁能正确地认识这里的问题的话，那么他就会发现，各类法律虚构无非是早期法学智慧的延伸和对法律的抗辩[7]，通过这些延伸和抗辩，早期法学家们让事实适应法律；但现在的法学家们则与

[1] 个别法（singulares leges）或者特别法（privilegia）：参见《学说汇纂》，I，4，1，以及《尤士丁尼法学阶梯》，I，2，6。——意译本注

[2] 制外裁定（extra ordinem）：自帝国时代开始的一种审判程序，即大法官既可以提审权利争端（in iure）也可以提审事实争端或裁判争端（in iudicio）。——意译本注

[3] 塔西佗，《编年史》(*Annales*)，III，27。参见《新科学》1744年版，第1001节。——意译本注

[4] 战后公民资格恢复权（postliminii）：又称复境权。此词起源于拉丁文（post limina，入境之后）。这条法律解释于《学说汇纂》，XLIX，15："关于复境俘虏以及自敌人赎回的俘虏。"它特指下列法律制度：罗马公民在因被敌人俘虏而遭受最大人格减等后，如果以任何方式返回祖国，并且意图留下，即可恢复自由权，从而重新取得先前的所有权利。——意译本注

[5] 科尔内利法（Lex Cornelia）：由席拉（Silla）颁布的一项法律，这项法律承认不幸死于国外的罗马公民的遗嘱的有效性，其方法是假设认为他死于罗马。——意译本注

[6] 解放奴隶和遗嘱中的虚拟买卖（imaginariae in emancipationibus testamentisque venditiones）：在极其严苛的《十二表法》中规定，父老拥有对子女的生杀大权，可以将其卖为奴隶三次。为了解放他们，就需要订立三次虚拟买卖。参见《尤士丁尼法学阶梯》(I，12）及盖尤斯所做的《评注》(I，119)。也可参见《新科学》1744年版，第582节。——意译本注

[7] 法学智慧的延伸和对法律的抗辩（iurisprudentiae productiones et exceptiones legum）：这里的抗辩也可能主要指特例，而不仅限于法律专业术语的含义。——中译者注

之相反，他们要让法律适应事实。[1]然而早期法学智慧值得称赞之处也就在于通过创造出这一类的某种办法，以保持法律的完整，并且保障公共的福利。

综上所述可知，[起初] 只有贵族把持法学，而新兴阶层和庶民百姓却可以染指雄辩，法学家们则既通晓哲学家们的知识又熟稔法律实践的历史；而 [当事人] 如果不是亲自承担合法诉讼辩护的任务的话，他们就将其法律意见交付给咨询者，后来则托付于演说家为之辩护；但当演说家们真正进入法庭来 [为当事人的] 合法诉讼作辩护时，由于 [法律的] 条文关涉法律，[法律的] 意志则指向公正，合法诉讼就是由文字和意志构成的，因而在合法诉讼中，法学家和演说家都各司其职，前者维护法权，优秀的演说家则维护公正。因为法本身就具有最高的神圣性，而裁判中的公正离开了好的雄辩就不能实现。在自由共和国时期，对这些诉讼的处理有三种法共享一种审慎智慧：这种智慧就被定义为“关于神的事物和人的事物的知识，或关于正义与不正义的科学”；所谓的“人的事物”不仅涵盖公共事务，也包括私人事务；所谓正义的事务，指的是任何明确符合法律的事务。法学和雄辩基于共和国的建制是两相分开的；当法学家从事雄辩的时候，他辩护的不过是法律条文；演说家辩护的时而是法律的条文，时而是法律的心灵（mens）；然而，谈论条文可以平庸，但要为其心灵辩护，却非极为雄辩不可；故确实鲜有法权著述，也未曾听闻有任何一本这样的书问世。不过，这种情况在元首制共和国（principatum republica）时期有了变化，罗马的元首们不仅一开始就把公民大会的立法权从人民手中转移到元老院，而且不久就把所有战争、议和、联盟以及其他国家事务的决策权，无论军队

[1] 例如乌尔比安，《学说汇纂》，I，4，1，2。——意译本注

还是政治的隐秘权力，都收归自己的神圣内室。正如克里普斯[1]对李维娅[2]所说，这就是“帝国统治的条件”(imperandi conditionem)，“以使得除了归顺那唯一的寡头之外，别无他途”。[3]这在法学家那里被称为王室法[4]，仿佛法不是由罗马人民的意志来决定，而是出于共和国的需要；并且，“奥古斯都以第一公民（principis）的名义，将充满纷乱的公民斗争的整个社会控制于帝国统治之下”[5]，从而实现了真正的王室控制。但是，当这些罗马元首们以某种方式对贵族和元老院做出妥协的时候，是不会忘记这些贵族元老们权势的增强是不利于自己的君主统治的，故而给予贵族元老们的是权力的幌子。元首们同样也向元老院做出退让，即元老院可以根据元首的圣谕（principatum orationes），制定和颁布属于私人事务范围内的法律。而这些圣谕所针对者，看来就是执政官之间的关系；实际上，元首们的敕令都是具有表决特权（praerogativa suffragii）的，这样就使得元老院即便在私法方面，如果并不符合元首意志，不符合在这条敕令中所反映的元首的意志，便不能通过相关决议。同理，一旦元首之位得以巩固，各种制度都已确立，元首们便亲自在裁判官中来甄选候选人[6]。他们同样也给予贵族们（当然不是毫无差别地给予每个成员）一种公开解答权，[7]看起来具有前所未有的合法权威，但前提是必须明确而可靠地忠实于元首，他们的立法权也仅限于由他

[1] 克里普斯（Sallustius Cripus）：历史学家尤古尔塔（Giugurta）和卡提里娜（Catilina）的侄子，在本演讲第十五章维柯也提到了他，称其有谦逊美德。——意译本注

[2] 李维娅（Liviae）：奥古斯都皇帝的妻子。——意译本注

[3] 塔西佗，《编年史》，I，6，6。——意译本注

[4] 乌尔比安，《学说汇纂》，I，4，1。关于“王室法”(lex regia)，维柯在《新科学》1730年版的附录中曾做过较多的讨论，见《维柯全集》，IV，2，pp.305—308。——意译本注

[5] 塔西佗，《编年史》，I，1。维柯以此使霍布斯的契约论成为问题。——意译本注

[6] 在裁判官中来甄选候选人（per quaestores candidatos recitarunt）：意译者将其译作“从裁判官或候选人中甄选。”如果这样理解的话，那么在quaestores和candidatos之间应该有一个aut或者sive。quaestor主要指财政官，也指法官或裁判官。中译者以为这里应该作较为宽泛的理解，即通过官员选拔委任。——中译者注

[7] 奥古斯都（Augustus，前27—14在位）首先授予某些法学家以“公开解答权”。——意译本注

们进行决议的事务范围之内。而且，元首们为了连贵族的这种权力的幌子本身也要削弱，同时为了加强他们自己的真正权力，也就是获得大众的热爱和百姓的拥护，于是他们给予大法官们这样的权力，即他们在法律处理私人事务上过于严厉的时候，可以根据公平原则有所缓和，而在法律尚未完备之处，可以按照宽厚的原则有所增补；但无论如何不能改变法律本身，而是要怀着对法的虔敬态度，尊重法的德性或功能，运用某种法律虚构，参照灵活的法学范例，例如就像我们在遗产占有[1]和诉讼撤回[2]中所看到的那样，使相关的法律不发生效力。这样法官就成为市民法的守护人和自然公平的监管者，如果案件有明确的法律条文可据，那么可以适用直接诉讼[3]；如果法律条文存疑或者缺漏，相应地就应该适用扩用诉讼[4]。由于这个原因，在元首制下，甚至在常续谕令之前，法学已经不完全是以前的法学了，因为所谓的“人的事物”现在仅仅指的是私人事务了；公法和私法已经分开，由此所谓的法哲学已经开始式微。直至此时，虽然这门正义的科学仍然存在，但却为法官公平所日渐毁坏；直至此时，仍然少有法学著述，因为法学家们出于其本职强调法的严格性，而所谓的公正则留给独立的演说家们来为之辩护。但之后在哈德良时代，常续谕令开始显得处处充满公平精神，并公开保证，如同在某种方式上退回到《十二表法》之前，在谕令颁布之后，《十二表法》不再是罗马法的法规。这样，元老院、法官以及法学家的立法权都受到了削弱。因为元老院决议（senatus consulta）不能再根据《十二表法》而有效，法官也不能再根据《十二表法》利用其永久的司法裁判权限来合法地颁布法令；罗马的元首们却可在

[1] 遗产占有（bonorum possessionibus）：关于这个定义参见《新科学》1725年版，第352节。——意译本注

[2] 诉讼撤回（actionibus rescissoriis）：指这样一些诉讼行为，即在这些行为基础上，为了撤销某些司法状态所带来的效果而假设这些状态从未存在。——意译本注

[3] 直接诉讼（directas）：即民法诉讼。——意译本注

[4] 扩用诉讼（utiles）：即裁判官法诉讼。——意译本注

其敕答（rescriptum）中，按照自然公平原则（aequitas naturalis），制定新的法律和释解法学疑难。这就是为什么说元首制定法令的时代（costitutionum principalium）就是由哈德良而开始的原因。并且由于这些原因，法学智慧从正义科学（scientia iusti）变为公正的艺术（ars aequi），于是法学家出于其本职，就应在各种诉讼中寻求公正因素，从而出现了无数私法方面的著述。由于此时程式原则具有效力，演说家们也在法庭上充分发挥其辩护才能，以为正义原则辩护；但是，自然公平原则在多大程度上占据主导地位，那么法庭雄辩就在多大程度上受到压制。君士坦丁大帝[1]更加崇仰司法程式原则，他宣布所有的审判都是制外裁定（iudicia extraordinaria）[2]，于是在这之后，法学的隐秘也成了完全凡俗的智慧了，权贵也可以从贵族中除名，百姓也可以从事法学；同时也兴起了一些罗马的公共的法学学派，例如贝利提学派（Beryti）和君士坦丁堡学派（Constantinopoli）等；[3]迪奥多西二世（Theodosius）和瓦伦廷三世（Valentianus）出于国家用益考虑，禁止任何人或者公共法学教授私下从事司法事务；市民法不再依靠某种宗教虔敬，也不再运用任何权谋，而是开放着的，其中公平原则是核心原则，既不因元首也不因裁判官而有所破坏；在一切裁判中，公平原则时时处处都占据统治地位；法官也就是市民法的活的代言人，所有私法事务的判官正如今天我们的法官一样，他们是绝对的仲裁人。[4]因此，在过去曾经是审判（iudicia）多，仲裁（arbitria）少，因为那时人多不正义而少有公正；现在则处处是仲裁，在仲裁中公平原则作为责任已经成为法的必然。除此之外，君士坦丁大帝还介入了基督教，在基督教中一向是由教会神父掌控神的事务的知识的。这时，法学智慧就演变成为仅仅是个人

[1] 实则是戴克里先皇帝（Diocletianus）。参见《尤士丁尼法学阶梯》，III，3，2。——意译本注
[2] 制外裁定（iudicia extraordinaria）：参见本书第 148 页注释［2］。——意译本注
[3] 从哈德良皇帝到迪奥多西二世这段时间内。——意译本注
[4] 当法律需要被解释的时候，它就不再严苛地追随条文了。——意译本注

事务的知识了，不再是正义的科学；就像今天法律条文的解释权（verba legum tenere）不再属于法学家一样。由于自然公平原则在审判中变得非常强有力，相反，法庭雄辩也就缄默无声了；这时法学家们就［开始］[1]埋首于成堆的法学书籍中了。这样你也可以文雅而正确地说，我们的法学家们在追求真实诉因（caussis veris）方面相当于律师（oratorum），在虚构诉因（caussis fictis）上相当于演说家（declamatorum），正如库雅斯[2]自己承认的，当真实诉因缺乏的时候，就需要浸淫于演说家的经典问题。但无论哪一位伟大作家是《雄辩术衰落的原因》这本书的作者，[3]他都没有在众多原因中注意到这个原因。也许是因为，这个弊端在那个时代刚开始产生，而弊端在其开始的时候总是很难觉察，甚至蒙蔽了那些极为睿智之人。

但是，根据我们上边所做的分析可知，罗马法事实上有一个重大的转变。[4]罗马法起初严峻，存在着贵族针对民众的权力的隐秘性；后来则宽厚，权力的隐秘性是罗马元首针对贵族的。因此可以说，在自由共和国时期所关心的是法律不可公开，后来在元首制时期，所关心的却是唯恐法律不为人知。起初，公法的所有内容都是人所尽知的，私法却隐秘不宣；后来演变为公法是隐秘的，私法却昭若日月。法律的学习曾经是先学公法智慧，而后再转向私法解答；今天则不同，先专于私法智慧，而后再转向国事决议；曾经是三种法共有一种法学智慧，而现在则分裂为三种智慧：神圣智慧、公法智慧以及私法智慧。就是私法本身，也曾经是关注普遍，而今天则日趋条分缕析。故而可以说，以前的法律针对的是惯常发生的事情，

---

[1]［开始（coepit）］：方括号表示这个词在1709年版并未出现，也不是金蒂莱—尼科里尼版所加，而且或许这个词并不是完全必要的。——意译本注

[2] 参见本书第41页注释［3］。——中译者注

[3] 昆体良是《论雄辩术衰落的原因》（*De causis corruptae eloquentiae*）一书的作者，但这本书并没有流传下来。这里维柯所想的是《论演说家对话录》，其作者并不十分肯定，可能是塔西佗。实际上这本书把雄辩术的危机归因于远离现实的免费学校教育。——意译本注

[4] 从“市民法”到“公平”的过渡不仅仅是法律从刚硬到弹性的过渡，而且也是演说术从它过去作为缓和严苛的雄辩术的最高辉煌，到陷入自身的危机的过程，因为它在后来的宽厚容忍的时代里变得无用了。——意译本注

现在的法律理解则关注极为琐碎精确的事实。因此过去法律少而特别法（privilegia）无尽；今天的法律则是如此的精细，以至于犹如无尽的特别法。由此，先前的法学可称得上是正义科学，而今天则是公正的艺术；这就是说，前者严格而具有普遍性，后者则灵活而关注特殊；因为科学要求严格且不可辩驳，而艺术却要求称心合意。从这里又导出这样一个结论：起初，所谓公正的事实，如果未能用法学虚构合法地解释，那就是不正义的；而现在却是，如果不能通过有效的解释以合乎事实，那么法就是不正义的。同样，过去是一切荣耀都归于法学智慧，用法学虚构使得公正的事实在法律上也显得是正义的；而现在，法律要通过有效的解释来证明其正义，同样也要在事实中显示其公正。昨天的法学家们出于其职守要维护法律的条文，而今天的法学家们出于其职守则要维护法律的心灵；过去在合法诉讼中，法学家们坚持的是法律的条文，演说家们坚持的则是法律的心灵；而现在法学家们则担当起了演说家的重任。又因为，法律是确定的，而事实却无限，并且要根据法律来考察法，根据公正来考察事实；故法学著述过去甚少，而今则数不胜数。总结起来，因为国家变了，故法学智慧的隐秘性也发生了变化；法律、法学智慧都发生了变化；法学家、演说家、法官以及审判也都不同于以前了；较之希腊人和早期罗马人，我们产生了新的艺术和新的书籍种类。

下面我们将根据罗马法的这种隐秘历史[1]（我很惊奇，在罗马共和国的研究方面极为睿智的学者阿尔诺·克拉马利，在《论共和国的隐秘》中竟然未能触及这一点）[2]，以及我们上面关于古代法的论述，来探讨一下我们时代的法学研究方法的利与弊。我们时代的研究方法

[1] 在维柯对罗马法历史的重构中谈到“隐秘”，不仅是因为它意味着这个解释和综合的工作在历史事实上并不是直接可见的，而且也因为作为结果呈现出来的这个草案是本原的、独到的。——意译本注

[2] 阿尔诺·克拉马利（Arnoldus Clapmarius，1574—1664）：Atdorf 的公开法学讲师。关于他的《论共和国的隐秘》（*De arcanis rerum publicarum*，Bremae，in officina typographica J.Wesselii，1605），维柯在《普遍法》中重又进行了讨论（见《维柯全集》，II，1，p.177）。——意译本注

的优越之处首先就在于，希腊人将法学智慧分为哲学家的法哲学，实践家的法制史以及演说家的才能，常续谕令之前的罗马人还存在着法学家和演说家的区分，而我们则将其融贯在一种学说之中。因此可以说，我们的研究方法比希腊人和早期罗马人要优越：在看问题的广度方面，我们在法学方面应用论题法，法制要有利于诉讼，并且围绕诉讼而展开，故而比那些仅仅掌握法制史的希腊实践家们要更优越；在看问题的深度方面，我们同样要比那些纯粹的演说家更优越，因为我们熟稔法学智慧，能够抓住案件各种因素中的有用线索或情节以便胜诉，并且能够更正确地重构案情（caussas constituunt）。

但这种优势也混合着某种弊端，因为今天的法学因为雄辩而更加完整，同样，因为哲学又更加虚弱。因为现在的法学家们逞其雄辩之能也不能超越法律，不像古代的演说家那样常常成功；依照法律治理和维护国家的科学作为一切法学智慧之母，本应该先于其他学科教授，但我们的教学方法却不同于过去的哲学家们，也不同于古代罗马人，他们是从国事习用本身中学习的。

其次应该指出的有利之处是，今天我们不再需要特别的雄辩，就可以在法权问题上坚持公正原则了，因为只要遵循简单的方法，从事实中找到诉讼的公正证据就足够了，法律本身就以其心灵而不是以其言辞来适应事实。因此，克拉苏斯（Crasus）在库利乌斯（M. Curii）案件中对抗捍卫严格的法律条文的谢弗拉·姆祁乌斯（Scaevolam Mucium）时，为了维护公平原则并对死者意志进行辩护，就有必要成为伟大的演说家；[1] 今天，任何粗通雄辩之人，即使在公正因素的论证上粗糙苍白，也仍然能够成功。

但这会减损法的神圣性。因为人们热衷于对法律进行抗辩，盯着法律的纰漏（viciis），揭批立法者的不智，最终也会破坏法的权威：因为法律常常是被纰漏和抗辩破坏的，并因而最终难以达成其所

[1] 参见西塞罗，《论演说家》，I，39，180；II，32，140—141；《布鲁图斯》，LIII，198。——意译本注

要实现的功能。因此斯巴达国王阿格希劳斯二世[1]以其远见卓识，为了避免对法律有所懈怠，并没有在军队极度匮乏的情况下颁布不同的法律来维护斯巴达的青少年，后者是国家的花朵和力量之源；而且尽管这项法律对他们有害，他还是在危机出现的第二天，宣布它继续生效。对于斯巴达国王的这段历史，早期罗马人的法学虚构有极好的回应。

在诸多优势中值得一提的是，我们的法学家们重视公平更甚于严格法（stricto iuri），以便能在私人事务的处理上更加宽厚。但早期的罗马人对法的讲求更为严格，因为他们考虑得更多的是国家用益。因为法的严格性表现在一个公民身上，也就会激起其他人对法律的敬畏。阿提利乌斯·雷古卢斯（M.Attilius Regulus）就是这样，人人都知道，虽然在罗马人和迦太基人的战俘交换问题上，释放所有的迦太基战俘来换取雷古卢斯一人这项交易可以说是最为公平的，但他却不愿背弃国法，在对敌人的诚信、对祖国的热爱和坚贞不屈上做出了光辉而珍贵的榜样，在智慧上也无愧于最高的不朽荣耀。[2]

今天的法学研究从私法开始，而后转向公法，这也有其有利之处；这样他们可以谨小慎微，以便假使他们在某方面失误，对共和国的损害也会最小。而在早期罗马人那里，因为所有法律的最高原则就是公共福利（salus publica），一切公正的善的源泉就是公共用益（utilitas communis），所以先要通过执法权和统辖权以使公法得以教化，而后再从事私法智慧的培养。

最后必须注意到我们的研究方法的一个长处，也就是我们的法学家和演说家的责任，甚至在由事实构成的诉因方面也是统一的，而在早期罗马人那里则是截然分割的。故而，我们在事实诉因（caussa facti）上越加严谨，那么我们在法的诉因（caussa iuris）上就

[1] 参见普鲁塔克，《阿格希劳斯生平》(*Vita di Agesilao*)，30。——意译本注
[2] 西塞罗，《论义务》，III，99—100。——意译本注

越加成果丰厚。但这个长处同时相伴着弊端，以往是三种法共有一种审慎智慧，而现在却分裂为三种智慧；以往神法和私法都是从公法而出，而现在它们不仅与公法分割，而且也互相分割；从而神学家和教会掌管着神法，更加神圣的皇室授权者掌管着公法，法学家则仅仅处理私法。但我并不知道这个弊端有没有什么好处加以救济，因为既然公平是在事实中考察检验，而事实又是无限的，而且其中许多事实又是琐碎轻浮至极的，故而我们颁布了无数的法律，这些法律处理得最多的是琐碎轻浮至极的小事。并且，就算有无数的法律也不能涵盖一切事实；而且另外一个结果就是，法律如果处理琐碎轻浮至极的小事，正如平常所发生的那样，就很容易为人轻视；琐碎轻浮和轻蔑不敬对极其严肃庄重的法律来说，削弱了它的神圣性。因此当刚果（Congi）的国王阿尔方索读到卷册浩瀚的葡萄牙法典时，虽然他不通文墨，却也不乏慧见地嘲笑这种琐碎细腻的机智。他向一些异邦的葡萄牙人问道："在你们的祖国，如果谁用他的脚触到了土地，那么他将会受到什么样的惩罚呢？"[1] 在早期罗马人那里法规确实很少，也仅仅处理一些极为重要的事务，例如被称为"所有罗马法的源泉"的《十二表法》，它将所有章节都尽量囊括在一本小册子里，然后由罗马的青年们把它当作一系列习俗规章默记背诵下来。[2] 或许有人会想到用罗马人的特别法或者个别法来救济我们的法律的弊端，但这种个别法正如塔西佗所深刻指出的："虽然有时也出于惩恶补漏，但更多地则是由于阶级之间的纠纷因暴力而颁布的，其目的在于追逐不法［inli(ci)tos］[3] 名利，或者迫害某某

[1] 这段史料找不到出处。——意译本注

[2] 西塞罗，《论法律》，II，23，59。"一切公法和私法的源泉"是李维下的定义。——意译本注

[3] 不法［inli（ci）tos］：1709 年版中为 inlitos，在这个语境中毫无意义。金蒂莱—尼科里尼版毫无解释地将其更改为 inclytos（卓越的，显赫的）。但更为可信的是，根据其意义和错误的种类将其更改为 inlicitos（也就是 illicitus，不法的，违法的），这也就是下面注释所指出的塔西佗的原义。——意译本注

其实，inlitos 也就是 illitus，这个词有被玷污的、肮脏的等含义，故而就意义本身来说也是恰当的。考虑到塔西佗的意思，这里仍然采取意译者的更正。——中译者注

要人，以及其他的邪恶企图。”[1] 我是不可能接受这种救济方法的，因为特别法不但会被而且必然要被其他公民所轻视，以其不能被引为一般范例；而我们的精细缜密的法律在其效果上却可以延伸。

虽然我们享受了上面所说的那些好处，但我们还没有避免那些弊端。阿库尔修斯以及他的追随者们（包括很多敏锐聪慧之士和对公平问题的杰出研究者），根据我们的时代需要对罗马法做出了极为智慧的解释；从那些精细繁琐至极也对我们的私人事务无用至极的法律中，他们整理出了在解答和审判中极为必要的法的概念和术语；他们的《法律概要》[2] 中对私法方面的一般法律所作的理解也是极具智慧的。故而可以说，他们配得上格劳秀斯的那句真切而严肃的赞誉：“他们常常是最好的立法者，尽管他们并不是优秀的法的解释者。”[3] 不过他们并不像十人立法委员会一样，后者主要是引进希腊法律以为罗马共和国所用，[4] 而阿库尔修斯学派则引进罗马法以适应我们的私人事务范围内的法律需要。此外，他们又一次在法学虚构中构造了无数判例，从而又一次在法学的理解上跌入了我们所说的过于精细琐碎的弊端。之后则有安德雷斯·阿尔恰图斯[5] 在意大利脱颖而出，后来法国的法学家们曾追随他，并给予他极高的荣誉；[6]

[1] 塔西佗，《编年史》，III，27；1。——意译本注

[2]《法律概要》(*legum summae*)：放置于《法律汇编》注释版中每个片断和每一章节之前的一个概要，由阿库尔修斯（Accursio）或巴尔托鲁斯（Bartolo）或其他评注者以及巴尔托鲁斯学派完成。——意译本注

[3] 格劳秀斯，《战争与和平法》，序言，第 54 节，有所差异。——意译本注

[4] 在《论我们时代的研究方法》时期，维柯尚未制定出关于不同文明的起源的多元说（因而也就是原生的）。故而他相信《十二表法》是从希腊引进的这个传统说法。在《新科学》1744 年版的附录中，他添加了一篇“讨论”，以反对这个观点（《维柯全集》，IV，2，pp.281—303）。——意译本注

[5] 阿尔恰图斯（Alciatus，1492—1554）：意大利法学家，法国沿革法理学派的代表人物，被法王弗朗西斯一世聘为布尔日大学教授，讲授罗马法。和他同时的有库雅斯和多诺等几位大法学家。——意译本注

[6] 维柯在《自传》中（中译本参见维柯，《自传》，收入《新科学》，朱光潜译，商务印书馆 1989 年版，第 646—648 页。——中译者注）描述自己学习历史—法学这一节时，重提了这一部分。这里所说的就是 16 世纪法国罗马法沿革法理学派，他们是：库雅斯、霍特曼（Hotman）、伯顿（Baudoin）、莱·杜伦（Le Douaren），即所谓的法国习俗的制定者们。参见基什，《埃拉斯姆斯和他的时代的法学：人类法权思想研究》(G.Kisch，（转下页）

由于他们像古代的法学学派一样，运用相同作家的词汇和术语，相应地，他们也应该被称为阿尔恰图斯学派；他们凭着对古希腊语和拉丁语的精熟以及罗马史的修养，恢复了罗马法的光辉。[1] 与其说他们带来了罗马法以适应我们的政治，还不如说他们重建了罗马法。因此在他们关于私法方面的智慧本身中，为了应对和解决我们时代中的矛盾和弊病，他们发展了阿库尔修斯学派的学说，并且借用了他们关于公正的论点。

因此，如果必须根据国家制度来制定和解释法律，法学家们就有必要首先考察那从未颁布，但却随罗马元首制应运而生的君主谕令（regni constitutionem）或者说王室法（lex regia），有必要极好地掌握关于君主专制国家的学说。然后要遵从君主国的本性，按照政治公平（aequitas civilis）的原则来安排一切，[2] 这也就是意大利语所说的“正确的国家理性”[3]，这个原则只有精于国事的审慎智者方知，它本身也就是自然公平（aequitas naturalis），但是要更为宽广，因为它不是服从于私人用益，而是服从于公共的善。但是这个原则既不是当下可见的，也不是特定具体之物，而凡俗之人

（接上页）*Erasmus und die Jurisprudenz seiner Zeit*: *Studien zum humanistischen Rechtsdenken*, Basel, Helbing und Lichtenhahn, 1960）以及弗兰克林，《让·伯顿与十六世纪法律和历史方法论的革命》（J.H.Franklin, *Jean Bodin and the Sixteen-Century Revolution in the Methodology of Law and History*, New York, Columbia University Press, 1963）。——意译本注

[1] 维柯对法国法学传统的赞扬，从某种意义上肯定了伯林（Berlin）关于此传统对维柯的历史概念有影响的论点。参见伯林，《维柯和赫尔德》（*Vico and Herder*, pp.166—174）。——意译本注

[2] 这个定义也沿用到《新科学》之中，参见1744年版，第320节。——意译本注

[3] 正确的国家理性（giusta ratione di Stato）：根据17世纪的专家所说，“正确的国家理性”研究的是创建特别是维护国家的有用手段，或者“对人民的稳固统治”。这样的国家无所谓好坏，所以祖考劳（Ludovico Zuccolo）把“正确”定义为“在国家形式上是好的”，参见他的《关于国家理性》，见《17世纪的政治家和伦理主义者》，（“Della ragion di Stato”, in *Politici e moralisti del'600*, a cura di B.Croce e S.Caramella, Bari, Laterza, 1930, p.29）。关于“审慎智者”的特权，参见克里弗，《乌尔比安和维柯。罗马法与国家理性》（G.Crifò, *Ulpiano e Vico. Diritto romano e ragion di stato*, in *Sodalitas. Scritti in onore di Antonio Guarino*, Napoli, Jovene, 1984, vol.V, p.2070）。关于与培根的《论学术的价值和进展》的关系，参见罗西，《哲学著述》（P.Rossi, *Scritti filosofici*, a cura di P.Rossi, Torino, Utet, 1975, p.141）。——意译本注

所见者无非是脚下眼前的东西，所能理解者也仅仅是特殊具体的事物，所以对这个原则是视而不见的。

此外，还应确立政治公平的诸原则为最善的原则，它将自然公平原则也考虑在内；其次就是类似“野蛮屏障”（impia praesidia）（如同尤士丁尼定义的凭时效占有权[1]所说的）这样的原则，即对私人用益虽有损害，但却带来远为广大的公共用益；最后则是对公民有益而于国家无损的原则。对公民有益而于国家有损则是自然公平的原则，不是政治公平的原则；至于既损害公民又损害国家的，那绝不是君主的原则，而是所谓的“专制邪恶”（dominationis flagitia）[2]，邪恶的君主们以此压制一切法权，最后先丧国家，后丧自身。

最后我们要沉思罗马元首制的产生、巩固、形式、发展、停滞以及灭亡，并与我们现代王国的所有一切现象加以比较，以便考察是否有一些共同的公共用益在起作用。然后要为君主王国的权力和本性找到一个合适的定义；接着要研究在罗马法中包含着的某种公共用益，它是一切［制度的］的必然基础；至于那些根据诉讼而创制的私法，对我们的王国有利的就加以发展，无害的就任其存在，有害的就加以限制。何谓正义？对公共用益的恒久而切实的关怀。何谓法学？对最好的王国的认识。何谓法？照料公共用益的艺术。何谓正当法权？用益（utile）。何谓自然法？每个人自己的用益。何谓万民法？诸民族的用益。何谓市民法？市民社会之用益。何谓法的源泉？自然之法何以诞生？为使人能以某种方式生存。万民法为何存在？为了使人类的生存安全而顺适。为何会有市民法？为使人能幸福而美满地生活。什么是我们在解释其他一切法规时必须遵从的最高法律？王国的繁荣和君王的康健，以及两者的荣耀。为何富

［1］ 尤士丁尼，《民法大全新律》（*Novelle*），IX。——意译本注

［2］ 塔西佗，《编年史》，XIV，11，2。——意译本注

菲亚和卡尼尼法、艾利亚和森迪亚法[1]被废除？为何取消了拉丁自由权和归降自由权（ius Latinae et dediticiae libertatis）？为何所有古罗马的获释奴隶在取得自由后被授予罗马公民权？[2]为了确立罗马的自由民对君主的顺服。为何限制奴隶主对奴隶的残暴？[3]为了不使奴隶逃跑，或者竟敢尝试反抗君王的权力。为何给予佣人子嗣以财产继承权？使他们由于惧怕巨额罚款因而远离犯罪。为何要建立子嗣认领制度[4]？为了约束贵族们的野蛮。为何罗马市民法中的所有权、遗产占有权，在意大利的凭时效占有权，以及在行省中的长时效占有权，曾一度销声匿迹，[5]而现在却非常普遍？为何后来所有隶属于罗马的人民都被授予罗马公民资格？[6]或者是以此使其权力的隐秘更加神圣，使得罗马的元首能得到各行省的拥护？也许更可能是为了使人人都关心罗马帝国的安危？为何要有赠予登记制度？以免因馈赠而发生矛盾和混乱。为何军队的特权日增？因为这样使得军队更加爱戴元首的权力。为何遗产遗嘱信托责任[7]后来成为一种法律约束？为了使一直被罗马公民的子孙排斥的罗马人民的同盟能爱戴罗马的元首。为何取消父系亲属后代和母系亲属后代之间的

[1] 这两条法律都是奥古斯都大帝时期有关释放奴隶的法律，后在尤士丁尼时期被废除。富菲亚和卡尼尼法（lex Fufia Caninia）颁布于前2年，该法限制通过遗嘱解放奴隶，只允许按照一定的比例解放自己的奴隶，并且要求采取逐个点名的方式实行解放。艾利亚和森迪亚法（lex Aelia）颁布于4年，该法对解放奴隶的活动进行限制，规定不得以欺诈自己债权人的方式解放奴隶；不满20岁的未成年人不得解放奴隶，也不得解放未满20岁的奴隶，除非证明存在正当原因；曾经是罪犯的奴隶不得因被解放而取得罗马公民身份，这一类人由此被称为艾利亚归降人。——中译者注

[2] 参见乌尔特尤斯，《民法阶梯评注》（H.Vultejus，*In Institutiones*，pp.45—46，51—53）。——意译本注

[3] 同上书，p.56。——意译本注

[4] 子嗣认领制度（legitimationes）：取得家父权的方式之一，表现为生父将出生于姘合关系的亲生子确认为婚生子。参见《新科学》1744年版，第996节。又参见乌尔特尤斯，《民法阶梯评注》，pp. 85—86。——意译本注

[5] 乌尔特尤斯，《民法阶梯评注》，pp.200—212。——意译本注

[6] 这发生在212年，卡拉卡拉敕令授予所有隶属于罗马的人以罗马公民资格。——意译本注

[7] 遗产遗嘱信托责任（fideicommissorum pudor）：一种遗嘱安排，它要求继承人管理整个或部分财产，或者将整个或部分财产转让给他人。——意译本注

区别？为了避免因家族古老的和永恒的权势与富贵而耀武扬威，飞扬跋扈。为什么要加重刑罚？因为君王终有一死，故而法律需要更严厉的制裁来捍卫。

上述这些问题我只是做了一个概述，借以点到即止地阐明这种法学的用途与优势；这里我就不再对这种方法的诸种效用逐一举例说明了，由于篇幅所限，我们的演讲也不允许我们这么做；如俗语所说，我将使大家窥一斑而知全豹。大家看到，法在共和国的成长时期是严厉的，在帝国的衰落时期则温和而宽厚。因为开始时要遵循合理的原则，以使罗马王政强盛；而后则需要纠正，以稳固政权，力挽颓势[1]；最后则是在政治败坏中走向崩溃。因为取消了父系亲属和母系亲属之间的差别，废除了家族权（ius gentilitatis），贵族家庭终将家政涣散，坏其谱系，败其德性。后来由于许多财富积聚于奴隶手中，罗马人的正统血液便逐渐败坏，终至断送。所有臣服于罗马的人民都被授予罗马公民权，因而真正的罗马人对罗马的爱国精神和对罗马威名本身的崇敬便消失殆尽。由于致力于推动私法，公民们便认为，如果不是关系到他们自己的利益的就不再是法律；当然他们也不再热心于公共利益了。还由于这时罗马法和行省法混淆不分，行省在受到外族人的实际侵犯之前就已经谋求自己的王国了；原来罗马帝国是凭借帝国与行省之间的一种纽带而得到最大扩张的，这种纽带规定罗马的联盟民族仅仅具有对罗马效忠的光荣，罗马人却既拥有由罗马这个名字带来的荣耀，又拥有帝国的实权；最后这个纽带被破坏了，罗马的元首制便渐渐削弱，最后分崩离析，终至消亡。由此可以说，这种过于宽厚的法曾是罗马的雄辩和罗马的权势瓦解败坏的最主要的原因。

因此，如果一国之君要想强国开疆，那么他就应该规定按照政治原则的要求来解释罗马法；法官也应该按照政治原则来审理诉讼，

[1] 颓势（labascens）：1709年版用词。金蒂莱—尼科里尼版更改为labescens。参见泰伦斯，《阉奴》，178；《阿德尔菲》，239；卢克莱修，《物性论》，I，537；IV，1285。——意译本注

同时，他们也应该学习最好的演说家的雄辩术，以使他们能够，并且总是能够成功地将各种私人动机与公共动机统一起来。所以我要求，法官应该将雄辩术运用于相反的方面：当他们［演说家］尽力而为以使私法胜过公法的时候，法官自己却要竭尽所能以使公法胜过私法。这样，由于最大限度地考虑到国家的利益，法哲学也就是政治原则，能够再一次同法学智慧紧紧统一在一起，从而法律也将获得更高的权威和神圣性；同时，雄辩术也应该按照有利于王国的原则繁荣发展；而公法在多大程度上在其高贵、权威和重要性上胜过私法，那么这种雄辩术就在多大程度上比现已应用的雄辩术有更多进展。因为演说家为了赢得诉讼，就必然要全力以赴，以证明他们的诉讼是符合公法的；政治家则按照这种政治原则来从事国家本身的治理。[1]

当然我知道，在我们那不勒斯的神圣议会上，出于特定的原因(ex certis caussis)，如同我们在审判程序上所见，法官的审判常常是对抗罗马法的；并且在王国的最高议院中，政治公平原则通常优先于自然公平原则；但这只是由于我们的极其审慎睿智的演说家和法官们的特殊智慧，而他们并非永恒不朽。因此，如果这能够建立在王国体制的基础上，那么这将是国家的无上大用。

关于法学转化为规则制度（artem）以及其他诸如此类事物的讨论，在我看来应该放在既定的论题里谈。[2]

---

［1］ 维柯在这里显示出他共享了那不勒斯市民阶层的观点，其中包括弗朗西斯·安德雷（Francesco D'Andrea）、杰达诺·阿尔坚托（Gaetano Argento）、多米尼克·阿乌利西奥（Domenico Aulisio）、尼古拉·卡拉维塔（Niccolò Caravita）、康斯坦丁·马利亚·格里马蒂（Costantino Maria Grimaldi）、保罗·马提亚·多利亚（Paolo Mattia Doria）、亚历山大·里恰尔蒂（Alessandro Ricciardi）以及皮埃德罗·加侬（Pietro Giannone）等。他们之间虽有细微的区别，但都坚持同样的观点，即那不勒斯的知识分子，其中大多数为法学家和律师，都应该与君主在政治上紧密联合，并与僧侣和贵族作斗争。——意译本注

［2］ 维柯对这一部分的冗长表示歉意。但需要记住的是，我们现在所拥有的文本并不是1708年开学演讲时的文本。在付诸印刷时，维柯应该补足了不少材料。——意译本注

第十二章　论艺术作品的最高典范

无比丰富的优秀艺术作品典范看起来最可以称得上是那些由模仿构成的学问研究的辅助物。因为人们都说，如果之前没有荷马的话，也就没有后来的维吉尔；如果之前没有维吉尔的话，也就不会有现在的塔索[1]。俗语也说，“学习容易创造难”。但另一方面，好处最大的莫过于首创特权（inventorum praerogativa）[2]；用法学家的话来说就是“先占为优”(occupantium conditionem esse meliorem)。因为若非如此，为什么绝大部分事物的创造者们，他们不仅在其时代和功绩上独占鳌头，而且一直到现在还后无来者？如果我要说，这些优秀的艺术典范虽然有益于，但更阻碍了其中任何一门艺术的研究方法，你们会怎么想呢？[3]这个观点虽然令人惊奇，但的确是真理。因为谁如果给我们留下了最高的艺术典范，那么之前肯定无例可循，因而无非是他们已经具有最高的天性[4]。谁如果把最好的艺术作品，例如绘画作品，作为模仿的范例的话，那么不由分说，他不可能完成得更好；因为在前人那里，在这种类型中，天性上确实优秀的东西已经表现得淋漓尽致了；其他人不可能做得更好，充其量也不过是旗鼓相当而已；因为他们不可能重现当时的想象能力，当时丰富的精神运动，当时的神经结构——以此大脑引导着手臂——最后，也不能重现当时的艺术训练，养成同样的熟练能力。[5]由于既不可能超越

---

［1］参见本书第136页注释［4］。——中译者注

［2］亚里士多德，《修辞学》，I，9，1368a。——意译本注

［3］这个观点单独来看，具有极为独特的重要意义，经典范例不再被看作是一种令人放心的保障，而是一种让现代人感到其先辈对他们的压抑并寻求摆脱的烦恼。参见贝特《历史的沉重和英国的诗人》[W.J.Bate，*The Burden of the Past and the English Poets*，Cambridge（Mass.），The Belknap Press of Harvard University Press，1970]。哈罗德·布鲁姆的《诗歌和压抑》（Harold Bloom，*Poetry and Repression*，New Haven and London，Yale University Press，1976，p.4）就充满仰慕地特别提到维柯这个地方的论点。——意译本注

［4］最高的天性（optimam naturam）：按照柏拉图的词义，这里的天性指的不是物理的，也不是经验的，而是观念的或理想的。——意译本注

［5］对艺术活动的这种心理物理学解释，参见《论意大利最古老的智慧》第四章第五节。——意译本注

他们，也不可能与之比肩并列，结果只可能是越来越拙劣而已。提香（Titanus）就曾经认识到并肯定了这个真理。当他在威尼斯绘画的时候，弗拉切斯科·瓦加斯[1]和查理五世大帝问他道："您为何会喜欢这样一种浓郁的绘画艺术，您的画笔简直就像一把扫帚！"提香回答道："人人都希望在自己所从事的艺术方面追求卓越的声名，而那些模仿者却比之平庸尚有不如。当米开朗琪罗和拉斐尔，一个在宏伟风格，另一个在细腻风格的绘画艺术上各领风骚的时候，我就要开辟另外一条与他们远为不同的道路，以此才能为自己赢得青史留名。"由此，我也很怀疑这可能就是事实，即在雕塑艺术上还有大片田地尚可指望，因为古代有海格里斯·法尔耐夏努斯雕像[2]以及其他许多伟大作品流传到我们手上，不像普罗托格涅的《亚利苏斯》[3]，还有阿佩莱斯的《维纳斯》[4]，这样的［绘画］作品已经失传，反而在绘画方面达到了最高成就。因为如果事实不是像我所说的这个样子，那么如何解释下面这个事实，即在希腊时代、拉丁时代以及我们现当代，我就不用提史学和雄辩等致力于国家政事的一些学科了，单在诗歌方面，就是使用同一种语言，同一种研究方法，信仰同一种宗教，跟在那些伟大作家后面的为什么几乎永远是较为逊色的？从这个意义上来讲，可能更有必要推翻那些前人的光辉艺术典范，以使在我们中间能产生出伟大的艺术家来。但当这种努力是一种野蛮而亵渎的行为，并且只有极少数人才被赋予这种挑战极限的天分时，［前人的光辉典范］对于较为逊色的创造力来说还是有用的；不过，如果谁真正具有了这种极其幸运的天分，那么就应该允

[1] 弗拉切斯科·瓦加斯（Francisco Varga）：西班牙法学家，曾被邀请至意大利跟随特兰托主教会议（il Concilio di Trento）。他曾在威尼斯会见过提香。——意译本注

[2] 海格里斯·法尔耐夏努斯雕像（Hercules Pharnesianus）：即利希伯斯（Lysippus，前4世纪希腊雕刻家）的格利孔雕塑，其复制品现存于那不勒斯国家博物馆。——意译本注

[3] 普罗托格涅的《亚利苏斯》（Ialysus Protogenis）：普罗托格涅，前4世纪希腊画家，阿佩莱斯的朋友和学生。他的画《亚利苏斯》完全可以和他的老师相媲美。——意译本注

[4] 阿佩莱斯的《维纳斯》（Apellis Venus）：阿佩莱斯是最伟大、最有名的希腊画家，生活于前4世纪。他的声名是由老普里尼所作的他的作品目录和轶事而流传后世的。——意译本注

许他发挥自己的特色，并且与那最伟大的艺术家们一竞高低，去模仿最高的自然本性。[1]

第十三章　论活字印刷

确然无疑，印刷术对我们的研究方法有巨大的辅助作用，由于它的作用，我们已经大大减少了古人所承受的不便之处——周游四海、长途跋涉去搜寻和挖掘手稿原本；更不用说常常是得不到主人的许可，因为也许主人想要独享虚荣，使手稿仅仅为己所有。而现在的书籍到处都是，琳琅满目、千差万别，不用提什么托勒密皇帝[2]了，就是一个普通人，都可以以满意的价格得到所要的书籍。但我恐怕，正如通常所发生的那样，书籍的过于丰富和廉价，不但会使我们不再勤勉慎重，而且会使我们效仿那些参加精美豪华的盛宴的食客，意欲带走各种无论平常或精美的食物，并且塞满了很多精工细作（excuratis）[3]但却无甚大用的东西。[4]

情况确实如此，因为那时的书籍是手抄的，所以抄书匠为了卖个好价钱，就誊抄那些素有盛名的作家；又因为通常这些书卖得很贵，所以学者们就不得不亲自抄写。然而，就是这种方式给我们创

[1] 所有那些观念主义的评论者在维柯的这些“大胆之极的结论”面前为他们的假设找到了确证，即维柯是浪漫主义的先驱。实际上，把这些结论放到它们所在的晚期巴洛克文化环境中来看的话，可以追溯到特萨乌洛（Tesauro）和帕拉维奇诺（Sforza Pallavicino）的从实质上反对模仿的许多观点，或者亚里士多德的诗学。也不应该忘记奥古斯丁·马尔斯卡尔蒂（Agostino Mascardi）和维吉尔·马维奇（Vilgilio Malvezzi）倾向于文风中个人的永恒本性的一些论点。参见拉伊蒙蒂，《巴洛克文学》（E.Raimondi，*Letteratura Barocca*，pp.186—189）；在那不勒斯氛围之内，可以看到卡洛普莱赛站在创造力的立场上对规则的批判（E.Caloprese，*Lettera sopra la concione di Marfisa a Carlo Magno*，Napoli，Bulifon，1691）。这里的文本可以看作是维柯美学的源泉之一。——意译本注

[2] 指的是由托勒密一世（Ptolemaeis I）建立的无比丰富的亚历山大图书馆。——意译本注

[3] 精工细作（excuratis）：根据1709年版本用词。金蒂莱—尼科里尼版本更改为exuratis（烧焦了，烧过了）。——意译本注

[4] 同一观点又见1726年1月20日给德·威特利（De Vitry）的信。参见巴蒂斯蒂尼编，《维柯著作选集》，第326页。又参见阿利普朗迪，《维柯和印刷术》[G.Aliprandi，“Il Vico e l’arte della stampa”，in *La Bibliofilia*，XLV（1943）pp.69—83]。——意译本注

造了多少奇迹！因为这样我们可以更确切地沉思我们所抄写的作品，这是因为我们抄写的时候不慌不乱，不急不躁，也不断章取义，而是沉着宁静，有理有序。由此我们所获得的就不是肤浅的看法，而是我们与作者之间的长久的融通。通过这种融通，我们使自己与作者心神交融，合而为一。[1] 因此由于这个原因，蹩脚作家的作品被打入冷宫，真正优秀的作家作品则以其大用而广为称颂。所以培根正确而且尤其尖锐地指出，由于蛮夷泛滥，严肃作家的作品遭到了践踏，而那些轻飘浮夸的作品反倒招摇过市。[2] 相反，在任何一种学科中的领袖人物或者优秀人物的作品，都由于誊抄的方式而流传到我们的手中；即使某一位或两位如流星划过，那也纯粹出于偶然。虽然我写作此书尚不为老，但根据我的记忆，我已经见过一些尚存的作家就是这样，他们将他们的著述付印十二遍，甚至更多，然而到现在却不仅被轻视忽略，而且被嘲笑得一文不值；其他也有很多长期遭到冷落和摒弃，最后却由于某种机缘凑巧，现在竟被饱学之士们推崇备至。我也记得，一些学识无比渊博之人［曾指出］某些学问研究的危害，但现在观念改变了，我看到人们已经完全深入到这些研究中去了。[3] 其中的原因是多方面的。因为每个时代都有自己的天才[4]，新兴事物像美一样，会带来一些弊病，这些弊病随着时代的衰老会变得越发明显；在学问研究中追求眼前果实的学者们，会在风格上努力顺应时代潮流；而在我们的研究领域内还存在着帮派区别，存在着学者之间的顺从和敌对，同时在我们的学问的共和

[1] 这里的无条件的赞扬是献给 15 世纪从彼特拉克到鲍季奥（Poggio）再到劳伦佐·瓦拉（Lorenzo Valla）等伟大的人文主义者们的，他们开始热情地献身于古代文献的研究和誊抄之中。——意译本注

[2] 培根，《新工具》（*Novum organum*），第二部分，警句 71（*Works*，ed. cit.，I，p.181）；《所思与所见》，第九章（*Cogitata et visa*，cap. Ⅸ，ibid. Ⅲ，p.599）。——意译本注

[3] 关于那不勒斯那时候文化习俗的多变，参看维柯，《自传》，收入《新科学》1744 年版，朱光潜译，商务印书馆 1989 年版，第 663—664 页。——中译者注

[4] 天才（genius）：也指特有的显著特征。不仅可以用于个人所具有的天才，也可用于指一种文化或一种语言的天性特征。——意译本注

国内也有某些人，他们擅长掌握这种隐秘的权力；青年们为了更为谦逊和更为聪慧，也就更易轻信盲从，在学术上顺从那些看起来严肃庄重的学者们。因此在学问研究上，我们应该参照长期的历史评断，并且为了使我们的研究方法接受这个原则的指导，我们首先应该阅读古代经典；因为这些经典的真实可靠和它们的智慧以及权威都已经得到了考验；经典作家对我们来说，本身就是甄选当代典范的标准。

第十四章　论大学教育

剩下的就是关于大学的讨论，在这方面确实令人惊奇的是，古人建立了体育方面的大学，例如公共浴场和田径场，在这里学生们练习赛跑、跳跃、拳击、掷标枪、掷铁饼、打球、游泳以及洗浴等，以使身体结实灵活，但为什么没想到建立培育和强健精神的大学呢？

如果我们要谈论希腊，那么就要考虑这个因素，即在希腊只有哲学家才是最绝对的大学。[1]因为希腊人运用的语言是他们自己的古希腊语，这种语言是如此的源远流长、枝叶繁茂，以至于不仅在处于核心的所有社会生活方面，而且在各门科学和艺术最隐晦的方面，他们都能用无比文雅的词语，同等优美而轻易地表达。他们将自己的法律给予外邦的要比他们从外邦吸取的多得多。由于这些事实，他们自视比其他的民族都要优越，以至于一开口就充满自豪地问别人道："你是希腊人，还是野蛮人？"他们认为他们处于世界各民族的中央，是最优秀的民族。除了上述优势之外，他们还把唯一的哲学作为所有科学艺术的母亲、助产婆、乳母来加以培育；关于这种哲学的讨论，他们不是依照从其他科学得来的权威，而是按照事物本身的论证［来获取真理］；这样做是对的，每一个哲学家都将

[1] 这个理想观点如此占据维柯的思想，以至于在20年之后，他在《自传》的末尾又一次提了出来。参见巴蒂斯蒂尼编，《维柯著作选集》，第84页。——意译本注

所有神的事物和人的事物把握于自身之内，并且学者们都应该仅仅按照哲学家的要求，来学习掌握在国家政治中应该知道的东西。

虽然罗马人的语言源于外族，[1]但他们也如此高傲地蔑视外族语言，以至于尽管罗马人的语汇

> 源出于希腊，且有些变质，[2]

但他们宁愿要罗马语汇中的任何轻浮、错误、拙劣，也不要叙述什么外族语源的历史。[3]在法学上，尽管罗马法律在很大程度上取自希腊，但因为他们极其智慧地将希腊法与罗马共和国的形式相结合，因而也就把它们变成自己独有的财产了。事实上，罗马人也确实不仅在语言上，而且在法律上堪与希腊人并驾齐驱。但与希腊人相比，罗马人对大学的需求更少，因为如我所说，[4]他们将智慧归于一门法学智慧中，并且这种智慧本身是在国事习用［政治实践］(usu reipublicae）中得到训练的，同时贵族们还要掩盖他们的权力隐秘。故而起初罗马人对大学远无需要，因而对建立什么大学毫无兴趣。不过，这种情况在君主制下就大不相同了，因为罗马的君主们所关心的是法学隐秘的世俗化，是通过著者众多、学派分立、意见纷争来使其学说发扬光大；为了从事这项事业，于是就兴起了诸多的罗马法学院，例如君士坦丁堡学院（Constantinopoli）和贝利提学院（Beryti)。

然而我们却是多么地需要大学！我们需要大学来学习《圣经》，

---

［1］如同认为《十二表法》源于希腊一样（参见本书第158页注释［4]），这里维柯也将拉丁语看作是源于古希腊语的。后来他转变立场，坚持罗马文化的独立性和创造性，这早在《论意大利最古老的智慧》中就开始了，而后发展为文化的多元论。——中译者注

［2］贺拉斯，《诗艺》，53。——意译本注

［3］瓦罗就是其中一例，参见维柯《论意大利最古老的智慧》的《第二答复》。关于语言的原生性，参见巴蒂斯蒂尼，《修辞学的尊严。维柯研究》(*La degnità della retorica. Studi su G.B.Vico*，Pisa，Pacini，1975，pp.101—152，特别是pp.144—145)。——意译本注

［4］参见本演讲第十一章开头。——意译本注

除了《圣经》之外，还要学习由使徒们从亚洲、欧洲和非洲各个国家和城市所带来的东方语言以及教会法规；要学习罗马法和伦巴第法（Langobardorumque），学习封建习惯法，学习希腊、拉丁和阿拉伯学说，这些法律和学说都已经在我们的国家政事习用中被采用。此外，你还要考虑到抄书匠的错讹，书中的剽窃和捏造，以及二手著述的曲解，等等，由于这些现象的存在，我们很难辨认出作者的原著，也很难获得对作品的真正感觉。所以，既然我们所要学习的知识大部分包含于各类书籍之中，而其语言可能已死掉，其国度可能已毁灭，其习俗已不可辨识，其原稿也已残缺，因而任何一门科学和艺术都是很难创建的，任何个人都很难靠自己单打独斗从事任何一门科学艺术。由此，我们创建了具备所有学科种类的各种大学，并由在其各自的学科门类中出类拔萃的人分别传授各种知识。[1]

但与这个优势相对的就是它的弊端，因为以前各门艺术和科学都统一于一种精神之内，并包含在唯一的哲学中，现在却分割而治。古代的哲学家们是这样做的，他们不仅使习俗与他们的学说相和谐，并且还要采取与其学说相一致的言谈方式。苏格拉底，他宣称自己无知，因而在言谈中并不亮出自己的任何论点，而是用精微细致的提问假装要向诡辩派学习，然后根据所得到的回答来进行他的归纳。斯多亚学派，对他们来说，心灵才是真理的标准，智者是不为任何意见所动的，他们要亲自按照自己的法则去寻求确定无疑的真理；然后通过第二性的真理，几乎是一环接一环地最终把真理引向怀疑，其所用武器就是连锁推理。亚里士多德意欲不仅在感觉上，而且也在心灵上来判断真理，他应用三段论给出普遍赞同的真理，并且在特殊上让怀疑本身产生出确定的东西。伊壁鸠鲁却要在感觉中寻求真理的意义，他既不提出也不接受任何矛盾，而是用一种纯粹而简单的言谈方式来解释事情。今天的学者，在论证方面强烈地受到亚

[1] 因而大学对维柯来说，就是各种不同学科专门化和相互分离的结果。古人是不知道这种教育的，因为他们的知识是统一的，完整的。——意译本注

里士多德的影响，在物理学上是伊壁鸠鲁，在形而上学上是笛卡尔；医学理论上学习盖仑，实践上学习化学家；在《法学阶梯》的研究上追随阿库尔修斯，在《学说汇纂》方面则追随法瓦尔[1]，在《尤士丁尼法典》上学习阿尔恰图斯。因此他们的结构是不成系统、杂乱无章的，尽管在某个地方学识渊博，但在整体上，也就是在智慧之花上，他们却立不起来。鉴于这个弊端的存在，我要求，大学的教授们应该整理出一个唯一的利教利国的各种学科的系统来，这个系统应该使各门学科处处融贯一致，并且这个系统应该由公共体制来保证执行。

第十五章 结 语

上面我已经把我们的研究方法和古代作了一个比较，并且探讨了它们各自的优势与弊端，以期我们的研究方法能在任何方面都比古人的更好，更正确。如果上述思考确实正确，那么可以说我已经撷取了我生命中的全部果实；因为在这段生命历程中，我一直在凭着我的微薄之力，渴望能够有利于人类社会。但即便最后证明我的观点有所错误或虚妄，我仍然配得上诚挚的愿望和崇高的追求之名。但有人可能会说："在必要时甘冒大险，那是精神的崇高；而倘若并不需要，那就是鲁莽。那么您极尽各种论题，穷究一切知识的意义在哪里呢？"这完全不是因为我维柯个人，我关心得更多的是我作为修辞学教授的责任：[2] 因为当我们极其睿智的前辈们创建这所大学的时候，就规定修辞学教授应该相当熟知一切科学艺术，以便在一年一度的开学典礼演讲中，劝勉青年学子们去钻研掌握一切门类的科

[1] 法瓦尔（Antonius Faber，1557—1624）：法学家，萨沃伊人。法国法学历史主义方法的追随者，他除了《帕比尼安法学》（*Iurisprudentiae papinianeae scientia*）之外，还有一部《法学实践和解释中的一些谬误》（*De erroribus pragmaticorum et interpretum iuris*）。——意译本注

[2] 亚里士多德，《修辞学》，I，1，1354a，修辞学关心的是"所有人类都应该认知的对象，而不是一门特殊知识"。参见昆体良，《雄辩术原理》，I，5。——意译本注

学艺术。伟大的培根在献给英王雅各布（Iacobus）[1]的关于大学建制的建议中，就曾不无道理地说道，如果青年学子们没有完成所有的研究课程，那么他们离修辞学研究还差得很远。[2]因为修辞学如果不是华美、渊博、合于常识的言谈智慧，又是什么呢？[3]所以听众们，既然没有对一切科学艺术的渊博知识就不可能得到这个教授职位，那么他身处其职，又怎么可能对此忽视呢？并且，既然他必须劝勉青年学子们去钻研一切门类的学问知识，难道他不应该阐明如何发挥各门知识的优势，以及如何避免它们的弊端吗？

我感觉，这项极其重要的责任远远超过了我的双肩所能承受的重量。那些基于崇高的精神而对我的这项责任给予支持的人，就像米西纳斯[4]和克里普斯以及其他人一样——他们被称为“高贵的骑士”——虽然他们承担着比议员远为重要的责任，但他们却宁愿固守谦逊，安于骑士这个等级。因而我从我的修辞学教授之权限，更不用说责任而出发，来展开我的论证，而绝不是出自某种责难他人或者自我炫耀的不良欲望。实际上，公正的读者，您可以看到，当我批评某些弊端的时候，我总是略去作者的名字；就是在必须提及他们的名字的时候，我也不失我作为沧海一粟对这些伟人所应有的尊崇和敬意。至于那些弊端本身，我则极为虚心地阐明，并尽我所能使之减到最低。

因为自从少年时代起，我就给自己确立了一条法律，这也是由人类的弱点而定下的，即无论自己批评别人的缺点，或者别人批评自己的缺点，都应该有公正的善意；很可能在他人做得极其正确绝少错误

[1] 即詹姆士一世，英文名为 James Stuart，James 的拉丁名称即 Iacobus，源自希伯来名称 Jacob。——中译者注

[2] 培根，《论学术的价值和进展》，II，序言。但培根并没有如此激烈。——意译本注

[3] 参见西塞罗，《论演说家》，I，6，21；I，11，48；II，1—2，5；III，16，60。——意译本注

[4] 米西纳斯（C.Cilnii Maecenas，前 70—前 8）：古罗马贵族、巨富，罗马皇帝奥古斯都的密友和顾问，也是著名的文学赞助人，与诗人贺拉斯、维吉尔等交谊深厚。——意译本注

的地方，我却可能在很小的问题上犯了无数错误。我在这篇演讲中确实完全没有吹嘘夸耀；虽然本文冠以一个庄重的题名：论现代和古代的研究方法的融贯统一，但我仍然勤力耕耘以求尽量通俗；因为我

> 不想从光明中放出迷雾，而是要从迷雾中放出光明。[1]

但我在这个问题上所做的思考并没有用华词丽句来加以装饰，以便使它不会侮辱您的智慧，博学的读者，您将会根据您的判断，您也有权利运用您的智慧，对作者进行正反两方面的评判。但如果我说，我给学问的共和国带来了新事物的话（这当然是更加荣耀的事情了），是否会有人斥责我呢？这种斥责很难说是正确的。因为新并不是赞誉的真正所在；即使是可笑的怪物也可以被看作是新事物。真正值得称赞的是正确地道出新的事物［新的真理］，所以我的读者，我把自己托付给您和学界的共同判断，我承认，我从来不敢对此偏离半分。因为在我的一生中最怕的就是，仅仅我一个人知道真理，那些充满千差万别的事物仅仅向我一个人呈现。这样，我要么成了上帝，要么就是疯子。但还是有人会就同样的事情追问，说我卖弄，因为我将智慧的一切研究都纳入自己的课题范围，就好像我已经极为精通所有这些知识，然后凭借舌灿莲花之口，宣布自己的判断。但谁如果这样追问的话，我想请他注意：我的这些判断到底是什么；也就是说这些学说各自有利还是有害，以及在什么条件下能够无害；因为谁如果不是

> 并不仅仅精熟于其中的一门知识，而是对所有知识都有一定程度的认识，[2]

他就不可能正确地做出判断。因为我们已经注意，事情其实是这样：

［1］贺拉斯，《诗艺》，143。——意译本注
［2］泰伦斯，《安德罗斯女子》，58—59。——意译本注

也许有人会穷其精力终其一生仅仅专于一种学说，并且认为这门科学艺术远胜于其他任何知识，甚至在所有方面都是最好的，最后将它应用于哪怕再远的任何地方；而我们则可能以我们本性上的缺陷，从我们自身中，从我们所拥有的东西中创造愉悦。所以我唯恐在任何问题中做出错误的判断，更不用说修辞学了，因为这是我的专职。我只是站在我的职责和为人之尊严上来讲的，如果谁从事情的关键本身出发来对这些问题提出责难，并将我从某些错误中引出，我将对他无尽感谢；即使他仅仅有此愿望，我也同样感激不尽。

八　论一切知识的原则和目的

在1719年[1]一次公开隆重的开学典礼中，维柯提出了这样的论点：一切关于神的和人的学问研究都有三种要素：知道（nosse）、意愿（velle）、能够（posse）；[2]它们的唯一原则是心灵，心灵之眼就是理性，上帝赐予它以永恒真理之光。他把该论点划分如下：至于这三种要素，我们知道它们存在并且是属于我们的，而且这是如此确定，就像我们知道自己活着那样。现在，让我们凭着那唯一的我们绝对不能怀疑的事物，当然那就是思想，来对其加以阐明。为了使我们能更加顺利地做到这一点，我把整个论述分为三个部分：其一，各门科学的一切原则都源自上帝。其二，那神圣之光或者说永恒真理，就通过上述三种要素渗透到一切科学之中，并且用一种唯一的紧密纽带将它们联结起来，其中任何一门都在另一门中；最后使它们作为一个整体，重新返回到上帝那里，因为上帝就是它们本身的起源。其三，我们将证明，凡是关于神的学问和人的学问的基本原则所说的和所写的东西，如果与这些原则相一致，那就是真的；反之则是假的。关于神的事物和人的事物的知识，我还有三点需要说明：也就是［知识的］起源、循环和融贯一致。我将展示，首先，

［1］维柯曾在1719年发表了关于人文教育的第八个开学演讲，巴蒂斯蒂尼注释说："这篇演讲从其题目来看，就已经显示出维柯这时的思想深受奥古斯丁的影响，并且渗透着新柏拉图主义。但这篇演讲的原文内容已经丢失。不过，这里的摘要被用于《普遍法》的撰写之中了，这部作品就是在同一时期创作的。"（巴蒂斯蒂尼编，《维柯著作选》，1990年版，第1287页）译者认为，《普遍法》这部拉丁文巨著的概要和序言特别能反映这个演讲的内容。为了比较全面准确地通过人文教育这个主题反映出维柯思想发展的线索，译者将《普遍法》的概要和序言一并翻译出来，以代第八个演讲。标题为译者所加。——中译者注

［2］这三个词在英译本中被处理成名词形式，即knowledge（知识）、will（意志）和power（能力）。但原文用的都是完成时不定式形式，强调动作、活动本身，又强调动作是完成的状态。中文难以传达其中的意思，译者只能勉强译作知道、意愿和能够，以期能有所暗示。——中译者注

一切［知识的］起源都是上帝；其次，通过循环，一切［知识］都将返回到上帝那里；最后，通过融贯一致，一切［知识］都和谐共存于上帝之中，但如果离开了上帝，它们自己全都是黑暗和谬误。

［正文］

1.《普遍法》概要[1](1720)

加姆巴蒂斯达·维柯于今年（1720）3月初，交给那不勒斯的斐利奇·莫斯卡出版社一部拉丁文著作，分为两部四个部分，其中第一部题名为《论普遍法的唯一原则和唯一目的》[2]，第二部是《论法学家的恒定一致》，他在书中所要竭力确立的是一条可以使一切神的和人的学问都能由之得到阐明的原则。

首先他给出了两个定义，其一是真实（verum），即"合于事物之机理的东西"(quod rerum ordini conformatur)，其二是确定（certum），也就是"无可置疑的良知"(conscientia dubitandi secura)。然后，他提出了五个形而上学真理作为前提，据此证明，人可以从事物的机理出发，通过事物的机理和在事物的机理之中，认识那些事物的真理；从而也就证明，事物的机理这个观念给我们展现了三件事情：①上帝存在；②他就是无限的心灵；③在我们之内就有各门知识的原

[1] 维柯的《普遍法》(*Il diritto universale*)出版于1720年，是《新科学》之前最为重要和最为宏伟的一部巨著，原文为拉丁文，包括《论普遍法的唯一原则和唯一目的》(*De universi iuris uno principio et fine uno*)以及《论法学家的恒定一致》(*De constantia iurisprudentis*)两个部分。除上述两个部分之外，后来维柯在1722年又发表了他对这两部书的注释，主要内容是根据他的语言学原则去研究荷马的两部史诗，对希腊神话做出新的法学解释。维柯的这部著作承前启后，将形而上学、法学、语言学（历史编纂学）综合起来，力图寻找关于人的和神的知识与智慧的唯一的大原则，这也是《新科学》的一个基本观念。可以说《新科学》的许多重要原则和要素在《普遍法》中已经具备了。本文是《普遍法》一书的概要，根据意大利文原文译出，并参校英译本。——中译者注

[2] 在维柯的用法中，principium 一般既指起源，又指原则、原理，起源就是原则。这里一般译为原则。但读者可以从"原"这个字中理解起源这层含义，从"则"这个字中理解原则、原理这层含义。——中译者注

则，正如各种事物的原则都是从上帝而来，通过上帝并在上帝之中存在。

接着他分析了上帝的本性，那就是知道无限、意愿无限、能够无限（nosse，velle，posse infinitum），由此他又揭示出人的本性，那就是知道有限、意愿有限、能够有限，而趋于无限（nosse，velle，posse finitum，quod tendat ad infinitum）。

据此他又证明了神圣历史的诸原则：①上帝创造亚当；②亚当本性完整；③由于原罪而堕落。然后，从上面这些原则，他又得出了基督教神学的诸原则。

由上所述，可以肯定，人之愉悦[1]由于是自然的，故而曾使完整的人沉思那永恒的真理；而在堕落之后的人身上，却变成一种真理的力量，这种力量是由真理通过各种感觉上的痛苦引起的。他把这种真理的力量定义为堕落本性中的人类理性[2]，这就是理智，同样也是伦理德性[3]的源泉；而伦理德性的基础则是人的心灵的谦卑

[1] 愉悦（piacere）：意大利语中极为常用的一个词，piacere 既是动词的不定式形式，又是阳性名词单数形式。作为动词的意思是使中意、使喜悦、使喜欢、使合意等；作为名词的意思是愉快、快乐、高兴，享受、娱乐，意愿、心意等。来自拉丁语中的 placere，原意为处于良好的状态；其词根为 *plak-，意思为和谐一致。——中译者注

[2] 人类理性（ragione umana）：ragione 来自拉丁语中的 ratio，现代含义上一般译为理性、理智，情理、道理，理由、原因，比、比例等。维柯在这里显然是在更古老、更广泛的意义上来用这个词，因为这里的 ragione 并非仅仅是思维和理智的事情，也不局限于它的词源（由 ratio 回溯至其词根 reri，意为计算和思考）上的计算和运作的含义，而是还包含了上帝和自然的作用在内。这里遵从惯例译作理性。——中译者注

[3] 德性（virtù）：有必要说明的是，维柯的“德性”概念并非近现代人所说的伦理道德的德性。在古代乃至维柯时代，这个词的含义具有两重特性，既指德性，又指能力，德性与能力是不可分的。侧重于道德伦理方面，是指精神的向善本性和能力，例如西塞罗说，“德性无非就是一种自身完善和追求至善的本性”。但这个词并不限于道德伦理的含义。它既可以指精神能力的完善，也可包括肉体能力的完善。同样是西塞罗说，“精神的德性优先于肉体的德性”。这个词甚至还可以不带半点伦理道德含义地使用，例如仅仅指对象的强大、有能力等。在形而上学意义上还可以指任何动物或植物的特性，仍是西塞罗说，“无论树的德性或者马的德性都不是建立在意见的基础上，而是建立在其本性的基础上”。不过，西塞罗有时也否认人以外的其他事物具有“德性”，参见本书第 21 页注释［2］。从词源上来看，virtus 本身和 vis（能力）词根相同，拉丁语中的 vir（男人，丈夫，大人）也具有相同的词根。在维柯的《论意大利最古老的智慧》一书中，virtus 的主要命意就是能力（参见该书第四章）。维柯这里所讲的德性的三个方面也显示了这一点。——中译者注

(umiltà)，其形式就是怜爱（carità），因而其起源和目的就是上帝。这些就是基督教伦理学的原则。

德性可以分为三个要素：审慎（prudenza）[1]，节制（temperanza）和刚毅（fortezza），它们分别调节人的三个方面：审慎调节人的理解力[2]，节制调节人的意志（arbitrio），刚毅调节人的强力（forza）；当人的理性为意志所拥抱，并与贪婪作斗争的时候，它就是德性；当这种德性制衡诸种用益之时，它也就是正义（giustizia）。进而从德性的这三个方面又生出三种法或者理性：统治（dominio）[3]、自由和保障（tutela）。从审慎生出统治，而审慎就是对用益的正义安排；从节制或者说对自我及其所有物的意志进行调制，产生出自由；从刚毅，亦即受到调制的力量，诞生出保障。正义的这三个部分就是一切国家和一切法律的三大源泉。

因而维柯表明，公正（giusto）是存在于自然中的。因为有些事物当你去衡量时，它是公平的（eguale）；当你选择这种公平之物的时候，那就是公正的。存在有两种正义的形式，即交换律和分配律，这两种正义的准则就是算术和几何这两种尺度。这两种尺度是存在于自然之中的，因为它们是全体赞同的真理。

进而他证明，按照人们的自然本性，在人们之间存在着一个真正正义的社会，这就是公平的善（aequum bonum），或者公平用

[1] 审慎（prudenza）：这个词在现代意大利语中的一般含义为小心、慎重、精明。直接源于拉丁语 prudentia，这个词又来源于拉丁语动词 providere，即预见、远见。因而 prudentia 一词的含义首先是预见、远见，然后引申为慎重、谨慎，认识、理解、精通，智慧、创造力、能力等。因此在德性中审慎是直接和智慧、知识相联系的，也就是和认识能力相联系的，例如可以说 prudentia iuris civilis，即市民法知识或对市民法的理解和把握，这里 prudentia 就相当于 scientia，即认识、知识。另外一个直接来自 providere 的名词是 providentia，直接含义也是预见、远见，慎重、小心，这个词与 prudentia 的区别主要在于，providentia 主要指神的能力、神的理解和神的预见，所以可以译作神意，维柯就是这么用的。而 prudentia 指的是人的能力、人的理解和人的远见，这里译作审慎。——中译者注

[2] 理解力（intendimento）：英译本译作判断或判断力（judgment），不过意大利语中的 intendimento 主要意思是意向、愿望，理解、领会等。——中译者注

[3] 统治（dominio）：拉丁语即 dominium。这个词既有统治、管领的意思，同时也具有所有权的含义。维柯兼用两者。——中译者注

益（utile eguale）。所谓的不变自然法（ius naturale immutabilie）就存在于公平用益之中。因而，全体人类都永远赞同这样的社会。那些怀疑论者、伊壁鸠鲁、马基雅维利、霍布斯、斯宾诺莎、培尔以及其他哲学家们说道，人之所以具有社会性是因为用益，用益又是通过需要和恐惧促使人具有社会性的。他们之所以这样想，是因为他们没有认识到，有些东西是事物的原因（cagioni），而有些东西却只是事物的机缘（occasioni）；诸种用益变化不定，而用益之平等（uguaglianza）却是永恒的；正如暂时性的东西不能成为永恒之物的原因，形体也不能产生抽象，同样，用益也只是一种机缘。通过这种机缘能够唤醒人类心灵中的平等观念，而只有这种观念才是正义的永恒原因。

在如此确定了不变自然法之后，维柯又将它分为两个部分：其一是基于意志（volontà）的自然法，由在这样和那样的事务上的自由、统治和保障构成，它为整个意志法（ius volontario）提供质料；其二是基于永恒理性的自然法，它为自由、统治和保障提供正义的尺度，并赋予它们以永恒的正义形式。这两个部分在古人那里被解释为第一自然法（ius naturale prius）和第二自然法（ius naturale posterius），这与斯多亚学派中的自然之首法（prima naturae）与自然之次法（natuarae consequentia）的区分相同。第一自然法从第二自然法那里获取不变自然法的形式。例如，你可以禁止他人自卫，也可以提倡忍受侵犯，但却从来都不能变成这样，即自卫由其本性来说是不正当的。

在确定了各项法律和法学智慧的第一条原则，即理性之后，[1] 维柯接着说明另一条原则：权威（auttorità）[2]。他证明，权威就是确

[1] 从上文第五段“由上所述，可以肯定，人之愉悦……”至上面一段。——中译者注

[2] 权威（auttorità）：即 autorità，意为权威、权力、威信、声名。这个词来源于拉丁语 auctor，意为作者、作家，创造者、创始人。auctor 又源于动词 augere，可作及物动词，意为增长、生长，也可作中性不及物动词。因而这里也暗示了权威、权力、威信与创造、制造、做等人类活动的关系。——中译者注

定的形式，正如理性是真理的形式一样；同样，权威是理性的部分，正如确定是真理的部分一样。由此可以说，忍受上帝授命的僭主统治也是必然的，因为即使在僭主的统治之下，也有着某种确定性，有着不对国家进行质疑的良知，因而这种良知也是不能动摇的。

然后维柯阐述了权威的起源（origine）[1]和发展，并证明，第一权威乃是所谓的自然权威，他将它定义为“任何个人自己所有的人类本性的特性：知道、意愿、能够，其所能够者既有精神之能，也有肉体之能，因为我们就是由这两者构成”。因此人“在一切终有一死之自然中至高无上”。

从这第一权威生发出所谓的“理性之权威”（auttorità di ragione），后者被定义为“任何个人自己所有的特性，即自由地安排自身事务，自由地生活，自由地保护你自己及你所有”。在孤独状态和无法纪社会中，这种权威就是被称为“僧侣式的”（monastica）权威，人由此而“在孤独中至高无上”，并可以根据“强者之法”（iure superioris）杀掉任何暴力侵犯他的人。从这里推论，决斗曾是无法纪社会的最初裁判，所以布伦努斯（Brennus）对罗马人的回答并不错误：“在世界上诞生的第一条法律就是暴力之法”。但是，他忘了那更重要的东西，即这条法律“是由本性优越者颁布的”。

这样就诞生了万民法[2]，他将它定义为“暴力法”（ius violentiae），

---

[1] 起源（origine）：来自拉丁语 oriens，动词 oriri，意思是升起。起源即升起之处。从同一个动词发源的还有 oriente，意为东方的。这里应注意维柯笔下起源与原则之间的密切关系。——中译者注

[2] 万民法（ius gentium）：罗马法学家将其定义为“所有民族均使用的法”。它是随着罗马对外交往和贸易的发展而形成的法律规范体系，特别有助于调整罗马公民与异邦人之间的关系。关于这个术语的准确含义，维柯下文也有论述。据下文，万民法实际上可以说是氏族间法，或民族间法。其原初含义并非像万民法这个词所暗示的，处理个人与个人、公民与公民之间的关系，而是处理氏族与氏族或民族与民族之间的关系，特别是罗马民族和外邦民族之间的关系。但是也不能说这种氏族间法就没有万民法的含义，特别是随着罗马法的发展，它越来越具有万民法的特征，这当然与它首先是处理人与人之间商业贸易关系的法律这个功能分不开的。万民法后来随着罗马公民权的普遍授予而不再具有实质意义，进而连这个名称也废弃不用了。这同样说明，它首先具有氏族间法这个特征。——中译者注

并且分为“头等氏族法”（ius maiorum gentium）和“次等氏族法”（ius minorum gentium）。他证明，头等氏族法就是无法纪社会的私人暴力法，从这条法不仅诞生了家族仆佣（famiglia），还诞生了国家的另外一种胚胎形式，这就是依附平民（clientela）；我们可以看到这两种形式遍布于西方古代历史，特别是法国、德国、英国、西班牙、意大利以及最后希腊。从这些形式中诞生了贵族国家，在意大利和希腊名为王国（regni），在其他地方则名为公国（principato）。罗慕路（Romulus）[1]就是取法于头等氏族，并且用这种形式来管理他的国家的。但由于这并不为人所知，所以人们虔诚地相信，第一批国家都是绝对独裁的王国，相信国王的受命是根据他的强健有力和形容高贵，相信在那种粗野而放任的自由状态中，简直就像是存在某种关于良好品位的科学一样，人人都赞成那更为强健的和更为美好的。

所以没有人否认古代英雄国王的存在。但是，人们却说缺少整个异教历史的原则，这是因为，他们并不知道诗的真正原则。维柯则证明，诗就是古代民族的最初历史，不过它更应该被看作是照亮万民法的火炬。故而维柯对古代暂付阙如——即第一批诗人曾是神学家，并且用他们的神学创建了国家。他先提出三个问题：

（1）人的本性是这样：首先关注必需（necessario），而后是便利（commodo），最后是愉悦（piacere）。那么，既然诗歌的诞生早于任何其他便利艺术和娱乐艺术——所有这些艺术都应该归属于社会生活——为什么人们还在争论，诗歌艺术的诞生是出于有用还是娱乐？所有问题最后汇集为一个，也就是诗歌艺术的诞生是否出于某种必需？

（2）人的本性同样也是这样：首先知觉到触及感官的事物，然后是习俗，最后才是抽象事物；哲学家们的历史就是按照这样的顺

[1] 罗慕路（Romulus）：古罗马的著名建国者，传说他和孪生兄弟瑞摩斯（Remus）由狼哺育和抚养，是战神马尔斯的儿子。——中译者注

序，即最初的哲学家都是物理学家，而后苏格拉底才从天上唤来伦理学，最后才出现柏拉图以及其他圣人。但为何事情在未开化世界却恰恰颠倒过来：希腊歌神俄耳甫斯对着野兽歌唱，宙斯之子安菲翁对着石头歌唱，他们歌唱诸神的本性和力量，以便驯服那些野兽和石头，并将其统一到城邦中去？

(3) 儿童仅仅关注理解那些特殊之物；即使那些最为聪颖的孩子，也不过只知道通过相似性来解释事物。但为何在世界的童年时代，一下子就出现了懂得国家事务的人，而这却是人类便利（commodi）的普遍道理？

由上所述，维柯证明了诗歌的起源既不是愉悦也不是便利，而是出于必需，即最初的父老要用诗歌来歌唱前辈典范，以教导青少年。聪慧的早期人类民族（genti umane）由于语言的贫乏，就采取了类似于聪慧的儿童的方式（guisa），也就是说，他们不用自己无法把握的种属概念，而是由其天然本性推动他们形成各种形象（imagini），这些形象就是最初语言的文字（carattere），我们的字母（lettere）就曾被称为carattere。[1] 举例来说，古希腊的文字就是古希腊人的寓言，埃及的象形文字同样也是如此。因为尚不存在书写文字的时候，父老们认为确定而有规则的语言能使其子孙更易记忆，于是他们就以歌唱的方式来讲话。[2]

既然我们发现了诗歌的起源，那么诗人们的神学就不能再解释为自然神学，而应该是政治神学；神话学就应该从这个方面来解释，这样一来，寓言时代无非就是黑暗时代，诗就是黑暗时代的历史，而神话学就应该给我们确定历史时间（tempo istorico）

---

[1] carattere：字母、文字。源于古希腊语 χαρακτήρ（印记，印象），它又源于动词 χαράσσω（刻，雕刻）。——中译者注

[2] 这个观点在作品写作的过程中有所变更，在书第二部第二部分第12章《论诗歌的起源》中他证明，当古人开始创立他们的人性的时候，不是反思而是自然本性使最初的人类采取歌唱的方式的；又由于那时尚无书写文字，人类的后裔子孙便用歌唱来铭记前辈古人的事迹。——维柯手稿注

的诸原则。证实这些思考的有以下事实，它们都是确凿可凭的：

（1）全部异教历史中所提及的最初的城市都是意大利西南部的古城库米（Cuma）[1]。

（2）最初的建筑是托斯卡纳建筑[2]，因为它最粗糙，最简单，也最坚固，正如埃及人的。

（3）根据李维的判断，罗马人的布阵和战争艺术要优越于希腊人的，比马其顿的方阵也较为超前；而这无非是几何和算数的女儿，因此应该说，罗马人仍然是从托斯卡纳人那里学来这些智慧的。

（4）不用说，罗马人也从托斯卡纳人那里学会了肠卜术，这种占卜方式后来被发现是最古老的占卜方式。

（5）不曾有其他民族在宽袍、徽章和凯旋式的隆重威严上领先于罗马人，这当然也是取自托斯卡纳人。

（6）当雅典和斯巴达还是方寸之地的时候，托斯卡纳人已经在意大利建立了一个极其强大的王国，并且给从马勒玛（Maremma）的近海岸沼泽地到墨西拿海峡（Messina）[在意大利半岛南端和西西里岛之间］的海域命了名。

（7）按照柏拉图自己在《蒂迈欧篇》中所说，意大利哲学比希腊哲学要更为古老和更有学问，并且批评他的时代的人对古代智慧所知寥寥。

（8）罗慕路以极大的勇气，将他的城市建立在如此强大的托斯卡纳王国和如此众多的其他小国之间；罗马人在他们的国王们的率领下，在整整两百五十年间，征服了大大小小二十多个民族，但根据圣·奥古斯丁所说（《上帝之城》，Ⅲ，15），其疆域也不过扩大了

[1] 这一点在书第二部第二部分第4章以及《注释》(维柯自己为本书所写的注释，为本书附录）中得到了详尽证明。——意译本注

[2] 托斯卡纳（Toscana）建筑：即意大利中西部古国中伊特鲁里亚人的建筑。——中译者注

二十多千步[1]；而他们仍需要两百五十年时间来征服整个意大利。由此可见，立足于如此强大、如此野蛮的众多民族之间，就有必要坚持和维护“万民法”，若不受到侵犯就不能发动战争。

(9) 有显明的证据可以说明（因为过于冗长，这里从简），拉丁人比希腊人更好地保存了他们的语言的幼年痕迹，因为希腊人每年都在修改他们的法律，而斯巴达人则由于国王吕库古禁止把法律写下来，所以他们所说的语言永远是当时的语言。

(10)《债役法》[2] 并不是从雅典输入罗马的，因为早在《十二表法》之前，罗马贵族们就用这条法律残酷地压榨平民，因而引起这些平民的造反。虽然希腊国王忒修斯凭着他的《有效合理地解除债务法》(*De nexo soluto forti sanate*)，自从英雄时代起，就已经赋予了雅典人以自由；但罗马人直到他们建国三百年后，才在《十二表法》中考虑到这一点。

根据所有这些证据他得出结论，罗马人极强地维护了头等氏族的习俗，正是在这些习俗的基础上，罗慕路才创建了他的国家；仅仅罗马人的这种维护本身，就可以使我们确定异教历史的起源，同样还有它的毫无间断的历史承续。

然后维柯重归业已开始的流程，提出了在盖尤斯意义上的市民法定义，按此，“一切民族都是部分地沿用其特有的法，部分地采用全体人类共同的法”。

两条公理：

第一公理：意志法把事物史（storia delle cose）或语词史（storia delle parole）当作其火炬。

第二公理：确定的解释规则是，语词要按照它们的本来含义来解释，如若不然，就会得出不相一致的结论。

---

[1] 千步（miglia）：古罗马长度单位。——中译者注

[2]《债役法》(*ius nexi*)：nexi 是因债受役者、债务奴隶。指因债务口约而处于债权人支配权之下的债务人。其地位与受役状态相似。——中译者注

三个公设：

第一公设：综合上面维柯根据这些原则所进行的分析，黑暗时代的人类应该就是如此活动的，假如神圣历史并不构成障碍，反而常常是辅助相应的话，那么就应该承认，他们就是曾经如此活动的。

第二公设：既然市民法就是万民法和氏族特有法的一堆混合体，那么，如果在罗马法中所发现的事物与人们所叙述的在黑暗时代的人类活动相一致，就应该承认这些相一致的地方来自万民法。

第三公设：散文体言谈和诗体言谈中，更多地是诗体言谈（异教历史最初的作家们都是诗人）与人们叙述的黑暗时代的事物相一致，并且表明事物的原本含义，只是后来才失去了它们的本义。例如，讲“离夫三夜中断”(usurpare trinoctium）是指，如果妻子离开丈夫三夜不归，就算取消了丈夫对妻子的时效占有权（usum surripit)。这种讲法比讲“中断所有权”(usurpare）要更为符合本义，后者意味着“传讯所有者以中断所有权”。又如，那种诗意的说法“血液在心脏中沸腾”，要比散文体中的“愤怒”(irasci）更为本原，因为前者是一种特征的话语，形象的话语，而后者则是一种抽象种属的话语，它是通过血液、心脏和沸腾这三者合成为一个语词的，即“愤怒”(ira)。

根据这些原则，维柯阐述道，在大洪水之后，诺亚和他的儿子闪保存着创造者上帝的真宗教，从而在自然状态中就保存了对大洪水之前的所有知识和艺术的记忆；即使在巴比伦的语言混乱之后，也仍然存留了所有的政治艺术[1]，因而上述记忆不但没有消失，而且还不断承续下去。正因为此，在迦勒底人中间较早地诞生了君主政体，并且由于距离的邻近关系，这种政体又较早地被引进到诺亚的

[1] 政治艺术：意大利语原文为 arti della civiltà。civiltà 在现代意大利语中的意思是文明、文化，维柯的用法应该沿袭其拉丁语词源 civilitas 来理解。civilitas 意思是城邦和国家治理，或公民身份。这里的意大利语翻译为拉丁语是 ars civilitatis，即城邦和国家治理的艺术，亦即政治艺术。——中译者注

另一个儿子含的后代，即叙利亚和埃及，在这个意义上，塔西佗说，“东方习以王治”。同样在那里很早就诞生了一种占卜术，被称为“巫术”(magia)。尽管这种占卜术很荒谬，但可以肯定的是，它比西方人所用的鸟占要有学问得多。这种占卜术与鸟占不同，它有可能需要几个世纪的长期观察研究，然后逐渐演化为科学。然而雅弗，诺亚的第三个儿子，他心无法纪地游荡于遥远的西方，抛弃了真宗教，因而被当作伊阿玻托斯神（Giapeto）来崇拜。由于他的原因，他的后裔子孙逐渐变得十分渎神不敬，并因而极其无知，几成野兽。

在世界年历[1] 1656 年，大地被诺亚的子孙们瓜分。罗马建成于世界年历 3250 年。因而意大利的黑暗时代总共是 1594 年。

就这样，这些心无法纪、渎神不敬的人类过着游荡的生活，任随他们的喜好引领着他们。由于整个世界这种巨大的蛮荒状态，他们丧失了所有的人性，说着极不确定的语言，堕落于丑陋的、不定的，并且因为不定而常常凶残的欲望中。由于自然给予他们丰富的果实，他们就在懒惰散漫中垮下去了。他们都像动物一样独自行动；由于不知承认自己的亲属乡邻关系，故任其横尸于野而不埋葬。

少数秉性优良者，于懒惰散漫中开始沉思上天，从观察星象运动，他们相信上天具有精神，用闪电向他们讲话。由此占卜知识中的动词 contemplari（预测）就来源于上天，他们称为天宫（templa），[2] 占卜师就是通过对上天进行标划，借以观察何处雷鸣，何处鸟翔（希腊人对 contemplari 的说法就是 θεωρεῖν，即沉思上帝）。

维柯又证明，那些相信天就是上帝的人，由于进行无耻交媾时羞于面对上天［所以后来祭祀前的清洁打扫被称为“贞洁”（castitas）］，于是就每人占取一个女人，退回到昏暗无光的地方。

---

［1］ 世界年历：意大利文原文为 anni del mondo。参见《新科学》1744 年版第一卷卷首所附年历表，按照世界年历，世界大洪水发生于 1656 年。——中译者注

［2］ contemplari：预测、预占，引申为思考、沉思、观察等。源于 cum-templa，即与天同在，观照上天。天宫（templa）：开阔高远之地，即上天；同时也是寺庙、圣地；也可以是墓穴、墓地。——中译者注

故拉丁人所命名的光（luci），从来就是具有某种宗教含义的。同样他们为了定居于水源充足的地方，就跟随着飞鸟的指引，因为他们观察到，飞鸟将它们的巢建在离泉水较近的地方，当然多半是被引至山上高地，[1]因为那里有更多的泉水涌流；这样就出现了奉水宗教（就是诸神自己也要在幽深的冥河立誓）。所以说，是自然本性使他们发现并定居于地理优越的地方，希腊人称为 πηγή，拉丁人称为 fons，最初也沿用希腊人的叫法 pagi，三者都是泉源的意思。

希腊人的 Δίos，拉丁人说 Dius，正如 Diespiter 一词所指，在意大利语中就是 Giove；上天和所有归属上天者，都是 Dium。[2]这些词的意思都是相同的，即天神。

由于他们相信鸟类是属于上天的（celeste）[3]，从这里他们创建了鸟占这种占卜术。就这样在他们中间第一次诞生了"神法"。但开始时他们直接称为"法"（ius），这与柏拉图所说的相同，希腊人把它称为 δίαιον，后来出于发音优美的考虑，在中间加上了一个 κ，即成为 δίκαιον（正义的，正确的）[4]。但拉丁人的 ious 却谈得更好，因为这也许暗指 Iovis（上天，上帝）。只是由于后来又诞生了人法，所以在"法"的前面加上了"神的"（divino）一词。

而诗人们则将所有这些囊括在一个词里，那就是 Giove（既是天又是神），并且以鹰和闪电为其标志，因为人们尊崇这两者特别具有神性；罗马人则将所有的大鸟都称为 aquilas（鹰），几为

[1] 这一点在维柯对书第一部第 149 章第 2 节的注释中，以及在书第二部第二部分第 20 章《论婚姻》一段中有所修正，在那里维柯说明，最初的人类创建他们的人性的时候，靠的并不是任何反思，而是遵循占卜的预言，从而被带到靠近泉水的较高的地方定居的。——维柯手稿注

[2] 意大利语中的 Giove 一词在拉丁语中指的是朱庇特天神，在希腊神话中指的是宙斯。这个词直接来源于拉丁语中的 iovis，它的直接含义是天，据说来自对人们向天呼唤声音的模仿，包含着对上天的惊异和崇拜。由此可见，天就是诸神包括上帝的起源。Dius 则应该是直接来自古希腊语，即 Διόζ。意大利语一般用 Dio 来称呼上帝，显然这个词也是承袭拉丁语并最终来源于古希腊语。下面维柯还将继续论述。——中译者注

[3] 与上面的情况类似，celeste 在意大利语中首先意为天的、属于上天的，后引申为神的、神圣的。——中译者注

[4] δίκαιον：符合于神的和人的规则的，也就是正义的、正确的。——中译者注

aquilegas（善于寻水者）。可以证明最初的法律的名称就是由此而来，罗马人就将它们奉为国家的保护神。

一旦人们定居和安定下来，或许就从这种情况发源出这样的用语：拉丁语中的 heri 和意大利语中的 signori（两者均为主人），可能 haereditas（遗产继承）就是从动词 haerendo（紧密联结统一，固定绑定等）而来，这对应于希腊的忒休斯所说的 θέσει（放置，安排等），即意大利语的 posizine（放置，位置，地位等）。他们就占有了某些确定的女人，并且仅仅拥有她们，在确定的保障之下，他们成了确定的父亲；继而他们又以经济权威[1]加强这种确定性，并且以此创建了父老治权，父老也就成了家族的首脑。

维柯又阐明道，父老们对其家族的子孙们拥有生杀权[2]，并把他们看作自己的财产，看作自己购买的活的工具——自权（suità）[3]也就从这里而来；头等氏族中的父权正是罗马人后来所宣称的他们特有的权利。他们的这些子女也就是头等氏族中的真正贵族，因为他们"可以称呼父名"[4]，与之相对应的就是雅典人所说的 ευπαδρίδαι（贵族父老的子女）。

由上所述，他们相信只有他们才拥有婚姻（connubio），也就是通婚权（ius nubendi），[5]因为只有他们确定不会做出可耻的姘居这

[1] 经济权威：经济（economica）一词不能采取现代意义上的解释，这里与维柯后来在《新科学》中的用法相同，指的都是家族的自我保存和管理，正如这个词的古希腊语源所显示的：οἰκονομία（家法，家族管理），οἰκόζ（家），νομόζ（管理，法律，钱财）。——中译者注

[2] 生杀权（ius vitae et necis）：指在罗马法中家父对子女所拥有的绝对处置权，包括剥夺其生命的权利等。后来渐被废除。——中译者注

[3] 罗马法中有自权人（sui iuris）之称，即罗马家庭中享有自主权的人，他不受父权或主人支配权的支配，此种人一般是家父和脱离父权的人。这里主要指家父。现代的所有权概念应该是从这里发源而来。——中译者注

[4] 可以称呼父名（nomine possent ciere patrem）：即相对于家奴和平民而言，父老的子女拥有确定的父亲，能够显示出自己的家族谱系。——中译者注

[5] connubium 或者 ius nubendi，即婚姻资格或者通婚权，是罗马法中合法婚姻成立所要求的民事能力。这种资格只存在于罗马公民之间，异邦人（peregrine）是不享有与罗马公民通婚的权利的，贵族与平民也不能相互通婚。后来的《卡努勒亚法》（*lex Canuleia*）废除了关于贵族与平民之间禁止通婚的规定。——中译者注

种事来。他们相信占卜权也是他们所特有的，因为鸟占是在他们的土地上进行的。他们由于长期占用和定居于这些公共的土地，因而就将其划为己有。后来这种凭时效占有权[1]就成为所有民族获得其疆域统治权的方式。

这样，由于他们开始承认他们的亲属关系，他们也就确立了最初的人性，也就是埋葬他们的死者，[2]从这里就开始了人法（ius humanus）。之所以所有的民族都严格规定，要如此隆重地对待他们的婚礼和葬礼，就是因为这两件事情是国家的首要基础。这样，由于对他们父老牺牲供奉（这被称为parentalia，即父母亲属之丧葬），用墓铭来标示他们的坟墓（这些我们现在都只能一笔带过），并且根据他们的死亡顺序进行埋葬，于是就能确知其家族世系和支脉，这也就是家族谱系和父系亲属关系，诗人们用“可以称呼父名”来解释它们。斯巴达人把自己归为大力神赫拉克勒斯的后裔，罗马人则更为便易地用名和姓来加以区分。这样所谓的头等氏族就确定下来了，那就是拥有更多家庭的家族，因而在罗马贵族们那里，对家族和氏族的祭祀礼仪一直极为看重。

但定居于所占之地的人们不能满足于自然的果实，因为他们的人口在增长，故而必然要开垦土地。但由于他们还没有铁器，于是他们就用火。所以可以看到，后来的罗马人把水与火保存起来，以标志所有那些神的和人的东西。土地之所以要用火燃烧，就是为了播种小麦［人们还进一步从这种燃烧活动称小麦为ador和adur，小麦后来还被用于罗马人的祭祀中，将其作为奖励献给强者，并且称

[1] 凭时效占有权（usucapione）：拉丁语为usucapio，是指通过一定时间的连续占有而获得对物的市民法所有权的制度。实现时效占有权一般要求：①占有人应当能够成为罗马公民；②时效取得的标的物应当是合格物；③占有出于正当理由和善意。——中译者注

[2] 意大利语中的人（uomo）以及英语中的人（human）都来自拉丁语中的homo，其形容词是humanus（人的，人性的）。根据维柯所述，这个词从词源学上来说与humare（埋葬，意大利语是umare）是同一词源，也就是说人性起源于埋葬。另外，拉丁语中与其有同一词源上联系的还有humus，意思是大地、土地。将人性（humanitas）与埋葬联系起来考虑是维柯《新科学》的三大原则之一（参见《新科学》1744年版，第337、360节）。——中译者注

这种军事荣耀为adorea（麦功）]，[1] 因为这样他们就能够用弯曲的硬木来犁（arare）地了，正如今天还有农民在较为潮软的土地上用木犁犁地一样。urbs（城市）这个词来源于urbo，即犁（aratro）的弯曲部分，正是由于这个原因，任何土地界限都以ara（神坛，祭坛）为标志，[2] 例如萨卢斯特所说的著名的“菲莱尼兄弟的祭坛”（ara de'Fileni）。又如hara一词指的就是牲畜的圈养，由此而来的词有haruspicina，意思是观察动物的肠子以占卜吉凶的肠卜术；在叙利亚出现的城市其最初的名字就是Aram，只是在前或在后增加其自己的音而已；在地理学上有许多城市都被命名为are，而且至今罗马尼亚还存在“塞克利神坛”（are de'cicoli），以夸耀他们发源于极其古老的匈奴民族；在拉丁人那里，lucus（圣林）和ara几乎总是相提并论。

那些人之所以被称为ottimi（最好的，最优的，最强的，贵族），是因为他们相信自己是虔诚的；由于虔诚，故而审慎，尊重和听取神的意见；由于他们满足于仅仅一位妻子，故而节制；由于驯服了洪水泛滥（或许这就是大力神赫拉克勒斯所杀死的九头怪蛇）的大地，故而刚毅；由于这最后一个德性，他们被说成是ottimi，因为在古人那里，fortus（强，有力）也说成是bonus（好，善），正如在希腊人那里的ἄριστοι（最好的，最优秀的）来源于Ἄρης（战神），也就是Mars（战神马尔斯）；所以雅典的最高法院法官（areopagiti）几乎就等同于元老院议员，但更本源地来说，就是战神马尔斯的同乡。

拉丁人称这些人为viri（大人，大丈夫），与之相应的是希腊人的ἥρωες（英雄），即“神之子”，他们相信他们的先父成了战神，《十二表法》则称这些阵亡者们为divi parentum（父神）；罗马人还

---

[1] ador，小麦。adurare，动词，燃烧、烤。暗示小麦与土地燃烧之间的关系。adorea既可以指小麦，同时还可以指献给战胜者的贡品，从而这里含有维柯所强调的火、小麦、军事与生存之间的内在关系在语源学上的反映。——中译者注

[2] 动词urbare，即urvare，是古人的一种习俗，他们用犁圈占、标示一片地方以建立自己的城市。这里表明了维柯将城市、犁、犁的弯曲、圈占、神坛、祭祀等含义在原始意义上联结起来的语源学根据。——中译者注

把执法官称为viri，并在后面加上数目；同样丈夫也被称为viri。古代民族相信，这些英雄们与一般人并非同类。罗马人就持有这种信仰，因为父老们的通婚权是不能和平民共享的，那些对雅典法和罗马法进行比较研究的学者们自己也承认，这条法律并不是来自雅典的。父老们反对平民们向他们要求扩大万民法；执政官们也说“平民与父老之间的通婚自由从礼仪上来说与野兽无异”。李维的这句话（《建城以来史》，书第四部，起首处）如果确实为真，那么将会动摇整个法学，假如不从另外一个方面来理解罗马史的话。

但是，随着家族的增殖和耕作的进步，这些无法纪者开始感到自然果实的缺乏了，正如下列事实所显示的，即在罗马周围的二十千步之内，就聚居着二十个民族。那些强暴者于是屠杀那些弱者，意图夺取他们采集的果实，而且竟然冒险偷盗其他强者的耕地。那些强者并没有因交媾而变得虚弱，相反因为土地耕作而十分强壮，他们出于自卫，便杀死这些胆敢侵犯的暴徒。然后，他们又用这些暴徒的鲜血祭祀他们的祭坛，所谓城墙的神圣性就是从这里产生的。

强者（forti）的胜利名声，他们用cluer（赫赫武功）这个词来描述，这样就出现了cluere（以其战功而荣耀显赫）一词，这类强者就被认为是真正的“荣耀显赫”(incluti)，后来则被写作inclyti。又由于那些弱者们受到侵略者（violenti）的侵扰，他们便纷纷奔赴强者的神坛，这些神坛也就成了这些民族最初的庇护所（asili)。在这些庇护所中，最为人知的是雅典有名的“苦难者神坛”(Ara dei miseri)。这些弱者为强者所收容并受他们庇护，这种庇护就被称为fides（护佑）[1]，这样就出现了“恳请护佑”(implorare fidem)、“收容护佑”(ricevere in fidem）这类用语。然而因为他们是来到了他人的地域，就像那些由于匈奴王（Attila）的侵

[1] fides：通常有诚信、效忠、承诺、护佑等含义。在基督教中则指虔诚的信仰。源于词根*bheidh-，古希腊语中现在式为peíto，意思为劝服。这个词根在拉丁语中更为古老的形式是foedus，即约定、联盟等。——中译者注

略，从内陆逃到已经被威尼斯的父老们占领的小岛上的人民那样，强者就给他们颁布法令，要他们为主人们（希腊语中的 heri 或者意大利语中的 signori）耕种土地，并且以此来维持他们想要保全的生命。这就是最初的农业法律，从此就诞生了依附平民（clientele）[1]。这也是古老的城市创建法（vetus urbes condentium ius），但不是李维所说的古老的城市创建谋略（vetus urbes condentium consilium）。那些依附平民，也就是拉丁语中的家奴（famuli），就像财产一样被给予一个名称，即“仆佣”（famiglia），他们的主君（principe）则被称为“家父”（padre di famiglia）。[2]

这些依附平民也可能违抗上述法律，逃离庇主；但他们已经在精神上依附于庇主，或者说与庇主连结在一起，根本都用不着绳子来绑：这就是所谓的 fides（效忠），后来就遗留下来琴弦这个含义。这也就是治权（imperium）[3]的最初用语，就像遗留下来的“收容护佑”（recipere in fidem）和“收容管治”（recipere sub imperio）等用语一样。他们的自由是建立在他们对庇主的效忠，即劳役和忠顺的基础上的，从这里就出现了《债役法》，类似于封建采邑（feudi）。父老的子女们为了与债务奴隶们有所区分，被称为 liberi（自由人）。

这些依附平民最终厌烦了为他人而耕种，他们发动对强者的叛乱；而那些强者们为了抵抗叛乱，便有制度地（in ordine）联合

[1] 依附平民（clientele）：或译为门客，是依附于庇主并且处于其保护之下的从属者。门客通常是来自外界的、向某一家族权力归降或投靠者；门客对庇主负有遵命、服务、忠诚和提供劳务的特殊义务，他们通常从庇主那里获得一份被临时让与的土地，并且依靠庇主的帮助和保护；他们也是氏族战争和家族圣事的参与者。——中译者注

[2] 意大利语中的 famiglia 和拉丁语中的 famuli 一样，既包括氏族或家族中的子女，又包括全体仆佣，因为子女在法律意义上也相当于财产，父老对他们拥有生杀权，以及一定程度的买卖权。译者孤陋寡闻，尚未找到恰当的中文词汇可以同时反映这两种关系的统一。这里的 principe，一般含义是君主、君王、王子等，但这里指的是主人、统治者之意，故译为主君。——中译者注

[3] 治权（imperium）：治权或统辖权，在古罗马意味着最高指挥权、司法权和强制权，一般只有君主、执政官、独裁官和裁判官才拥有；享有此权力的人可以决定召集民众会议，行使刑事和民事司法权，建议修改或制定法律。治权的外部象征是插在束棒上的斧子。——中译者注

在一起，以其最勇猛者为首领；正是从这种抵抗叛乱中诞生了制度（ordine）[1]，这后来被称为政治制度（ordine civile），首领则因其“统领”（reggere）职能而被称为re（王）。这些叛乱者最终失败绝望，于是退往他处；这样就必须以某些公正的法律来重召他们，从这里就诞生了盟约（legati）[2]，还诞生了盟约及相关法律特有的神圣性，本书将阐明这些原则。这条法律无非就是，依附平民要耕种强者交给他们的土地，他们对土地仅仅享有简单的或自然的所有权（dominio bonitario o naturale），而最高的或市民法所有权则归于父老；这项《债役法》开始时采用劳务形式，后来改为捐税形式，[3]就像现在的封建采邑里要用货币来付贡税一样；不过，对他们各自的庇主的顺从仍然是天经地义的事情。阿塔·克拉苏斯（Atta Clausus）曾带着他所有的依附平民迁至罗马，归顺了罗慕路。一直到塔西佗时代，具有这种特征的依附平民还存在于日耳曼人中间，他们保存下来的最古老民族的风俗比起其他任何民族来说都要多。关于这方面有三项证明——就不用说其他的了——这就是当日耳曼人后来涌入欧洲时，又一次到处出现了：

（1）马上比武决斗；

（2）家族徽章，这无非是用英雄字体书写的家族名称；

（3）封建采邑，格劳秀斯认为这是一种新的万民法，但实

[1] 制度（ordine）：源于拉丁语ordo，意思主要有秩序、顺序、等级、命令等。这里考虑到维柯将ordine与法律、王命、国家、秩序等联系在一起，故译为制度，取其为法令礼俗之总称之意。——中译者注

[2] 盟约（legati）：其可能含义为：①约束、束缚、盟约；②遗赠，英译本采用了这个意义；③使者、特使等。第一个含义源自动词ligare，意思为联结，系、扎、捆等，引申为约束、束缚，达成一致等。第二和第三个含义源自拉丁语legare，意思为依法安置、安排，订立遗嘱等。后者也可以说源于lex，即法律。这里的含义根据文意应该不是遗嘱，也不是使者，而是强者与弱者之间的一种盟约，或强者与弱者之间的相互约束。盟取其在神前盟誓之意。——中译者注

[3] 维柯这里加一边注：“也许这就是‘赫拉克勒斯什一税’（la decimal d’Ercole）这种说法的来源。”——意译本注

际上却是一项古老的法，只不过是用另外的词语来表达；那些用拉丁语方式来书写的人，不过是用作者所叙述的那些依附平民的语言，描述出了这种万民法的所有特征。

现在，父老们发现，这一点对他们来说是极为有用的，即夺取他人生命的正义力量应该完全和制度融合，因为对制度的敬畏使得没有人再去杀害任何一个父老。这又是因为，依附平民大众中很少有人敢于尝试这种冒险。从这种公共暴力中就诞生了最初的国家，这或许就是俄耳甫斯和安菲翁的七弦琴。

诗人们给这整个故事创造了一个人物形象，即“赫拉克勒斯”(Ercole，拉丁语为 Hercules)[1]，这个称呼既源于 cluer（赫赫武功）和 inclytus（荣耀显赫），同样也来源于 Ηρακλῆζ，即“朱诺的荣耀”(gloria di Giunone)[2]。或许 ήρωζ（英雄）这个词也从同一词源而来，也就是从 Ηρα，即风神朱诺而来，鸟占也就是从这里出现的，故朱诺也就是合法婚姻之神。又因为只有强者们才有占卜权，因而也只有他们才拥有婚姻权。所以在神话学中可以发现无数的赫拉克勒斯；但再没有比高卢的赫拉克勒斯解释依附平民解释得更好的了，他从口中吐出锁链，从而摆脱了债务奴隶压迫。赫拉克勒斯被创造出来是为了支撑天穹的，因为那些贵族们引入了假宗教；如传说中所言，他杀死了九头怪蛇。著名的贵族政体国家斯巴达，他们贵族的名字就保留着赫拉克利德（Eraclidi，拉丁名 Heraclidae）之称，即赫拉克勒斯的后裔。赫拉克勒斯安排了奥林匹克竞赛；正是从奥林匹克竞赛才开始了历史时间（tempo istorico），因为赫拉克勒斯的神话如果很好地理解的话，就可以提供给我们历史的诸原则。忒修斯是赫拉

[1] 赫拉克勒斯：宙斯与阿尔克墨涅之子，力大无比的英雄，因完成赫拉要求的十二项任务而获得永生。——中译者注

[2] 朱诺：古罗马万神庙里最主要的女神，朱庇特的妻子，亦是其姐姐，主司婚姻和妇女的安康。——中译者注

克勒斯的伟大模仿者，他曾被称为“另一个赫拉克勒斯”，但实际上不是真正的赫拉克勒斯，因为他不像斯巴达人的赫拉克勒斯保存了贵族法（ius ottimo），而是将它平民化，并由此创建了雅典民众政体（republica popolare）。罗慕路在创建罗马的时候，向赫拉克勒斯供奉了最大的神坛，罗马人则将他［赫拉克勒斯］看作是誓约之神。

公共暴力就这样穿上了政治权力（potestà civile）的外衣，从而产生了政治权威，这样政治权威就成了国家中的至高无上者；暴力的必要性现在就过渡为政治理性（ragione civile）的必要性；但是关于真正暴力的印象还是遗留了下来。因为作为几乎所有合法行为的共同形式的要式买卖[1]，曾经是一种纽带的市民法保证，标志着地产所有权在贵族手中；所有权之诉[2]因而不过是一种虚假的力量；诉讼条件被证明不过是古老的报复行为，后来转化为请求权之诉和诉讼通告；[3]侵占转化为合理的控告。[4]这就是尤士丁尼在《尤士丁尼法学阶梯》的序言中所说的“古代法的寓言”。然而要约这种形式却亘古不变，有确凿的证据可以表明，其在起源上有一种古老的淳朴性，就像在原始的民族中可以观察到的一样，在他们中间存在着一种对许诺和盟誓之言的至高信仰，例如忒修斯和阿伽门农的极为不幸的誓愿。由此，从约定本身就诞生出一种对所有

[1] 要式买卖（mancipazione）：拉丁语形式是 mancipatio，意思主要为买卖、转让、让渡，在罗马法中意思是要式买卖或者拟制买卖，是罗马法中转让市民法所有权的古老方式；其形容词形式为 mancipatus，意思为转让的、卖出的，依附的、依赖的、从属的。另外一个同源词为 mancipium，意思为财产权。均来源于动词 mancipare，意思为卖出、让渡，使从属、使隶属、使依附，抓、取。其词根为 manu-capere，意思为以手抓取。——中译者注

[2] 所有权之诉：拉丁文为 vindicatio，复数形式为 vindicationes。或译作所有权主张。指对某物提出所有权主张的诉讼，以物的归属为基本争议事项。由于针对的对象是物，因而也被称为对物之诉。——中译者注

[3] 诉讼条件：拉丁文为 conditio，多指协议、合同、契约等，是诉讼的前提条件。请求权之诉：拉丁文为 condictio，复数形式为 condictiones，指以被告特有的给付义务为基本争议事项的诉讼；由于此类诉讼维护的是债权，因而也被称为对人之诉，与上文所有权之诉对应。诉讼通告：拉丁文为 denuntio 或者 denuntiatio，一般指当事人之间的诉讼告知行为，例如债权人向债务人发出的通知。——中译者注

[4] 侵占：拉丁文为 usurpatio，另一意为占有中断。控告：拉丁文为 citatio，意为传唤、控告。——中译者注

民族都适用的极其严峻的古代市民法，就像你可以在斯巴达和罗马见到的那样。这也就是万民法，次等氏族也就是据此而创建的，他们也就是在这个意义上被称为“罗马氏族”(gens romana) 的那些人民。这些氏族又由更多的家族（case）构成，每个家族又分为更多的家庭（famiglie)，然后统一在一个共同体中；因此，最初的人民(popoli) 仅仅指的是僭主们（signori)，就像今天威尼斯的僭主政治一样。

由于这种国家政体的本性就是为抵御平民而生，故而如彭波尼(Pomporzius)[1] 所说，通过这种国家形式，贵族们将权力的隐秘以及关于神的事物和人的事物的知识，即法律知识，都悄悄地保留给自己。这就是英雄智慧，贺拉斯在《诗艺》一书中说，这也就是最初的诗，它是上述国家政体的创造之母。因为贵族们独自将其引入和采用，因而也只有他们才掌握和理解英雄语言，例如古巴比伦人的巫术语言和埃及人的神圣语言，即象形文字。

这种英雄语言就是各氏族的神法（fas delle genti)，它是一种确定的语言，因为它是法律的语言，而且正是由于这种语言，后来各个氏族（genti）才被称为各个统一的民族（nazioni)，也就是言说同一种语言的人民（popoli）共同体；[2] 至于他们的第二语言

---

[1] 彭波尼（Pomponius）: 2 世纪的罗马法学家，对罗马法发展颇有研究，写了大量法学著作。——中译者注

[2] 氏族（gente），民族（nazione），人民（popolo）：另外一个相关的词就是 familia（家庭，家族）。古罗马人把市民分为氏族（gentes）和家族（familiae）；氏族包含许多的家族，是源自同一祖先的人群共同体，氏族系之以姓（Nomen），家族以氏（Cognomen）。类似于在中国上古时代，氏表明宗族，是姓的分支，用以区别子孙之所出；姓是表明家族系统的称号。在罗马共和国时期，存在着两种氏族，即贵族和平民。不过起初只有贵族才区分为氏族（gentes），因为只有他们才能被称为 ingenui（in-genuus，内生的，真正的，高贵的），也就是生于本土的，有确定父亲的，而平民则要么是奴隶，要么是奴隶的子女。后来在塔奎尼乌斯（Tarquinius Priscus，？—前 498，传说中罗马王政时期的第五代国王）时代才开始有所谓的平民氏族，他们也能证明他们生自确定的自由的父亲。但当时罗马的制度规定，贵族可以被称为“头等氏族家庭”(familiae maiorum gentium)，也就是位居头等，而那些塔奎尼乌斯所加的氏族则被称为“次等氏族家庭”(familiae minorum gentium)。形容词 gentilis（源自 gentes，高贵的，贵族的）的意思就是生于同一个自由的先祖、拥有同一个姓的，现代含义则引申为文雅的、高贵的。在罗马帝国时代，gentes 被用于异邦民族，关于（转下页）

是如何产生的，本书中也有论述。由此原因，罗马人把诉讼评理的时日称为 fasti（时历）[1]；至于人们借以理解的“程式”(formole)，古人们把它说成是“诗歌”(carmina)。[2] 那些贵族们也就是英雄学问方面的学者，他们以此维护着英雄智慧；英雄智慧的根基就是人类精神不死这个观念，这几乎是人类的一项传统。人们不尊崇肉体，因为肉体他们触摸得到；而对于更高者的意象却不能。这就是诗人们的神学，它把人的精神描述为“关于更高者的人性意象”[3]。

所以通过法律形而上学，罗马人将形体之物和非形体之物之间的区别固定下来，即前者是他们触摸得到的，后者则存在于意愿理解中。维柯证明，这就是罗马法学的特有哲学。罗马人也孜孜以求，或者勉强可以说懂得，如何从事物之本性来定义其词汇，以便将英雄学问保存于其中。例如 testamentum（遗嘱）一词几乎就是 testatio mentis（心灵的证明），而不是像语法学家们所说的，来自将音节延长的 testamen。[4]

（接上页）这一点要追溯到希伯来语中的 goyim（非希伯来民族的）以及古希腊语中的 ἔθνε（外来民族），而后诞生了“异教的”这个含义。但 gens 的词根 *gene- 的含义为“生”，同样，nazione 或者拉丁语中的 natio 源于 nascere（出生），其词根的含义也是“生”。至于 popolo（人民），它可能源自地中海语系的 poplo，其含义同样为“生”，也有可能联系到 plebs（民众，平民），在这个意义上有人群集合体的含义。关于此读者还可参考《新科学》朱光潜译本中英译者的引论部分的相关的解释。——中译者注

[1] fasti：拉丁语中的含义是时历，即预知节假日、吉凶日，以及何时适于诉讼与否等的日历，类似于我国的农历，其中也有这种预测功能。这里将 fas 和 fasti 在词源上联系起来，暗示法和时历之间的联系，即确定的语言。——中译者注

[2] formola：或为 formula，程式、形式、诉讼等。carmina：carmen 的复数主格形式，诗、歌、预言等，后引申为法律条文。这句话可以按照法律含义来理解，即诉讼程式被称为诗歌，而法律首先被理解为诗；或者可以按照更为广泛的意义来理解，因为按其字面意义上来说，这句话本身就具有很大的普遍性，即一般的程式。但读者应该注意，这里理解的融通性，维柯强调的也是这种语言的关联性。——中译者注

[3] 关于更高者的人性意象（imagines humanae maiorum）：英译本将其理解为关于先祖的意象。maior 有更大、更高等含义，当然也包括年龄上的和辈分上的。但这里是和肉体相对的概念，因而译为先祖窃以为不妥。——中译者注

[4] testamentum：遗嘱，原指立遗嘱者在公众面前口头宣示，源于动词 testari（证明、宣示）。这个动词又源于名词 testis（证人）。testis 本身的更古老的形式为 *tristis，亦即 *terstis，即 tres-stare，意为“于三者之中”、“作为第三者”，即在审判过程中作为第三者出现以帮助原告和被告双方。维柯这里的意思是，单单 testari 并不能构成 testamentum，遗嘱应该是一种心灵行为，即 testatio mentis（心灵的证明），这才符合遗嘱的本性。——中译者注

维柯阐明，各种政治权力之间的斗争（因为又恢复了最高统治者之间的僧侣法）和决斗（古罗马人就是这样称呼战争的）又恢复了，每个民族都保存了关于依附平民的法律，并受教于一种共同的市民法，他们不约而同地（因为收容所是以后才出现的）都承认了各民族的神法：

（1）宣战；

（2）非政治权力不得发动战争；

（3）盟约的神圣性；

（4）埋葬死者；

（5）合理报复；

（6）依附关系揭示了战争占领的正义；

（7）战败民族并非真正的人民，而是战胜民族的依附平民、仆佣，故这种罗马式的恭顺后来被称为“合作”(socii)；

（8）简单所有权归于战败者，最高所有权转归于强者；

（9）《债役法》对他们来说是奴隶地位以及下列制度的粗糙形式：解放奴隶制度；庇护制度，包括对其本人及其所有财产的庇护；分配制度；劳役制度；恭顺制度。

国家的建立，结束了英雄们的私人正义力量，开始了英雄们的公共正义力量，开始了战争，这些战争越来越猛烈，也越来越让历史铭记不忘。特洛伊战争开启了希腊的历史时间。这时，诗歌开始半是真理，半是寓言，因为诗歌创作开始半是出于必需，半是出于娱乐（diletto）。之所以如此，本身也是出于那时的人类本性，因为即使当时的天才人物，也处于对普遍之物的无知状态之中。于是就在这粗野至极的时代里出现了荷马，伟大的诗性创造之父，他在整个学问王国都无人企及，因为到了哲学王国里，人们已经习惯于从种属来理解事物，并且通过抽象来谈论事物。

综上所述可以肯定，万民法如果按照希腊的本意来翻译的话，那就应该是 δίκαιονὴρωιον（英雄正义或英雄法）；拉丁人则称为 ius optimum（至善之法），而其用意则是 ius fortissimum（至强之法），后来在罗马人中间留下来的含义是 ius certissimum（极为确凿之法）。

在一个又一个万民法诞生之后，罗慕路以其"至善之法"创建了罗马，而被列为诸神之一。正如至善之法被认为是来自被称为"至善之神"（Ious optumus）的天神，奎里蒂法（ius Quiritium）[1]以其来自奎里纳斯（战神）（Quirinus）而得名，而后者又来自英雄们所用的武器——长矛。后来贵族专政的斯巴达人就是用长矛，罗马人则使用标枪作为他们特有的武器，这是一种较为沉重的长矛。所以可以看到智慧女神密涅瓦手执长矛，她其实也是战争女神贝娄娜（Bellona）。密涅瓦女神就是父老们的英雄人物形象，代表着战争的心灵和价值。既然"罗马市民法或奎里蒂法"是手执长矛的罗马人的法，是用长矛武装起来的罗马人的法，是在制度中联合起来的父老们的法，那么，在人民大会中的罗马最高权威之名就主要归于他们，他们被称为 quirites（奎里蒂人，战神后裔）。任何人如果不在这个联合体之内，就不可能被称为奎里蒂人。

塞尔维·图里乌斯[2]取消了父老们因捐税的《债役法》行使权，命令依附平民应付捐税，父老们从事人口财产调查。但这些父老们此后却通过加重百姓的高利贷的方式，在某种方式下仍然紧握《债务奴隶法》；很久以后，《十二表法》还向平民宣布，因高利贷的《债役法》继续有效；直到《贝特利亚法》才最终废除了《债役法》，仅仅留下了因伤害的（noxa）的《债役法》。

[1] 奎里蒂法（ius Quiritium）：即罗马市民法。——中译者注

[2] 塞尔维·图里乌斯（Servius Tullius）：传说中罗马王政时期的第六王（前 578—前 534 在位）。伊特鲁里亚人在罗马的统治者。他实行了一系列改革：依财产多寡将罗马居民划分为五个等级（"无产者"不列级），设百人团大会作为最高权力机构，第一级富人握有实权。这次改革可视为罗马从氏族社会过渡到阶级社会的标志。——中译者注

罗马史也揭示了父老们对各项权利的严格监护（custoria），他们监护着罗马的土地所有权，因而也监护着占卜权、婚姻权、行政权和祭祀权，以对抗平民；上述一切事物都构成至善之法的一部分，当然也就构成了罗马市民法的一部分。维柯又揭示道，这就是公共德性和正义的原因，从而也就是罗马伟大的原因。他还揭示道，罗马人独自创建了诞生于对诉讼程式的监护的法学，因而这种法被称为一种市民法，而彭波尼所告诉我们的，因为其余的一切都是万民法，而罗马人则将它们转化为他们特有的市民法，只不过他们是用守护的方式而不是用虚构来完成的。

仅仅这件事就可以揭示出整个异教历史的真正起源和无间断的发展。即最初是无法纪的混沌或混乱状态，从这种混乱状态中出现了英雄（eroi）和俗民（uomini）；这些英雄们都出自上天，因为他们都根据占卜而出生，而占卜创造了各种假宗教。当然，诸神就是从大地诞生的；这些英雄由于占卜而成为父老（padri），从这里又产生了贵族（patrizi），从贵族中又诞生了僭主（signori）；而依附平民则是从俗民中诞生的；两者统一在一个共同体中，也就是贵族政体中的贵族和平民；最后就是建立在少数人的德性基础上的治权或统辖权（imperi），它或者推广至全体而成为自由民众政体，或者收归于一个人身上而成为君主专制政体。

在这些原则基础上，维柯在所有重要的方面都既从其法律特征上揭示了罗马史，又从国家制度特征上揭示了罗马法学。罗马国家制度的变化是在政治制度（ordine civile）和自然制度（ordine naturale）的混合过程中发生的，前者是贵族所特有的制度，后者则是自由及王国所特有的制度。罗马国家制度在它的变化过程中使得裁判官法（ius pretorio）宛如枝蔓——这种法从自由共和国时期开始生效，它在因循自然制度的同时尊重市民法——通过这条枝蔓才使古代市民法得以延续下来，先是在《十二表法》中严峻苛刻，后来在皇帝谕令中焕然一新，但都充满自然公平精神。神意就是这样按照他的永恒计划来安排帝国的诸项事务的：当君士坦丁大帝与教会和解之后，整个世界可以说统治于一个权威之下，调整这个权威的就是一种同基督教相融合的法权，并且法学也从基督教获得了它的“关于圣三位一体和天主教信仰”（De summa Trinitate et fide catholica）的原则，这既是法学也是宗教的原则和目的。因而全部的神的学问和人的学问都可以通过基督教法学的上述原则来进行证明，这全部学问也就成了一门科学，从这门科学出发，就在法学家心中确立了正当行动的融贯一致性。[1]

2.《普遍法》序言

写作机缘

6个月前，在以您，弗朗西斯·温图拉为首的许多博学贤达之士面前，我曾经做了一次公开演讲；在这篇演讲中我阐述了我这部著作的主题，即关于法的唯一原则，为此我曾经耗费了整整22年的心力，其中所要阐释的就是关于神的事物和人的事物的整体知识；迄今为止，已经有无数人在这个问题上劳而无功，而我就像一个画家站在画廊上，听凭博学之士们对他的作品做出无论怎么样的评判。对于我的这些探索，您的舅父，那不勒斯议院的主席，学识渊博的杰达诺·阿尔坚特先生（一位非常值得我们纪念和崇敬的人，他在创造力和判断力上的独一无二，在希腊和拉丁学问上的高深造诣，在阅读、沉思和写作上的丰富多产，特别是在所有神圣法和人法、公法和私法的知识掌握和精细入微方面，可以说是我们时代的佼佼者），他曾向所有人公开宣称：我在这个问题上所作的论述可以配得

[1] 维柯从来没有真正写过一部“新的著作”。我们可以说，维柯的所有作品都是与他先前的所有著作共生共栖的。虽然这个断言可能有所夸大，但我们确实可以断定，这篇“《普遍法》概要”就是最后的《新科学》的一个“作品观念”。对这两部作品的比较研究可以让我们肯定这个观点。——英译本注

上是雄辩家、哲学家和法学家。对我来说这个要求再合适不过了，因为我原本就期望能在这三方面有所成就，目的是要将演说家们最基本的修辞工具语文学置于哲学之下，并且考察它们之间严格的平衡关系，然后根据同样的方法来确定法学的诸原则。此外，我也是您家里的常客，不过常常是因为我必须向您致以谢忱，因为您不仅以一种公正的精神，而且极为专注地花上整个小时来聆听我的演讲；您还和到您家做客的各层学界名流一起，搞一些关于各种更为引人入胜或更为严肃的问题的座谈，而您则遵照严格的判断标准，像在法庭上极为精确地权衡有关公正的各种可疑因素一样，无比睿智地区别和判断其中正确、高贵而有用的成分；您也是根据同样的判断，叮嘱我加工和完善这项已经开始的工作的。您认为，各种真理的本性本身就是，如果这些真理能够有条有理地得到安排的话，那么就必然是一个从另一个中导出。您还说过，我根据我的那些原则，在神的和人的学问的科学上发现了许多新的真理。然后您根据真理的这种本性，真诚而肯定地说，您已经提前预见到，从那些原则本身，还可以推导出无数正确的和全新的结论，而这些真理我不仅未能猜测到，更未能预见到。因此，为您的无比渊博的舅父的意见所肯定，并受您的权威所推动——因为您不仅在学养上和尊贵上，而且在您的恩德上都是我的榜样——我就决定在这个问题上加以深入和拓宽，并将它缀以成书献给您。[1]

[1] 维柯认为阿尔坚特（Gaetano Argento，1661—1730）是当时的伟大法学家之一，并曾应其家眷请求，为之写墓志铭。参见维柯，《修辞艺术》，平顿（Giorgio A.Pinton）和希培（Arthur W.Shippee）编译（*The Art of Rhetoric*，Amsterdam-Atlanta，Ga：Rodopi B.V.，1996，pp.236—238）。弗朗西斯·温图拉（Francesco Ventura）生于约1680年，是阿尔坚特的一个姐妹的儿子，约1700年来到那不勒斯，在他舅舅的帮助和护佑之下，1720年就已经在王国中达到了极为显赫的地位，正如维柯在献辞中所说的。在1759年温图拉逝世之时，他已经是首席贸易裁判官了。从维柯的论述可知，温图拉常在他家里举行文学集会，尼科里尼确认说，这始于1702年。在1719年的一次聚会中，维柯发表了他的关于"所有神的和人的学问都具有三个要素"的演讲，这个演讲的摘要如上所述。贾尼（Costanzo Giani）解释了阿尔坚特对于维柯的赞扬，说他既是演说家、哲学家，又是法学家，参见《普遍法》（Vico, *Dell' unico principio e dell' unico fine del diritto universale*, tradotta dal latino e commentata da Constanzo Giani, Milano：Coi Tipi di Alessancro Lombardi，1858，p.33）。他解释说，维柯的演讲像一个演说家，因为（转下页）

写作原因

一切法学都建立在理性和权威的基础上，并且以此两者使成文法（condita iura）[1] 与事实相适合。理性由自然之必然（naturae necessitas）构成，正如权威由命令的意志（iubentium voluntas）构成；哲学探究事物的必然原因，而历史则是意志的证明。由此，整个法学就是三个方面的统一：哲学、历史及某种特定的让法与事实相适合的艺术。

在雅典人那里，哲学家们都很恰当地根据他们各自学派的教义，来教授 τάπρῶτα（基本原则），或者法的诸原则，谈论德性、正义、法律、国家、智者的恒定一致，等等，并把这些都仅仅看成哲学的一个部分。他们把研究国家和法律的学说称为政治学说。政治学说是通过关于德性和正义的学说，宛如萌芽一样，从道德学说中萌生出的，后者处理的是精神的诸种骚动及其治疗，论述的是诸种德性以及从中涌流出的生活的种种责任；或此或彼都可以涵盖在“人的事物”这个称谓中。关于这些事物的知识，就像小溪从源泉中涌出一样，发源于神的哲学；它谈论上帝，谈论人的精神，谈论精神的生命，也就是心灵，谈论心灵之眼，也就是理性，谈论心灵之眼的光，也就是观念，以及所有这些观念事物的真理和永恒，并以此完善和肯定理性本身。而智者本身的恒定一致也就由此构成。因此，亚里士多德在《伦理学》中正确地说道，政治学说的原则源于神的哲学；因为哲学家们将这些形而上学的问题都规定为哲学的另一个

（接上页）他运用了语文学，也就是运用了权威的科学或者人类意志选择的科学；他的演讲也像是一个哲学家，因为他研究自然本性的必然性，也就是事物的不可变更的普遍原因和机理；他的演讲也像是一个法学家，因为他依靠语文学和哲学，也就是说，依靠权威和理性，作为正义科学唯一的和关键的原则。维柯在《修辞艺术》(p.66）中关于历史的确定性有了一个基本立足点：“……我们应该相信历史，因为没有人会去怀疑他所经历的相同的事情……”又可参见阿迈里奥，《维柯的历史辩证法》(Franco Amerio，“Sulla vichina dialettica della storia”，in *Omaggio a Vico*，Napoli，A.Morano，1968，pp.113—140）。——英译本注

[1] 成文法（condita iura）：似乎这里的用法和下文并不相同。参见本书第 204 页注释［2］。这里英译本译作 established rights（制定的权利），意译本直接译作 le leggi（颁布的法律法规）。不过下文的 ius conditum（承认法）是在古希腊城邦中所说的。——中译者注

部分，并且用“神的事物”这个名称来称谓它们。智慧之花也正是从对事物的这两种理解上怒放。后来他们自己又将智慧定义为“关于神的事物和人的事物的知识”，柏拉图则文雅地称为“人类完善之母”，因为她要完善人类的两个内在部分：用真理来完善心灵，用德性来完善精神。其中前者渗透后者之中，智慧则由此两者构成。“智者”指的既是那些倾力浸淫于对崇高事物的思考的人，也是那些以德性和正义为根基，按照法律来正确地创建国家，通过明哲来管理国家的人。

所谓的司法长官[1]，他们掌管并传授各项法律的历史，包括制定法（lex lata）、长官判例以及一切承认法（ius conditum）的历史。[2]

但希腊是没有任何特定的法学艺术的，在雅典人那里取而代之的是修辞术。如果所要处理的诉因（caussa）[3]由事实构成，并且多半属于演说术的事情，那么演说家就凭其特有的能力来处理它们；如果这些诉因属于法权范围之内，那么演说家们便要向哲学家们学习法的原则；向司法长官们学习与诉因时期相关的法律和判例，然

[1] 参见本书第144页注释[5]。——中译者注

[2] 可能由于时代和法学体系的关系，关于lex lata和ius conditum两个术语的翻译比较混乱。英译本将前者翻译为general laws（一般法或普通法），将后者翻译为recognized rights（被承认的权利）；意译本将前者译作leggi，符合拉丁语系的习惯，指各种具体的法律法规，将后者译作diritto positivo（被肯定的法权）。中译者以为，如果要正确把握这两个术语，首先是要把握拉丁文里lex（法律）和ius（法，法权）的基本区别。在罗马法的后古典法时期，人们将法律规范分为iura（法）和leges（法律）两大类，所谓“法”包括所有沿用下来的早期法律规范（法律、元老院决议等）以及法学家的论著；所谓“法律”则是指君主谕令，包括一般法律（leges generales）和特别法律（leges speciales），前者是后者的规范渊源。但在后来特别是近现代法学家那里，法律一般都是指颁布的法律，是由某种立法机关当局在某个时间和某个地点制定的，因而法律是凭意志的；法一般是指法律结构、秩序或体系，是通过理性合理构想出来的法或法权，因而可以说，法是凭理智的。维柯的拉丁文反映的正好是这种关系，即lex lata直译就是颁布制定出来的法律，ius conditum就是创造构想出的法，同时conditus还具有隐秘的含义，因而也是隐秘的法。根据上述，中译者勉强将此两者分别译作制定法和承认法（受英译者启发），但要注意的是，前者是法律，后者是法。——中译者注

[3] 诉因（caussa）：既可以是原因，又可以是诉讼，故译为诉因。根据情况也可译为诉讼。——中译者注

后遵循修辞术的规则来处理这些诉因。因而，他们不是那么强调从真理出发，而更强调从诉因的需要出发，让法与事实相适合。同理，格劳秀斯在很大程度上就是用处理各种诉讼状态[1]的修辞学规则，来阐明他的法学解释学说的。

但在罗马人那里，情况就大为不同了。在自由共和国的初期，罗马人受到自己的社会习俗的推动，追求精神的崇高，这种精神的崇高按照道德教化的要求，着力培养德性的坚贞恒定；出于爱国之情，他们把国家看得比一切私人事物都远为重要，这种爱国精神又和国家政治实践结合在一起，通过许多不同的司法行政功能，评判着政治学说的教化；此外还有对诸神的宗教崇拜，如普鲁塔克所正确指出的，诸神在整个帝国内都极为繁荣，对罗马人来说，宗教就对应于希腊的形而上学。至于法律、国家权利以及习俗方面的认识教育，都被贵族们当作隐秘以为己用；同样，贵族们深谙精神的各种善的艺术，在国家政事中接受政治智慧的培育（也就是法的诸原则为他们所掌握）；同样是他们掌握了立法知识，精通如何让法适用各种诉讼；因此，仅仅在一个罗马法学家身上，就包含了希腊人的哲学家、司法长官和雄辩家。

但在共和国时代，稍早于第一次布匿战争，提比略第一个开始对罗马贵族青少年进行法律解释艺术的教育，[2]并且随着时间的推移，法学智慧逐渐成为一门学说。这当然是罗马人所独有的，对此

---

[1] 诉讼状态（de statibus caussaum）：维柯在《修辞艺术》（pp.47—48）中有述。一般来说，“诉讼状态”指的是在既定时刻的诉讼态势。它可以是准备进行审判的诉讼，也可以是正在审判的过程中的诉讼，或者悬而未决的上诉。昆体良在《雄辩术原理》（III，5）中说：“诉讼状态就是因［诉讼双方］首次诉讼冲突而出现的争议状态（quaestio）。”然后他给出了一个例子：原告的意图是苏拉和喀提林进行密谋；辩护方则否认苏拉与喀提林进行密谋。诉讼状态就是这种反对状态或者类似状态。也可参见格劳秀斯《战争与和平法》，第二部，第16章。——英译本注

[2] 从提比略开始推行法学教育之时起，法学就是非贵族子嗣不得外传的，西塞罗在《论演说家——致布鲁图斯》（*Oratore ad Brutum*）一书中给我们提供了证据。其中写道：“为什么民法教育总是一件美好之事，然而只曾在贵族家室子弟中繁荣发展？”——维柯原注

关于提比略，参见本书第147页注释［1］，那里已经提到了这条法令。——中译者注

希腊人一无所知。罗马人主张，法学作为一门学说，不能拘囿于演说雄辩，而要重视严肃的智慧；不用任何雄辩的修饰，而是要根据法权，尽量精确和公正地考察事情本身的各种因素；在共和国时期遵循政治理性，法律严峻；在君主体制下遵循自然理性，法律宽厚。法学家在罗马人那里被称为"罗马的智者"，正如彭波尼在其法学史上所说的；法学也被乌尔比安用智慧这个定义来描述，[1]但其含义却已经远远不同于希腊人的定义了。例如，其中"神的事物"概念指的是诸种圣事，也就是对诸神的宗教信仰与礼仪，特别是占卜；"人的事物"则指的是各种世俗事务，无论公共事务还是私人事务；相应地，法学就是罗马人创造出来的关于"神法"和"人法"的知识；后来乌尔比安又在上面定义的基础上补充了一句："关于正义和不义的科学"，以表明他们自己不仅具有法学认识，也掌握了将法适用于种种诉讼的能力。

法学家们也把研究语词的起源和性质的学说看作法学的特有部分，因为这是我们研究意志法的主要指导工具。所以我们看到，法学家们不遗余力地倾心研究语词的起源，例如servi（奴隶）[2]，testamenti（遗嘱）[3]，mutui（消费借贷）[4]，stipulationis（要式口

---

[1] 这个定义参见《学说汇纂》，I，1，《正义与法》。——维柯原注

乌尔比安（Ulpianus）：3世纪的罗马法学家，曾于222年担任过大区长官，是官方法学理论的集大成者，其论著被援引法认定为具有法律渊源的效力。主要著作有：《论告示》81编、《论萨宾》5编、《论贵族营造司告示》、《学说汇纂》等。——中译者注

[2] servi（奴隶）：维柯在《普遍法》中说，servo出自servando（保存，持有，看管），因为军队首领过去常常收买战俘犯人，就要保存他们的性命。servi（奴隶）也被称为mancipii（所有权，财产权，有时也用于奴隶），因为掌握在敌人的手中［mancipium即man-cipium，也就是用手（manus）抓住（cipio）］。参见《学说汇纂·论人格法》，I，3；《学说汇纂·论人的身份》，I，4，5。servi这个词也可以说来源于servire（服务，服从），但这个含义毋宁说是处于奴隶状态的人的活动。——英译本注

[3] 参见本书第197页注释［4］。——中译者注

[4] mutuum（消费借贷）：此词的拉丁文是由meum（我的）和tuum（你的）两个词组成，意思是我的物变成了你的。在罗马法中指的是一种实物契约，根据此契约，借用人从出借人那里接受一定数量的可替代物，并负有义务归还同一种类和相同数量的物品。在这种借贷关系中，可替代物一旦借出，就发生所有权转移。出借人可以通过特定贷款诉讼，或者请求给付确定物之诉讼，来要求借用人履行清偿义务。——中译者注

约)[1]，furti（盗窃），interdicti（令状）[2]以及无数其他的词汇；还可以看到，在《学说汇纂》的末尾附有专门的一章，即《论语词的含义》；在《关于遗赠》的五部书中所处理的无非是诸种语词的本原含义；而且一般来说，在《学说汇纂》的任何一章的第一部分，总是充斥着对常续谕令（Edictum）[3]中的语词的考察和解释。

不过在希腊人那里，上述这种语源学研究首先只是哲学研究和理性研究的课题，例如柏拉图在《克拉底鲁篇》中论述了各种语词的起源，亚里士多德把语词的解释看作是他的逻辑学的一部分，而斯多亚学派阐明事物的本性时最常用的方法就是注解语词的含义。

语法学家们将这门学说从哲学中分离出来，并在长期占有之下把它当作自家特有的艺术，犹如他们已经给语词的历史带来了权威[4]。我所说的语法学家指的是所有那些作家，正如在罗马法庭上无出其右的昆体良在《雄辩术原理》一书中所描述的，只要他们能够娴熟地运用某种文明语言撰述任何一门艺术或学问，并且懂得根据该门艺术和学问的科学来进行阐述。[5]这些作家也就是我们现在通常所说的“批判家”(critici）或“学问家”(eruditi)。因而我们可以看到，不仅语法学家同时致力于法学问题，而且法学家也同时倾

[1] 参见本书第147页注释[6]。——中译者注

[2] interdictum（令状）：执法官在紧急情况下，根据一方当事人的请求而发布的命令。通常表现为禁止对方当事人实施某一行为，或者勒令其实施某一行为。令状是一种临时性司法处置，该处置决定的作出无须经过诉讼程序，也就是说，无需审查当事人所提出的事实是否属实。——中译者注

[3] 关于《学说汇纂》与常续谕令，参见本书第七个演讲《论我们时代的研究方法》，第十一章。——中译者注

[4] 犹如他们已经给语词的历史带来了权威：原文为 Et tanquam historiam verborum ad auctoritatem retulere。意译本译作：“当谈到语源学的语词历史这一面的时候，语法学家们将这门学问看作是服从于人类事迹和习俗的权威的。”英译本与之类似：“至于考虑到语词的历史这一方面，他们将其付诸权威的证明。”按维柯的意思，语词史就包含着人类的真正历史，人类的活动和意志的历史。另参见第179页注释[2]关于权威的解释。——中译者注

[5] 这段话引自《雄辩术原理》，I，5。——维柯原注
关于语法学家、哲学家和法学家之间的区别如何有效？法学家和语法学家都处理词源学问题，但是前者根据的是语词的起源和含义，语词又是从其所指事物的本性而来；后者则主要依靠权威。相反，哲学家则依靠纯粹理性的沉思原则。——英译本注

力关注语法问题，两者常常相互交替，相互贯通。例如，被誉为罗马文明火炬的卡罗路斯·西格尼乌斯[1]写下了《论罗马法、意大利法和各行省法》(*De iure romano*，*italico et provinciarum*)，保卢斯·马努齐乌斯[2]写了《论罗马法律》(*De romanis legibus*)，尤斯图斯·利浦西乌斯[3]写了《论十二表法》(*De lege XII Tablarum*)；安格鲁斯·波利提亚努斯[4]写了关于佛罗伦萨法典的讲义（lectiones），安东尼·奈布里森西斯[5]编成了《阿库尔西乌斯正误》。我们还可以举出其他例子。马尔库斯·安东尼·穆莱图斯[6]是讲授罗马法的公共教授，你很难辨别他到底算是法学解释家还是语法学家。然后我们来看看法学家这方面。弗朗西斯·霍特曼[7]对西塞罗的演讲作评注，安东尼·戈维努斯[8]涉足泰伦斯的喜剧，巴拿巴·布里森[9]写下了《论罗马的程式》(*De formulis romanorum*)；而伟大的法学家库雅斯的《考察》(*Observationes*)，如果他从未承认自己是法学

[1] 卡罗路斯·西格尼乌斯(Carolus Sigonius)：1520年生于莫代纳(Modena)，帕多瓦(Padua)大学修辞学教授。——英译本注

[2] 保卢斯·马努齐乌斯(Paullus Manucius，即 Paolo Manuzio)：1512年生于威尼斯，曾做过罗马梵蒂冈图书馆管理员，评注西塞罗，出版过一些优秀的法学和政治学著作。——英译本注

[3] 尤斯图斯·利浦西乌斯(Iustus Lipsius，即 Joest Lips)：1547年生于近布鲁塞尔的一个地方，德国的历史学教授。——英译本注

[4] 安格鲁斯·波利提亚努斯(Angelus Politianus)：1454年生于托斯卡纳的蒙蒂普尔查诺，曾做过教皇利奥十世少年时的老师，人文主义者皮科的朋友，大半生都在佛罗伦萨教授古希腊语和拉丁语，驰名欧洲。他评注过佛罗伦萨法典，认为它是当时所发现的最为古老的法典，但法学家阿尔恰图斯并不同意这个观点。——英译本注

[5] 安东尼·奈布里森西斯(Antonius Nebrissensis，即 Nebrija，或者 Lebrija，真名 Elio Antonioi Martinez de Jarava，1444—1532)：生于西班牙的安达卢西亚，法学家、修辞学家。——英译本注

[6] 马尔库斯·安东尼·穆莱图斯(Marcus Antonius Muretus，即 Marc Antoine Muret，1526—1585)：生于瓜斯科涅(Guascogne)的穆莱特(Muret)。——英译本注

[7] 弗朗西斯·霍特曼(Franciscus Hotomanus，即 Françis Hotman，1525—1593)：法国法学家，新教徒，为库雅斯所赞赏。在佩鲁甲和皮萨教授法学。——英译本注

[8] 安东尼·戈维努斯(Antonius Goveanus)：1505年生于葡萄牙的贝加，在法国受的教育，被格拉维纳(Gravina)赞为在法学知识上仅次于阿尔恰图斯的人。法学教授。库雅斯把他与安东尼·法瓦尔相比，后者称颂他是最优秀的尤士丁尼民法诠释者。——英译本注

[9] 巴拿巴·布里森(Barnabas Brissonius，即 Barnabé Brisson，1531—1591)：与库雅斯同时代，著述良多。他是反对亨利八世斗争的牺牲品，在巴黎死于绞刑架上。——英译本注

诠释家的话，你完全可以和你藏书室中哈德良·图尔耐布斯[1]的《敌人》(*Adversarii*) 相提并论。根据苏埃托尼乌斯[2]的记载，提比略·恺撒对拉丁语言极为虔敬，当他即将颁布一条关于预兆（De Strena）的敕令时，由于想要避开语词的希腊特征，故向所有的语法学家请教，在拉丁语中有哪一个词更为贴切；由于没有找到，阿泰尤斯·卡皮佗（Ateius Capito），当时两大法学学派其中一派的领袖，正像塔西佗所批评的那样，按照通常的惯例，赞同恺撒，认为他自创新词是合法的；然而被苏埃托尼乌斯誉为杰出的语法学家的彭波尼却并不赞成，他说："恺撒，您可以给人民以公民权，但却不能给人民以语词。"阿乌鲁斯·格利乌斯（Aulus Gellius），语法学家中的佼佼者，以其在他的《夜》(*Noctes*) 一书中所提出的重要的罗马法问题，而给他的家乡带来荣耀。[3] 由此我们可以得出这样一条真切的结论，即关于语词含义的学说本身就是法哲学的特有部分。

乌尔比安同样还定义了市民法："市民法既不全然背离自然法或者万民法，也不完全服从于它，而是部分地增加，部分地删除。"[4]

---

[1] 哈德良·图尔耐布斯（Andrianus Turnebus，1512—1565）：生于法国的安德里，巴黎的古希腊语教授，为皇家印刷所综揽古典希腊作家的著作全集，也有较深的法学修养。——英译本注

[2] 苏埃托尼乌斯（Suetonius，69—104）：古罗马传记作家，著有《诸恺撒生平》、《名人传》等。——中译者注

[3] 泰伦斯·瓦罗被称为"长袍加身者中最为博学之人"，他根据他的语法学法则写出了关于"神的事物和人的事物"方面的无数著作。——维柯原注

[4] 乌尔比安，《学说汇纂》，I，1，6。——维柯原注
所有为成文法和习俗约制的民族都使用一种部分为他们所特有，部分为所有人类共有的法律。每一个民族为自己制定的法律是属于这个国家所特有的法律，也就是所谓的"市民法"（ius civile），因为它是该国特有的法律。而自然理性为所有人类制定的法律——这部法律在所有民族之间都是极其相似地得到监护的——就被称为"万民法"（ius gentium），所有民族都把它当作"假定"法来使用。但这并不是这两个语词唯一的，甚至普遍的用法。当罗马法学家们谈到市民法的时候，他们所想到的主要不是一种与世界法相对的当地法，而是与裁判官新定法［裁判官法（ius praetorium）或者荣誉法（ius honorarium）］相对的社会旧法。从广义上说，毫无疑问，万民法对应的就是裁判官法；但这种对应并不是完全对应。自然法（ius naturale）这个概念是随着古罗马哲学家式的法学家而诞生的，并且逐渐延伸至意味着对于所有成文法体系都共同具有的一种假设根基或基础，进而它可以在或多或少的纯粹性上出现于所有民族的法律中。反之，他们坚持说，如果任何法律规则或原则在所有民族的既定法律体系中被共同遵守，那么它必定属于自然法或者起源于（转下页）

所以说背离自然法的地方就是市民法；而当服从于它的时候，那就是自然法了。我们已经看到，法律解释学说在希腊是不存在的，即使存在，那也只是修辞学；罗马人却已经把它看作政治智慧的必然推演。

然而迄今为止，我还尚未见到有人从政治理性来解释罗马法，从而形成某种学说。而我们在13年前，在《论我们时代的研究方法》中，就已经对此问题做了尝试。[1]

而从那些法学家的著作中去揭示自然法的原则也是不可靠的，因为这些法学家首先是根据政治理性来解释法律的；虽然他们在其原则中说要尊重自然理性，但实际上却是根据政治理性来做的，我们在《论我们时代的研究方法》一书中已经指出这一点，现在我们将展开来讨论。所以事实是，当所有其他学说的原则都已经最大程度地被发现的时候，在法学家那里，不仅自然法的定义问题荆棘满布，它的区分问题也到处是暗礁险滩，而且在阐明它的各种属性，尤其是它的不变性上更是遇到了重重困难。任何对法学稍有涉猎的人都了解这一点。所以格劳秀斯指出，法学家们在罗马法的任何一个问题上所犯的错误，都不如在所有权的取得方式上犯的错误多，因为他们认为，所有权的取得方式是从自然法而来的。

（接上页）自然法。因此，自然法和万民法这两个概念逐渐成为相互替换的概念。参见布莱克，《布莱克法学词典》（Henry Campbell Black，St. Paul Minn.：West Publishing Co.，1990）相关词条。因而根据乌尔比安的定义，必定有类似于某种自然法的东西在人类法律的底层起着一种核心的建构作用。维柯接受了这个定义，并试图借以肯定前面所确立的原则，即法是建立在理性和权威，或者立法者的意志基础之上的。只要市民法是建立在理性或者自然必然性基础之上，那么它就是自然法；反之，只要市民法是建立在意图建立确定性的权威的基础之上，那么它就不是自然法。——英译本注

这里相关名词的讨论，参见本书第180页注释［2］关于万民法，本书第196页注释［2］关于gente、popolo和natione。英译者对万民法、裁判官法和自然法之间的区别并没有论述清楚，按照其逻辑，这三者在广义上变成相同的东西了。但实际上，万民法在古罗马时期主要是外事裁判官法和外事惯例法。英译者所说乃是现代含义。正如维柯所说，市民法部分属于自然法，万民法也部分属于自然法。之所以产生这种理解上的偏差，乃是由于古今用法不同，含义不同。——中译者注

［1］ 参见本书第七个演讲《论我们时代的研究方法》，第十一章。——中译者注

要从某个希腊哲学学派推演出法的原则，这种推演并不是真正的推演，而只是在做一种智力游戏。因为事实上，没有一个哲学家站在适应雅典的国家和法律的角度上，来论述正义和法律；因此，他们也不能通过雅典的法律——他们通常认为雅典法律被引进了《十二表法》——把罗马法的原则从某个哲学学派中推演出来。

谁如果抓住了哲学家们的各种教条，拿它们一一来解释罗马法的各种理性——事实上确实有人这样做——最后的结果就是根本看不出有任何一种统一形式的一鳞半爪。我们还可以看到，哲学家们在他们那些对法律的渊博评注中，从这种道理到那种道理，从这个证据到那个证据，尽管都是既尖锐又博学，然而却又充满了不可协调的敌对和争议。

当我们探讨这些分歧和矛盾的原因的时候，最后我们发现，这是因为迄今为止，他们都把法学建立在诸多不同的原则之上，而不是依靠一个同一的原则。也就是说，他们把法学建立在理性与权威的基础上，认为权威生自情欲（libido），而不是理性的某种部分。而且正是由于同样的原因，哲学家和语文学家之间也出现了分裂，因为哲学家们从不研究诸种权威之理性，而语文学家们也把哲学家们的教义仅仅看成是历史。

故而古代的法的解释者们仅仅满足于用哲学来解释法，因为他们还不懂语文学。他们运用所谓的虚构论题法（regula falsi thematis），紧贴着罗马史来解释罗马法。他们能在无穷无尽的既定因素中，以其高超的技艺研究公共的善的本性，所以他们确实犹如格劳秀斯所称赞的："他们常常是最好的立法者，尽管他们并不是优秀的法的解释者。"[1]

相反，新近的法学解释者们却因为醉心于更为人性的学问，从

[1] 格劳秀斯，《战争与和平法》，序言，第53—54页。另外，维柯在《论我们时代的研究方法》中已经用过这句赞语来称赞阿库尔修斯学派的法学研究者。参见本书第158页注释[3]。——中译者注

而远离一切哲学。他们满心欣赏言谈的文雅，然而对他们时代的哲学完全不能理解。因而他们也就更倾向于借助语文学的帮助，将罗马法的历史从其窘迫的野蛮状态中解放出来，并且恢复它的真理的光辉，而不是去探究某种哲学。

只有安东尼·戈维努斯既是极其睿智的哲学家，又是同样杰出的语文学家，他凭借这两方面学问的帮助来研究法学智慧，在解释罗马法上游刃有余，简直当作一种游戏和精神的消遣；如果说戈维努斯严肃认真地倾心于法学研究的话，那么库雅斯就要担心他在法学解释上的桂冠不保了。然而他也只是关心罗马法中的某些细微部分，至于由各民族自然法（ius naturale gentium）所构成的法学诸原则，他却忽略了。

格劳秀斯则正好相反，他既是极其伟大的哲学家，又是无比卓越的语文学家，但他撇开罗马的市民法不顾，致力于民族自然法，最后通过某种理论体系解决了这个问题，因此赢得了“人类的法学家”之名。但是，如果我们按照严格的批判标准来检验他的那些原则的话，我们会发现，这些原则更多地是或然的或真似的，而不是出于必然的和无可辩驳的逻辑。[1]

所以你可以随处听到，卡尔奈德从正反两方面不分轩轾地谈论正义是否在人类事务中存在，就像伊壁鸠鲁一样；你还可以听到，在马基雅维利的《君主论》中，在霍布斯的《论公民》以及斯宾诺莎的《神学政治论》中，在不久前的法国哲学家培尔的《历史和批

[1] 格劳秀斯（Hugo Grotius，1583—1645）：荷兰法学家和诗人，曾任荷兰省检察长（1607），出使英王詹姆士一世宫廷（1613），著有《战争与和平法》，因而确立起国际法鼻祖的地位，为其赢得不朽名声。格劳秀斯创立了理性法学派，对罗马法的研究和以罗马法为基础的国际法学的建设，作出了杰出的贡献。其源流是古希腊斯多亚学派的人性论。格劳秀斯区分了人定法和自然法，他将其不朽的工作建立在理性原则、成文法和习俗之上。但他认为，依赖于可变的权威的那部分法律是不可能还原为某种形式或者原则的。也就是说，他相信不可能根据公民理性来解释市民法。而这也就是维柯在《论我们时代的研究方法》以及现在的《普遍法》中所要做的。在格劳秀斯只看到假设、混乱、不可靠，只是个别事实的地方，维柯发现了一种恒定的必然的理性体系或整体。——中译者注

判辞典》中，这些论点经常萦绕在耳边：法应从用益上来考虑，并服务于时代和环境；公正的法保护弱者；然而“从最终的命运来看”，正如塔西佗所言，“更强就更公正”。从这些思想中，他们得出结论说，人类社会是靠敬畏（metus）来控制的，而法律是强者的谋略（consilium），他们以此来统治无知的大众。[1]

所以首先要确定的是真正的永恒的法，它存在于一切之中，并且无时无处不在。形而上学揭示关于各种真理的永恒知识，这种知识被定义为“对真理的批判”。只有它才能阐明（demonstrare）法，从而从人的心里剔除那种怀疑它是否正义的孱弱意志；并且因而它就是哲学，而且只有从这种哲学出发，才能追问法的诸原则，才能使一切事物都在这些原则中融贯统一；最后它也是永恒的规则，以此我们才能衡量出罗马市民法向民族自然法增加了什么，删掉了什么，这样我们将能发掘出罗马市民法的原则。

由此这种巨大的愿望占据了我的精神，即能否借助形而上学的功能确立法学的此类原则，在这些原则中所有的论证都能融贯一致。[2] 由于这个原因，不久前出版的两巨册[3] 在其前言中雄心勃勃地表明，它将采取这条路径和理路来研究法学，实际上更侧重于某种方法，凭借这种方法，我们能将已有的发现恰当地结合起来以方便记忆，而不是科学地发现新的真理；除此之外，该书所培养的与其说是具有关于法律和国家的知识的哲学家，还不如说是私法问题方面的法学专家。

---

[1] 根据维柯的研究，上述所列的著名作家所制定的体系的失败之处，就在于他们抛弃了权威从属于理性这个原则。因而，情欲和独断的意志都要从属于权威或者理性的意志。——英译本注

[2] 这里贾尼（Costanzo Giani）问道：“我们是不是在这里要陷入一个恶性循环？”要确定这样一种原则当然意味着一种绝对不会在相互矛盾和愚蠢荒诞中垮掉的法的体系。但其他学科不都是这样吗？为什么法学科学就不会这样呢？参见贾尼版《普遍法》，第 86—88 页。——英译本注

[3] 以法语书写。——维柯原注

写作缘起

最后，当我翻阅圣·奥古斯丁的《上帝之城》[1]之时，看到某处有瓦罗[2](他无论在哲学上还是在学问上都得享殊荣，被称为“最为博学以及整个罗马最为博学之人”）的一个观点，他说，如果他有权向罗马人民推荐他们应该崇拜的诸神的话，那么他将依照自然的程式（ex formula naturae）来推荐，也就是推荐那唯一的、无形体的、无限的神，而不是置于偶像之下的无数的神。看到这个观点，我的心灵豁然开朗，就像诞生于新的光明之中一样，我理解到：自然法就是某种程式（formula），就是真理的观念（idea veri），它显示给我们真实的上帝。因而真实的上帝就是真实的宗教、真实的法和真实的法学智慧的原则。难道不是因为这个，基督教法学才为《尤士丁尼法典》所推崇备至，并专辟一章“关于圣三位一体和天主教信仰”以致敬颂吗？故此，真实的法学智慧就是关于神的事物和人的事物的真实知识；而形而上学则授以对真理的批判，因为它讲授对上帝和人类的真实认识。由此我们最后总结，法学的诸原则不能从异教徒的言行著述来提取，而应该从对人的自然的真实认识中提取，这种认识必然诞生于真实的上帝。

写作论点

借助于这束光芒的照耀，经过广泛而持久、认真而严肃的研究之后，最终我认识到，一切关于神的和人的学问研究都有三种要素：知道、意愿、能够，它们的唯一原则是心灵，而心灵之眼则是“理性”，最后上帝赐予它以光明。我将这“神的光明”定义为永恒的真理：但在我对其做出明证之前，这还只是一个纯粹的名称定义

[1]《上帝之城》，IV，31。——维柯原注

[2] 瓦罗（Varro，Marcus Terentius，前116—前27）：古罗马学者、讽刺作家，有涉及各学科的著作620卷，今仅存较完整的《阿格里柯拉传》，以及《论拉丁语言》和《梅尼普斯式讽刺诗》的残篇。——中译者注

(nominis definitio)。

写作方法或顺序

至于这三种要素，我们知道它们存在并且是属于我们的，而且这是如此确定，就像我们知道自己活着那样。现在，让我们凭着那唯一的我们绝对不能怀疑的事物，当然那就是思想，来对其加以阐明。为了使我们能更加顺利地做到这一点，我把整个论述分为三个部分。

论点构成

其一，各门科学的一切原则都源自上帝。其二，那神圣之光或者说永恒真理，就通过上述三种要素渗透到一切科学之中，并且用一种唯一的紧密纽带将它们联结起来，其中任何一门都在另一门中；最后使它们作为一个整体，重新返回到上帝那里，因为上帝就是它们本身的起源。其三，我们将证明，凡是关于神的学问和人的学问的基本原则所说的和所写的东西，如果与这些原则相一致，那就是真的；反之则是假的。

关于神的事物和人的事物的知识，我还有三点需要说明：也就是［知识的］起源、循环和融贯一致。我将展示，首先，一切［知识的］起源都是上帝；其次，通过循环，一切［知识］都将返回到上帝那里；最后，通过融贯一致，一切［知识］都和谐共存于上帝之中，但如果离开了上帝，它们自己就全都是黑暗和谬误。

为阐明这三个要素，我首先将探究一下两个语词的特性；然后从神的哲学出发引出五条真理，并把它们当作预备定理（lemmatum）[1]

---

[1] 预备定理（lemmatum）：lemma 这个词来源于古希腊语 λῆμμα（假定，设定），这个词又来源于动词 λαμβάω（取，接受，理解，假设等）。在辩证法中，lemma 就是已经证明的命题，并且在三段论中借以达到对某个问题或论点的证明。西塞罗在《论众神的本性》（第二部）中说："我们给你两条假定，这在辩证法中被称为（lemmata）；但是我们宁愿用拉丁语来称呼它们。"——英译本注

来使用。

真实和确定的定义

要定义的两个语词就是真实（verum）和确定（certum）。[1] 有必要对这两个词的含义进行区分，[2] 正如人人都要将一切谬误和悬疑区分开来一样；因为谬误离悬疑有多远，确定离真实也就有多远。这两个词如果不区别开来，那么结果就是，由于许多真实可能是悬疑的，于是这些真实同时既悬疑又确定；相反的情况是，由于无数谬误可以说是确定的（certis）[3]，那么这些谬误同时就是真实了。

思想和事物机理的一致产生真实[4]，无可置疑的良知则产生确定。这种一致是和事物自身机理的一致，并被称为"理性"(ratio)。因而如果事物的机理是永恒的，那么理性也就是永恒的，出自理性的真实也就是永恒的。然而，如果事物的机理既不是时时处处，也不是在一切事物中都恒定一致，那么我们对事物的认识理性(cognitionis ratio）就是或然的（probabilis)，我们对于事物的行为理性（actionis ratio）也就是真似的（verisimilis)。正如真实由理性构成，确定由权威而生。权威或者是来自我们自己的感知，也就是直

[1] 真实（verum)：拉丁文的verum是形容词verus的中性化名词，意为真实之物。确定（certum）与真实相同，是形容词certus的中性化名词，意为确定之物，一般译作确定。该词源于cernere，意为筛分、穿孔，后引申为判断、确定、审视等。关于这里的真实和确定的定义，读者宜参考维柯的另一本拉丁语著作《论意大利最古老的智慧》。——中译者注

[2] 就如我们在《论意大利最古老的智慧》第一部《形而上学》中所做的。——维柯原注

[3] 维柯在其更正边注中把这个"错误"更正为veris（真实），而不是certis（确定）；在其更正边注出版之时，维柯想要修正这个地方，但却并不在意地重复说veris。——意大利编者注

[4] 原文是cum rerum ordine conformatio，意为合于事物之机理，与事物之机理相一致。conformatio（一致，相合）源于动词conformare，这个动词由介词cum和名词forma合成而来，意思是①用形式、借助形式来进行认识和实践活动，使某物和另一物相一致、符合，形成，做；②纠正，给予形式；③使对象和形式一致。因此，按照词源来解释，一致就是合于形式。形式（forma）这个概念在维柯的思想中占有极为重要的地位。另外一个词ordo，本义指纺纱线的机理，或源于动词ordior（纺纱中的整经），后引申为顺序、秩序、范畴、形式、命令等。关于此，读者宜参考《论意大利最古老的智慧》。——中译者注

观（αὐτοψία）[1]，或者来自他人的话语，这特别被看作“权威”，这两种形式都可以产生信服（persuasio）。但权威本身也是理性的一个部分。因为如果感知并不为假，且他人之言为真，那么这就是真的信服；而如果感知为假，或者言语为假，那么这就是假的信服，一切所谓的偏见（praeiudicia）指的就是这个。[2]

形而上学前提

我们将采取下述定理：

（1）事物中存在两种完全不同的最高性属：理智实体（substantia

[1] 直观（αὐτοψία）：古希腊语的意思是用自己的眼睛亲自看，或直接的观察，直接的呈现。这里的直观也就是直接观察的意思。——中译者注

[2] 正如权威（auctoritas）产生信服（persuasionem），必然的理性产生知识，而非必然的理性产生意见。——维柯原注

维柯的良知概念（conscientia）是一种能够呈现于自身，并且把握和判断自身行为的形而上学的良知。托马斯·阿奎纳说：“精神的良知几乎就是伴随自身的知识。”（Animi conscientia est quasi cum se ipso scientia.）哲学家们对于确定性的根基有着许多不同的观点，在这里维柯似乎更倾向于马勒布朗士的观点，参见《论意大利最古老的智慧》，第六章。关于权威（auctoritas），我们可以参见贾尼的评注（贾尼版《普遍法》，第108—110页）。权威在其证明我们感知的证词和他人的言辞的时候，就产生一种无可置疑的良知。我们感知的证词被称作自我察知（autopsia）或者“亲眼所见”；而他人言辞的证明一般则被称为权威（auctoritas）。但是除了这两个含义之外，拉丁语auctoritas还具有其他含义，这些含义在我们阅读维柯的作品时必须注意：①auctoritas可以意味着要求归还被他人，无论是朋友还是敌人，偷盗的自己所有物品的权利［例如阿提尼亚法说：“对于被盗窃之物有永久索回权（auctoritas）”，以及《十二表法》：“对于被偷窃之物有永久的索回权（auctoritas）”，并且“对于敌人有永久的索回权（auctoritas）”］；②auctoritas也可以意味着追夺权［这个定义是由高德弗罗伊（Godefroy）给出的，auctoritas就是以追夺的名义而对出卖人进行的有效行为］；③auctoritas还可以意味着一种既获权，或者获得权（在这个意义上也包括了auctor这个词，即作者、制造者）；④auctoritas在一定时期也意味着一位有法定资格的人的司法权限行为，例如君王谕令或者法官判决的颁布；⑤auctoritas也可意味着一种某人使得另外一个人的债有效的行为［《学说汇纂》，26，8，9：有监护人的未成年孤儿未得监护人准可（auctoritate），不得在任何契约中缔结债关系］；⑥元老院准可（auctoritas senatus）和登记准可（auctoritates perscriptae），即执政官、司法官、临时行政长官、摄政官以及城市长官向元老院做的报告，无论有没有护民官的反对。——英译本注

除了以上所说之外，auctoritas在罗马法中的一个基本含义是合法性保证，即出卖人向买受人保证自己对被卖物享有合法所有权；如果出卖人出卖的物品不归其合法所有，并且致使买受人因此而受到实际所有人的追夺，则出卖人有义务向买受人双倍地退还价款。另外一个基本含义就是准可，例如君王准可和元老院准可。——中译者注

intelligens）和形体实体（substantia corporea），[1] 人即由这两种实体构成。

(2) 心灵通过明确（perspicuas）的观念来判断事物的真实。自然赋予人类以感知，以使人类凭借迅速的、活生生的快乐与痛苦的信息，来辨别什么对生命有利，什么对生命有害；但是，至于有关快乐与痛苦的真实，则是心灵自己的判断的事情。

(3) 机缘（occasiones）[2] 不是事物的原因。形体和从属于形体的东西，例如，各种感知就是机缘。通过机缘在心灵（mentibus）[3] 中激动事物的永恒观念。然而流变的形体和从属于形体之物，例如感知，不可能产生任何超越于形体之上的永恒之物。而正是由于对这种真实的漠视，所以人类总是忘记上帝的恩典。这是因为，上帝凭着他那至大的善，在任何感知机缘中，在事物外在地激动着感知之时，都如此适时、如此直接地给人的心灵显示出该事物的鲜活观念；然而人类却将那些极为不同的事物看成是同一的，把流变和永恒混为一谈，把天与海搅在一起。[4]

---

[1] 这里一般将 substantia 译为实体，几成惯例。实际上实体不实，亦不为体，极易造成误解。substantia 来源于 sub-stare，意为在下面、支撑、为根据，因而 substantia 首先是在下者、为根据者、本源，这层意义上与古汉语中的“本”极为相近。理智实体也就是思之本、悟之本，表现在思、悟、智上的事物之根据；形体实体也就是器物之本，器物首先表现为形体，器物总有其体，也就是 corporeus，有形体的，实物的。——中译者注

[2] 机缘（occasio）：通常译为机会、时机，场合、时节等，并且在现代用法中演化为原因、理由等，哲学中通常译为偶然。occasio 源于动词 occadere，即 ob-cadere，前缀 ob- 意指在……之前、面前等，cadere 意指落下、跌落，后转为发生、降临等。occasio 也就是事情发生于对象身上，对象遇上了某些事情，因而有偶然、运气，时机、机会等意。这里侧重的是事情的一般发生，也就是所有的事情就其发生这一点上来说，都是机缘，不是讲事件发生的概率，也不是讲这件事情处于事件连锁中的位置和关系，例如下文维柯说所有的感知都是机缘。——中译者注

[3] 心灵（mentibus）：这里的心灵是复数。——中译者注

[4] 关于这条预备定理的应用，可参见《普遍法》，第 46 章，在那里维柯处理了法和人类社会的起源问题。在这里，根据我们的评注者的意见，简要地介绍一下在感觉的起源方面，有关肉体和精神之间的相互关系的四种不同理论（除了怀疑主义之外），当然是比较有用的。①其一是作用论者，他们坚持感知的有效原因是作用于我们感官的物体的运动，因而他们相信，各种感觉直接作用于我们的精神；感知对他们来说就是精神的变化。②其二是与笛卡尔一道的偶因论者，他们认为，通过感觉神经带给大脑的各种印象自身并不激起感知，它们毋宁说是上帝借以在人的精神之内创造相应感知的偶因。马勒布朗士试图为（转下页）

（4）只能有一种赞同方式。根据这种方式，无论思维领域内的事物，还是生活实践领域内的事物，仅当这两类事物都按照各自本性的要求得到明证的时候，我们才能赞同。因为人在履行责任时，他并不是赞同；由于精神的某种骚动，他不能明确地看到要履行的责任。所以，当骚动平息，精神得到净化之后，他便开始后悔所做的不当之事。这种事情为什么没有在例如几何学领域发生呢？因为我们对几何学的线条不存在任何热爱或激情，因而它们也不能激动人类的精神。因此看来，人们在这类事物中和在生活的责任践行事务中，有着不同的赞同方式。

（5）最后，事物之客体的明确观念在何种程度上呈现给心灵，那么这种观念就在何种程度上必然处于该客体之内。

我们可以看到，自从新法学把对于最高神的沉思确立为法学的第一原则之后，从君士坦丁大帝时代开始，希腊人和罗马人就倾尽才智，深深思索神的本性，并且他们既比哲学家们在这方面思索得更加虔诚和更加崇高，又在精神的纯洁性和灵动性上超越肉体。当然这些人特别就是那些教会神父们，他们不偏爱任何学派，凭着胸中恒久的仁爱和热诚，独力倾心于从永恒智慧出发，来纠正和修改异教智慧。我们还要看一看，这条原则是否能让我们启动、展开和

（接上页）笛卡尔的观点找到一种形式，最后他把它建立在这样一种必然性上，即万物必然自上帝而发生。他说，上帝就是万物的创造者，并且掌握着万物在其本质意义上的原型。所谓精神从外物得来的诸种印象只不过是一种机会而已，精神借此看到，引起这些印象的物体的形象是存在于上帝之内的。③和谐论者，他们在肉体和精神之间假定了一种前定的和谐，但却相互独立。在精神之内存在着一系列的连续感知，它们一个引起另外一个；在肉体之内也存在着一系列的连续运动，它们对应于相应的感知；我们可以把莱布尼茨归入这一类。④可塑论者，这个理论的创建者是勒·克莱尔（Le Clerc）。他在肉体和精神之间建立了一个中介，这个中介能够将肉体的运动告知精神，并且执行精神的意志作用于肉体。这样的话，这种理论就要假定，人是由三种实体构成的。那么这种中介又是什么呢？它又是如何作用于肉体和精神的呢？最后让我们来考虑一下最后一句话“把天与海搅在一起”，这句话说成是“用小麦收割野豌豆”岂不是更好？参见维托利亚·马修，《维柯和莱布尼茨》，见《维柯献礼》（Vittoria Mathieu, “Vico e Leibniz”, in *Omaggio a Vico*, Napoli, A.Morano, 1968, pp. 267—302），他在那里阐明了这些观点。——英译本注

完成那真正的 ένκυκλοπαιδείαν（百科全书）[1]。这就是真正完美、真正普遍和真正无懈可击的智慧，[2]按照学者们的说法，这种智慧就对应于乌尔比安所定义的法学智慧，因而可以确定，罗马法学家的融贯一致性在一切学问乃至生活上，都要比希腊的智者远为庄重。

---

[1] ἐνκυκλοπαιδείαν：现代用法中的含义一般为百科全书。这个词由两个希腊词构成，ἐνκυκλο-意思是圆的，因而就是全的、综合的、完美的；παιδεία 指的是青少年教育、文化教育等。所以这个词首先是对青少年的综合的全面教育，后来引申为百科全书、综合智慧。这里强调的应该是综合智慧。——中译者注

[2] 正如布德（Guilielmus Budaeus，即 Guillaume Budé，1468—1540）在《〈学说汇纂〉评注》（I，1，1）中所解释的。——维柯原注

九　论英雄心灵

青年人为光荣，成年人为权能，而老年人为效用所导引。[1]

——《民俗学》

本次演讲的时间是1732年10月18日。

提出学问的英雄方法（ratio）——诗人英雄——哲人英雄——光荣作为英雄之目标——基督教学者英雄——怜爱之为英雄智慧的根本原则——学生与教授两者之高贵——学生与教授两者在学问上的高尚责任——“大学”（studiorum universitas）这个名称即意味着因学生之利而囊括整个知识世界——英雄式的学问研究——智慧（sapientia）这个名称即意味着要明了研究的本原目的——公共操练场（publicum gymnasium）这个术语着意于消除学者之陋习——大学研究中最好的研究方法——智慧当从整体上来把握——学习研究之人类目的——学习研究之英雄目的——对经典作家和范本之最优选择——最优的评注方法——最优的听讲与课程——人类理性整体之完善——对各门学问之最优选择——当不懈耕耘——对文本之不懈研究与批判——对最新、最好、最高之创造发现的呼吁——这种研究方法在生活实践中的巨大用途——当然身后也将留下永恒的成果

［正文］

在这所皇家学院里，一项极为有用的传统已中止很久了，也就是向你们青年学子，我们最美好的希望，在礼仪和秩序中，以庄严的演讲庆祝每一个新学年的开始；今天，这个日子重新来临了，我

---

［1］ 这三句话概括了维柯的历史循环论的教育学和人类学原则。——意译本注

们新当选的校长[1]，他学识渊博，并以最大的热情献身于你们的教育事业，第一个很高兴地重拾起我们这个老传统——而我，作为修辞学教授，已经为此项事业奉献了整整33年，[2]而且几乎全身心地投入到严肃的学问思考，更应该奉献给大家一个对每个人来说都是全新的论点，这个论点不以华词丽句新饰旧题，而是尽其可能，以其本身内容之重要性取胜，并且给你们带来累累硕果。因为就这个论点的本性而言，她就饱含着伟岸、辉煌和崇高，其中唱道：

……我将成为磨刀石，使铁器锋利，
发挥其本性，而自身却并不切割。[3]

还因为，这里一切事物为你们而设，而你们也为如许承诺所鼓舞，故而在我将要做的演讲的这个导言中，你们已经做好准备带着善意认真聆听了。

高贵的青年学子们，在科学研究中你们所要注意的是，千万不要以追求财富的积累为目的，这样即使平庸粗俗之人也能轻易打败你们；也不要以名誉和权势为目的，因为军人和法官将会远远地胜过你们；最后，也不要像哲学家那样，[4]他们迷失于纯粹自身的求知欲中，人人隐逸，终生埋葬于幽暗之中，[5]以使其精神享受着安逸宁静。对你们有远为高尚的要求和期望。“那么是什么呢？”你们之中

[1] 即切莱斯提诺·加利亚尼（Celestino Galiani，1681—1753），学堂大神甫，也是那不勒斯大学的校长，1731年12月上任。他在当时的大学教育危机后发起了那不勒斯大学的改革，并恢复了这项古老的传统。——意译本注

[2] 维柯从1699年起担任这个修辞学教授职位。——意译本注

[3] 贺拉斯，《诗艺》，304—305。——意译本注

[4] 特别影射在《新科学》1744年版第130节所定义的“僧侣哲学家或者孤僻的哲学家”，或者斯多亚学派以及伊壁鸠鲁学派哲学家。维柯这里的论点仍然是沿着“政治哲学家”的路线前进的，也就是他所承认的“柏拉图主义者”。——意译本注

[5] 这种指责来源于柏拉图。参见《高尔吉亚篇》，486b。——意译本注

必定有人会惊奇地问，“难道您向我们要求超越人类条件（humana conditio）的东西吗？”我指的正是这个，但它们是如此超越你们的人类条件，以至于正好符合你们的自然本性。

我要说，向你们所期望者，乃是在学问研究领域辛勤耕耘，并以此来展现你们的英雄心灵，培育为人类谋福利的智慧。[1]据此建议而行，尽管你们蔑视财富和权力，它们也会向你们涌来；尽管你们一点也不在乎荣誉和权能，它们也会自动追随。在为促使你们通过你们的科学研究展现你们的英雄心灵时，我并不乏言辞和分量。因为如若英雄为诗人所言传或创造，并赞美其神圣的源头：

来自最高的天神[2]，

那么自然而然，无需考虑任何神话虚构，人类心灵都有其神圣起源，对此尚亟须由教育和学养加以揭示。你们看看，我要求你们要多么高地超越人性，以使你们发扬你们心灵的近乎神圣的本性！

因为哲人们就将英雄定义为“近乎崇高者”。而崇高对他们本身来说，就是那至大至善者：那超越于自然之上的就是上帝；在自然中，即是那可见的万物之宇宙，其中再没有什么比人类更伟大。此外，再没有什么比人类幸福更好的东西了，而这就是每一个英雄都一致要去追求的唯一的东西。他们的伟大功勋使他们的声名在人类中流芳千古，这就是西塞罗以远播各族的振聋发聩之声所正确地定

[1] 培育为人类谋福利的智慧：当波河的穆拉图里（Muratori）向学者们提出“公共幸福”的目标时，维柯虽然相信自己是个外乡人，但在这方面的要求却没有丝毫不同。事实上，在1731年《新科学的实践》(《维柯全集》，IV，2，pp.274—277）中，维柯通过采取一定的政治立场，已经否定了对他的学术的纯粹理论评价。维柯的博爱精神和他的启蒙主张同他的人文教育思想是相互一致的，这一点维柯从他1703年的第四个演讲起就已经宣告出来了，在那里他号召学者要全身心地奉献于“公共的善”(commune bonum)。——意译本注

[2] 英雄们自称其具有神圣起源，这是《新科学》的一个原则。参见《新科学》1744年版，第53、449、917节。——意译本注

义的东西：光荣。[1] 由此英雄们为自己留下了永垂不朽的名声。因此对你们来说，首先应该以至大至善的上帝为目的热爱你们的科学研究；然后，由于上帝命令我们要热爱整个人类，所以你们也要在上帝的荣耀下，以人类幸福为目的进行你们的科学研究。由此我已摆明了我的论点和目的，那么，行动吧，为那至大至善者而生的年轻学子们，用你们的英雄心灵，召唤你们那全心全意向着上帝的精神，并且进而涤净一切世俗的欲望，投身于那学问研究的整个世界，最后你们要用你们的巨大进步来验证这个神圣的真理："智慧的开端是敬畏上帝"[2]。

由于心灵的本性就是欢喜那神圣的、无限的和永恒的事物，故而不能不去思慕那崇高者，不能不去尝试那伟大者，不能不去造就非凡业绩——故而，这就是最不轻率的证明：当内心充满爱怜之人潜心于学问研究之后，总在某种神圣力量的帮助下，如巴洛尼（Caesar Baronius）主教以及其他许多人一样，创造出无论在数量上、智力上还是学问上都令人惊叹的成就。因此，当你们真正以英雄心灵站在门口迎接那种智慧的时候，就应以伟大的精神深思这里在你们眼前所呈现的东西。

在我左边就席的都是地位高贵的显赫要人。[3] 这里公共教育（publica eruditio）显然有其重要意义。威严的奥地利的查理六世，西班牙的国王，[4] 就要求以公共教育为手段来教育你们。正如他用德

---

[1] 西塞罗，*Pro Marcello,* VIII，26。西塞罗这个关于光荣的定义在《新科学》1744 年版，第 514 节被翻译为："由于对人类的伟大功勋而声名远播。"——意译本注

[2] 智慧的开端是敬畏上帝：《旧约 · 诗篇》，111: 10。同样也出现在《旧约 · 箴言》，1: 7; 9: 10。在《新科学》1744 年版第 391 节，维柯说了同样的意思："智慧的开端就是敬爱神"，更不用说在第 1112 节，维柯感叹说："谁如果不能虔敬，谁就不能真正成为贤哲。"——意译本注

[3] 当时规定，如果大学里的终身教授教龄超过 20 年，就被赐予宫廷伯爵特权。——意译本注

[4] 查理六世（Caesar Carolus VI Austrius，1685—1740）：1707 年，在与西班牙的战争中，查理的军队统治了那不勒斯王国，于是那不勒斯王国便归属奥地利统治。1711 年，那不勒斯的国王成为皇帝，名为查理六世。与加侬（Giannone）不同，维柯从不提这段从西班牙到奥地利之间的权力过渡，而且，维柯的政治职能就是要求他像他的前任一样，为新的政权歌功颂德。也正是因为这个原因，维柯的第七个演讲《论我们时代的研究方法》就是献给查理六世的。——意译本注

性为自己培养能征战沙场的强将，以保卫罗马帝国及其诸王国一样，他也要在和平的大学环境中培养你们的智慧，以为国家福祉所用。好学的青年学子们，你们不仅是国家的第二希望，也是君主主要关怀的第二对象。为此他诚恳地邀请你们，为你们准备了丰厚的合法福利，并且因你们之故赐予你们这支皇家军队以显赫的荣誉。无比卓越的托马斯伯爵[1]，他以其全部德性和智慧，为君王游刃有余地管理着国家。同时，他又是如此热心地照顾和慷慨地推动着我们的大学研究（他很久以来一向如此），以至于在短短三年之内，就已向皇帝推荐了我们学院中五位前辈，他们都被委任为主教。你们要反复思量，在他们身上凝聚着多少学问素养。另外，你们还要思量，每一代、每一个开化民族在任何一门科学中的学问大家，他们都各尽其能、殚精竭虑地用心撰述，以便不仅使学问方便地呈现在你们眼前手边，而且在有益或必要时，还要亲自对其进行阐释、修正和增补。不仅如此，他们每个人的才能还要受到严峻的考验，即必须在极短极紧的时间内进行试讲，试讲通过才能被选为研究院教授。因此之故，你们应理解，有必要多么荣幸地带着无限敬意去追随他们；要知道，许多宽宏高贵的参议员在他们左边就席；他们能够享受这个位置的尊严，就表明他们应该把他们的智慧归功于这种公共教育，而正是他们从公共教育培养得来的智慧，才让他们在国家中取得极为显赫的荣誉。故而你们要用这些充满尊严的理论来操练你们的高贵精神，展现你们伟大精神中那无比美好的特性：在这些无比博学的前辈的指导下，谦逊地、恭顺地、愉快地纠正自己、教育自己、改进自己。因为他们所希望的就是在这个不仅在意大利，而且几乎在整个欧洲都无比灿烂之地，把你们的才能发挥到最高水平。现在他们出于对祖国之爱把自己奉献给你们，用一切迄今为止被称颂的

[1] 托马斯伯爵（Aloysius Thomas de Harrach）：奥地利总督，任职时间是 1669—1742 年，这篇演讲就是献给他的。——意译本注

学问，无论是百科全书式的[1]还是专业性的[2]，来全面地培养你们。因为这就是所谓“大学”(studiorum universitas)[3]这个词所要提倡的东西。

自然，在这些饱学教授身上的一切知识都应该学习了解。[4]因为，残弱的文化教育往往是把全部重量都压在某种唯一的、有限的和特定的学科或教条身上。各种知识和各种德性本来就有相同的本性：关于这点，苏格拉底在论述中已指出，各种德性本身不是别的，就是各种知识，并且他完全否认，与其他一切认识并不相容的任何个别认识竟然可以是真理。[5]怎么，你们皱起了眉头？是不是我的这番话吓走了你们的才智？这其实是你们侮辱了你们心灵的神圣起源。仅凭着一厢情愿，闭着眼睛睡大觉，智慧是不会从天上掉到你们的头上的。你们应为真诚的求知欲所激动，凭着无所阻挡、坚持

---

[1] 百科全书式的：原文是 cyclicis，卡佩拉在《墨丘利与语文学的联姻》(Marziano Capella，*De nuptiis Mercurii et Philologiae*，II，9）中，用这个术语来表示学校教育的内容。维柯的一位同时代人福契里尼（Forcellini）把它理解为七艺，并且将它转化为一种 18 世纪的表达意义，这样就与“百科全书”同义。在维柯这里各门知识的循环就代表着整个的社会文化。——意译本注

[2] 专业性的：原文是 acroamaticis，意思是隐秘的、专门的。根据亚里士多德的传统划分，存在着两种学问，一种是隐秘学问，通过师门秘传，仅有少数人懂；另外一种就是谁都可以学到的通俗学问。这里维柯与百科全书式的教育相对，应该是强调比较具有特殊能力要求的学问。这个区别在第六个演讲中出现过。——意译本注。
参见本书第 95 页注释［3］。——中译者注

[3] 大学（studiorum universitas）：直接翻译应该是各种学问研究的统一体。与此对应的另一个常用术语就是宇宙（rerum universitas），也就是万事万物之宇宙。现代含义的大学在英语中是 university，这个词在拉丁语中是 uni-versi-tas，从语源学上来讲，意思就是沿着一个单一的方向，收集、采集在一起，统一成为一个整体，universalis（普遍的，整全的）与此词根相同。因此，大学实际上就是各种学问的集中和统一。涂尔干在关于法国中等教育史的讲堂中批驳了这种看法。他认为，universitas 的最初含义是一种在法律意义上的法团，例如各种行业法团；只是在很少的情况下，这个词才具有所谓知识整体和人类学问总体这个含义，才指称某种百科全书式的教育方式和某种集体性的学术建制。参见涂尔干，《教育思想的演进》，第八讲，李康译，渠东校，上海人民出版社 2003 年版。——中译者注

[4] 维柯一直到最后都忠诚地捍卫他在大学修辞学教授职位的人文准则，他多次强调全面而和谐的认识的必要性，并且很重视专门知识带来的不良影响。经过 30 年之后，维柯仍然在为他的六次人文演讲中的教育学立场作战。——意译本注

[5] 这就是 5 年后维柯关于哲学和雄辩术的演讲中的论点，其中主角仍然是苏格拉底。——意译本注

不懈的努力，去尝试一切你们可能做到的东西，“只要有可能，就要去努力”，把你们的精力投入到每一方面；考验你们的心灵并热爱上帝，以使你们充实完满。据此建议而行，自然给予你们所仰慕的诗人的东西，同样也会给予你们，因为你们也将用你们的创造力创造出各种奇迹。我在这里所谈的内容可以用一个极其重要的词来表示，也就是“智慧”(sapientia)，而且这个词正好适合我在这里所要表达的意义。对此，意大利的学者们已郑重而鲜明地肯定，他们把任何一所大学都称为“智慧”。[1]

智慧在柏拉图那里被定义为净化、疗治、完善人的内心之母。[2]所谓内在的人指的就是心灵和精神，两者均由于原罪而堕落至极：心灵本来为真而造，却又激荡着虚假意见与错误；精神本来向德而生，却又受堕落的情欲和邪恶所折磨。因此之故，这就是我对公共教育之建议，你们应该将你们的眼光转向于此：要治疗你们的疾病，就应照看好你们的心灵与精神，使你们的本性得到疗治、健康和完善，从而使之更好。某些愚蠢的嘲弄者别笑。因为我可以援引我所论及的每一个学者，他们根据一个从肉体含义引申到精神含义的充满智慧的词汇，都把大学研究称作 publica gymnasia（公共操练场，公共学校）[3]：因为正如古人没有医院，他们就在温泉中锻炼其身体的力量一样，他们在大学研究中使其精神的力量得到恢复、巩固和增长。如果你们对此进行思索，你们就将从你们的学习研究中获益匪浅。你们在学问园地里辛勤耕耘，不是为了要看上去素有学养，

[1] 与上文 studiorum universitas 相应，维柯这里所强调的智慧（sapientia）正是作为各门科学与艺术相互联系、不可分割的整体智慧。——中译者注

[2] 参见《阿克拜第篇》(*Alcibiades*)，I，18—26，124b—130e。苏格拉底意在阐明，作为幸福的源泉的智慧来自认识自己。柏拉图谈智慧的另外一处在《尤息底莫斯篇》(*Euthydemus*)，7—9，279c—283d。维柯的这个定义在《新科学》1744 年版，第 364 节已经有了。——意译本注

[3] publica gymnasia：gymnasium 首先是指古希腊的体育馆、健身房、操练场等，而后引申为学校、大学。现代意大利语中 ginnasio（源于 gymnasium）除了体育馆、健身房这个意思之外，就是介于初中和文科大学预科的高中。——中译者注

而是要成为真正的学者，因为你们将急欲在智慧中得到疗治、健康和完善。这是因为，人们对于其他的善，或是自然之善，或是命运之善，只要拥有其表面就已足够；但仅仅对于健康，人们却都渴望那是真正的、实实在在的善。

你们一旦确立起这个智慧所特有的目的，那些其他目的，例如财富和荣誉，对你们的精神来说，就必然微不足道了；而且即使财富增长了，荣誉接踵而来，你们也不会放弃这个既定目标：使你们自己越来越有学识。所有的错误、虚荣和欺骗都会在你们的心灵面前溜走，因为你们所关心的不是在表面上极为博学，而是具有真正的学识。这样，别人的所有不会将你们折磨，你们的所有也不会促使他人嫉妒，而那些贪婪财富、猎夺荣誉者却因嫉妒而如火中烧、心痛如绞；而且对他们来说是嫉妒的东西，在你们之中却可以成为高贵的竞争。既然远离嫉妒对所有人来说就是一种公共的善，既然这种公共的善就如同一切神圣的东西一样，它们之所以神圣就是因为它们无限，所以你们也会渴望着在心灵上，并且进而在精神上远离肉体的侵扰，也就是达到与神肖似（ὁμοιοθειότητα）。

因为实际上，有些人满足于一种跛足的教育手段，却指责在大学中采用的教学方法不仅不合时宜，而且有害。他们不仅施以他教，而且即使教材相同，也必以异论他法，甚至所教经常与之截然相反。我们必须承认，这种方法还是相当不合适的，因为我们永远都应该追求一种统一的、最好的教学方法。但是当我们根据事物的本性，用下面这三种极其美好的必要因素：即新创造、新真知、新的更为严格的追求，来全面批判这种教育方法时，它不仅在受指责过程中，而且还因为它所提供的下面三种绝不可忽视的功用，反而表明它是最好的。

首先，你们之中没有一个人被迫按照老师的规定签发誓约[1]，而这在经院式教育中却是非常普遍的。

[1] 维柯曾在《自传》中采用了这个贺拉斯的教义。——意译本注

其次，这种方法在任何时代的教育中都没有被摒弃[1]，但在私立学校的教育中却相反，在那里自由散漫的学问研究时而兴起，时而衰败。也就是说，很快地成熟，也很快地走向衰老。然而，那些成就了不朽作品的学问创造却必然要流诸永恒。

最后，也是与我们的论点第一相关的，就是说你们要熟知各种教育各自提供何种益处，因为任何一种教育都有其自身的用途，并且一切形式的教育都统一于完整的智慧整体。而智慧整体就是你们所要把握的，自由的青年学子们，我郑重而恳切地劝告和要求你们去实践这一点。

由于这个极强烈的原因，你们要听从每位学有其长的教授，依从我们所讲过的这个由智慧本身而来的建议：即用他们的各种学问疗治、健全和完善你们的心灵与精神的一切能力。学习形而上学，可以将你们的理智从感知的牢狱中解放出来；学习逻辑，可以使你们的理性从错误虚假的意见中摆脱出来；学习伦理学，则可以使你们的意志涤除邪欲恶念的干扰。通过修辞学，语言既不会背叛也不会抛弃心灵，同样心灵也不会背叛或抛弃其法理。诗艺可以调节想象的狂野的火焰，几何学可以限制你们创造力中的错误，而物理学则将你们从愚昧中真正唤醒，自然就是通过这种愚昧，才让我们在她的奇迹面前惊愕万分。

但在善的追求上没有任何最终的界限，故而在智慧的大道上也不可能一劳永逸。故你们务必永不满足，设定和追求那更加光辉灿烂的目标。通过各种语言的学习研究——这被我们的基督教作为自家特有的东西加以培植——你们要与普遍历史中的各个优秀民族进行沟通对话：最古老的民族希伯来人，最优雅的民族希腊人，最伟大的民族拉丁人。又因为，诸语言几乎可以说是文化的天然载体，[2]

[1] 这是维柯《自传》中的另外一个论点。——意译本注

[2] 诸语言几乎可以说是文化的天然载体：是对《新科学》1744年版第151—152节的意译，在那里维柯肯定道，语言“是各民族古老习俗的最重要的见证”。——意译本注

故而也要学习东方语言——这对于掌握神性语言是非常必要的——当然首先是迦勒底语，[1]亚述人使你们浸淫于最宏伟的城市巴比伦的伟大，希腊人使你们沉醉于雅典生活的优雅，拉丁人使你们体验罗马精神的高尚。你们还要沉浸于历史之中，将你们的精神带到那在地球上一度繁荣的各个王国面前，考察各族人民的诞生、发展、稳定（status）、衰落及灭亡，[2]以史例来确立公民审慎智慧，从而使卑下的命运[3]为人性事物所高贵地统治，并且进而超越命运，使智慧能稳固持久地掌握着国家。[4]不过当然，你们还要以人类本身所最特有的愉悦——它由其本性总是倾向于和谐一致[5]——去阅读诗人们的伟大作品。诗人们常常根据其最好的观念——而且正因为这一点也是最真实的观念——刻意描绘了在各种生活形式中不同的完美人物形象，无论道德生活、家庭生活还是公民生活，你们就要考察这些人物形象的各种品格特点。自然，世俗之人可以与这些人物形象作一对照，因为他们的生活往往并不恒定一致；而只要他们的生活并不恒定一致，那么就表明他们毋宁说是错误的。[6]因此同理，那些杰出的诗人们所创作的作品中的人的本性，即便是在人自身的丑陋中，[7]那也是最美的本性，因为这种本性与人自身总是和谐的、

[1] 关于迦勒底人的古老，参见《新科学》1744年版，第55节。——意译本注

[2] 这是对《新科学》1744年版第245和第349节的忠实翻译，在这个基础上维柯吟诵了各民族的“永恒观念历史”。——意译本注

[3] 卑下的命运：这一段回响着马基雅维利神话的声音，并且以比《新科学》还要强烈的语调说明了这一点。在《新科学》1744年版中，维柯说偶然的盲目性为神意的理性计算所战胜。——意译本注

[4] 对于维柯在1730年之后日益重视的《新科学》的次要方面、实践方面来说，其最终目的看起来就是从历史循环中拯救人性，避免野蛮的回归。但这个观念在《新科学》1725年版中已经有了，至少是在其宣称的意义上。——意译本注

[5] 与《新科学》1744年版第204节相一致：“人类心灵从本性上来说就喜欢和谐一致。”——意译本注

[6] 这一段重新解释了亚里士多德关于诗歌的“不可能的可信性”这个矛盾。维柯的这个观点早在《论我们时代的研究方法》第八章中已经出现，然后在《新科学》1744年版第205节中通过普遍想象这个概念对其做了清晰的阐释。——意译本注

[7] 相比于田园学派的实用主义的和伦理道德的审美观，维柯的这个悖论论断以其现代性而使人印象深刻，但后来他并没有发展这个观点。正因此，也不能将它过分拔高。——意译本注

类似的，因而在它的所有方面都是恰当的。所以你们也要用神性的心灵来深思这种人的本性，正如至大至善的上帝根据其永恒的神意秩序，将大同自然中的游荡鬼怪[1]、恶毒瘟疫看作是与善而且美的事物一样。在满含着巨大愉悦饱读那些伟大的诗人之后，也应该激扬起同等的满腔敬爱，去研读那些高超的演说家们，他们以其和人类的堕落本性相适应的伟大艺术，扭转着人们那堕落的精神，甚至促使人类意志转而追求那截然相反的东西，尽管精神由于激荡于肉体之中的情欲变得无比顽固。[2]除此之外，就只有那至大至善的上帝才能胜任这一点，不过他是通过绝对相反的、在胜利女神的帮助下的神圣之路。通过这种方式，无论人类心灵被何种世俗情欲所战胜，上帝都能通过神圣的愉悦感，将人类心灵引向他自身。

紧随着这些人文研究的就是伟大的自然研究。依据地理学这个远程向导，你们可以循着太阳，遍历整个的大地和海洋。靠着天文学观察，你们去纵观星球世界，去探索彗星那幽暗曲折的运行路线。宇宙地理学则将你们送到

……世界那燃烧的墙宇面前。[3]

最后，那超越自然的形而上学，将把你们导入那无比幸运、毫无止境的永恒之乡。那里你们将看到，如果说世界在现实的意义上虽非永恒，但却可以是永恒的；那么对于有限的心灵来说，这就是完全合法的，即它在神圣的观念中，迄今为止已经创造了无数的形式，

[1] 这里维柯将柏拉图关于上帝与诗人的类比有些荒诞地推广至“鬼怪”，这些鬼怪则被特萨乌洛（Tesauro）认为是“自然的机智”，而且作为神的创造力的显现，就是他的无限而伟大的能力；人的创造力同样如此。而当即使在最悲惨的遭遇中也能找到善和美的时候，人们就应该回想到神意的不可思议。关于神的目的的变异在《新科学》1744年版第1108节中已得到了证明。——意译本注

[2] 这就是充满崇高情感的雄辩术的主要效果，这种雄辩术以西塞罗和朗吉弩斯的热情洋溢的语气为特征。——意译本注

[3] 卢克莱修，《物性论》，I，73。——意译本注

而且还会连续不断地创造下去。

同理，你们要全面、深入地研究这三个世界：人性世界、自然世界和永恒世界，并且用教育和学问来成就你们心灵的近乎神圣的本性。因为这里所做的崇高思考要求你们的无非就是培养你们光明正大的精神，蔑视一切的感性快乐，蔑视一切的财富和权势，蔑视一切的名誉和权力，这些都远远不符合你们的本性。

你们要凭借对经典作家的选择来通过讲堂赢得那智慧整体，而事实上，在经典作家的选择上，我们这所皇家学院中那些睿智的管理者们已经根据法律做好了准备，并且遵照了昆体良的训令："必选那在教书育人上最优者"[1]。在神学方面，当然是《旧约》和《新约》这两部神圣约法，这由天主教教会依据礼法来正确解释，同时两者自从使徒时代（apostolici）直到现代，一直由延绵不绝的传统严谨而忠诚地来加以维护，其方式就是历史上基督教会的各种坚实的纪念和明证。在法学方面，有尤士丁尼的《万民法典》，它是罗马古代文化最丰富的见证，是到处散发着拉丁语典雅气息的食粮，是人类法律的神圣宝藏；在医学方面，当首推希波克拉底(Hippocrates)[2]，他配得上这条不朽名言："从不欺骗任何人，也从不被任何人欺骗"；在哲学整体方面，有亚里士多德，当他有所欠缺时，则有其他许多卓越的哲学家供参考；在其他方面的教育，则参考其他有关方面的卓越作家。

对于这些必须经常参阅的永垂不朽的作家，我们无比渊博的前辈教授们以他们的评注给你们以指点，用前贤圣人的方法来引导你们，教育你们——何以他们能在各自的学问领域中脱颖而出。这种评

[1] 昆体良，《雄辩术原理》，X，1，6。——意译本注

[2] 希波克拉底（Hippocrates，约前460—约前377）：古希腊医师，被称为"医学之父"。生平不详，现存《希波克拉底文集》，内容涉及解剖、临床、妇科疾病、预后等。但经研究，该文集并非一人一时之作。维柯的评注参见马克罗比奥，《关于希庇安的梦的解释》（Macrobio，*In somnium Scipionis commentarii*），I，6，64。这个评论在《新科学》1744年版，第499节中已经出现。——意译本注

注形式不仅诱导着你们，使你们从科学研究的摇篮时代起，就日夜把玩那些最优秀的作家，而且在探究这些最优秀者何以优秀的原因时，你们也将会得到训练，以使你们形成越来越完善的观念，而这也就是那些学问高深的大师们的创作依据，他们就是在这些观念模范中成为模范的。同样，你们也能够在这些原型的基础上效仿他们，并且也能够超越他们：正是因为这个原因，而不是别的，科学和艺术才得以修正、增长和完善。因为那些人是不可宽恕的，他们将其整个学问生涯都消耗在阅读那些平庸的，甚至不值一提的作家身上，根据学院研究律例，关于这些作家，我们的公共教育是毫不提及的。

在你们整个的学习期间，所要做的无非就是统一把握（conferre）所学的东西，以使各门学科都能达到自身和谐，并且在学科整体上相互一致。要达到这一点，人类心灵的自然本性本身会引导着你们，因为人类心灵尤其愉悦于统一、和谐和优美。在拉丁人看来，知识（scientia）这个睿智的词汇与习知（scitus）有着相同的词根，在其源头上，习知本身又意味着美（pulcher）。[1] 进而，因为美不过被认为是在某一凸显的物体之内，各个部分内部以及所有部分之间的正确比例[2]，因而知识也只能并且必须被推崇为人的心灵之美，人一旦被这心灵之美抓住，非常清楚，他当然就不会再去关注外物的各种形式，哪怕是最为耀眼的形式。我们应该为这种心灵之美而激动，可是，我们离这层境界还有多么的远！

确立了这种统一把握的习惯，你们就要为自己培养起在自身内

[1] 习知（scitus）本身又意味着美（pulcher）：关于习知的这个含义，参见泰伦斯，《安德罗斯女子》，486，维柯在其公开讲堂和私人讲堂的讲义批注中如是说。——意译本注
scitus 的含义主要有：熟悉的、知道的；美的、形象好的；恰当的、合适的等。——中译者注

[2] 正确比例（iustus commensus）：关于美的这个定义取自亚里士多德，亚里士多德在《论题法》（*Topici*，III，1，116a，13）中把美定义为“部分的和谐比例”，在《形而上学》（XIII，3，1078b）中进一步强化了这个观点，“美的主要形式就是秩序和协调”。维柯在《给齐米诺的奠词》（*Orazione in morte di A.Cimmino*，in *Giambattista Vico Opere*，a cura di Andrea Battistini，Arnoldo Mondadori Editore 1990，p.345）中已经采用了这个定义。也可参见朗吉弩斯，《论崇高》，10，1。——意译本注

统一把握各门知识本身的能力，这些知识门类犹如天国的成员或部分，我可以说，它们就构成了智慧整体的神圣主体。在毕达哥拉斯那里，人类理性正是同样的对精神之物的采集，对此他用数目的例子或加以阐明，或加以掩盖了。据此道理，你们将能完善人类的普遍理性，使之犹如那无比纯粹、无比辉煌的光，然后随着那光的射线的指引，转动你们的心灵之眼，最终达到仿佛在任何自身为一的沉思中，从某个贯穿一致的角度上，去理解任何所谓的“可知”（scibile）对象，并且使任何对象及其任何部分，对自身而言都完美地相和谐、相呼应、相统一，而这就是把握智慧整体的绝对典范。

然而在用你们的精神去学习时，将明显侧重于某一学科而不是其他的，因为要使你们成为国家的有用之才，有必要使你们专精于某一特殊学科。而你们的天赋会通过你们的兴趣来开发你们，因为通过乐趣，你们会感到需要浸淫于这一学科而不是其他的。根据这个标准，那就是自然本性——那最高的上帝赐予你们的守护神——在起作用，来使你们确定你们的意愿和欲望在何处[1]能成为智慧女神。这条道路自然是最保险不过的，但对于我来说，却很难说是最有魅力的，因为我要求你们的是要达到至大至善的境界。而人类追求那至大至善事物的能力常常是埋得如此之深，睡得如此之沉，以至于拥有这些财富的主人很难感觉得到，甚至根本感觉不到。雅典人西莫就有一段家喻户晓的轶事，他为人非常迟钝，但却没命地爱上了一个少女。一天，那少女开玩笑说，要她爱他，那他就必须成为百夫长——这当然是与其本性才能相悖的。然而由于这个玩笑，他后来真的报名参军，最后成为威名赫赫的军事将领。[2]苏格拉底

---

[1] 何处：原文是ubi，这里采纳的是波莫多罗（Pomodoro）版。尼科里尼版（《维柯全集》，VIII，p.16）中为ibi（那里）。——意译本注

[2] 关于西莫（Cimo）的这段历史，曾经谈到过西莫的古典作家们［普鲁塔克、内波斯（Cornelius Nepos）、瓦莱里安（Valerio Massimo）、老塞内卡（Seneca il vecchio）］都没有提及这段轶事，这可能来自某个现代作家，例如薄伽丘的《十日谈》（V，1，19），在那里薄伽丘肯定说，西莫在爱上了一个女孩之后，“无论在海战或陆战上都无比精通、（转下页）

生来具有偏激向恶的天性，但某种神圣的动力使他转而热爱智慧，而后才被认为是将哲学从天上唤下人间的第一人，并被称为“一切哲学家之父”[1]。紧接着这些古人，我们再列举一些当代的大人物，他们具有连他们自己也不知道的伟大才能，但良马终被伯乐识。马扎里尼主教[2]以前仅仅从事过一些司法和军队事务，只是一个默默无闻的领主。但他抓住了在社会事务实践中出现的一个又一个机遇，同时，一些显要人物也给他提供了意料之外的机会，最后成为无比睿智的政治家，进入法国国王路易十四（Ludovicus XIV）的书记处，并在他逝世之前曾经长时间掌权。这是少有的非常幸运的例子。圭恰尔蒂尼（Franciscus Guicciardinius）曾在罗马市政厅担任过司法职务，不过后来被当时的教皇委以重任，管理许多教皇所属城市，尽管他那时并不情愿，甚至意愿恰恰相反。当时正好碰上法国战争，查理八世（Carolus VIII）攻占了整个意大利，因而他就必须代表教皇，处理因法国战争而引起的沉重而繁忙的各项事务。正因为有这样的经历，此后他便致力于撰写当时的意大利历史，最终轻而易举地脱颖而出，成为用意大利语书写的历史学家中的佼佼者。因此之故，你们要用心灵之眼四处寻觅，用创造力广泛探索，发掘你们身上的各种隐蔽潜藏的能力，以便开发你们本性中那未知的，而且可能是更加光辉灿烂的才华。

这样，在遍历整个科学王国之后，你们就确定了首选的研究对象，然后就要用比在此领域的前辈名宿更高的精神来研究它。我用较少的事例来说明问题：学习医学不仅仅是为了治好病人，学习法

（接上页）无比骁勇”。普鲁塔克在《西莫生平》（*Vita di Cimone*）第四节中说，他天生见女人就软，并且在少年时就已经成了一个笑话。至于西莫的战争经历，内波斯的描述却与维柯相反，根据他的著作，西莫自小就和他父亲一起在军队生活，并且自小就对战争艺术非常精通。参见内波斯（Nepote，*De excell. duc.*，V，2，1）。——意译本注

[1] 一切哲学家之父：这个观点是由西塞罗在《论演说家》（III，16，61）中提出的。——意译本注

[2] 马扎里尼主教（Iulius Mazzarinius，1601—1661）：意大利籍主教，在黎塞留（Richelieu）主教1641年把他推荐给路易十三之后，成为奥地利安妮王后的第一首相。——意译本注

学不仅仅是为了精通律法，学习神学也不仅仅是为了维护纯正的神律；仅仅这些还是不够的，因为在你们用高尚的精神和最大的精力听讲之后，还有必要继而以同样的精神和精力日夜劳作。在如此聆听和如此阅读的过程中，你们就确立了这样一种跟随伟大作家的持久习惯，这种习惯会在优良天性的自发帮助下引导着你们，以使当你们辛苦劳作的时候，总是把这些大师本身摆在你们面前，作为你们的判官。[1]沿用上述例子，你们要不断地追问自己：假如我要做医师，我的所思所写，当希波克拉底听到会如何？假如我要做法学家，那么库雅斯听到会如何？假如我从事于神学，梅尔齐奥(Melchior Canus)[2]听到会如何？因为如果一个人能够时刻把那些其成就穿越世纪的名宿大家作为自己的审判官的话，那么他就不能不辛勤创作，以便写出后人不得不赞扬的好作品来。有了这些伟大的标尺[3]，在智慧大道上大步前进吧，而且你们还将继续顺利前进，并且你们任何人都不会说，

> 我在追随缪斯的道路上迷失了。[4]

同时，你们要去完成那些有天才有学问的前辈们经过艰辛尝试而仍然失败的东西，去思索那些他们迄今为止尚未尝试的东西。重引上述例子，医学家们各方收集医学历史和观察[5]资料，以此检验

[1] 这是朗吉弩斯所提出的关于教育方面的建议。参见《论崇高》，14，2。维柯早在《新科学》1730年版中就已经引为己用，但后来又删掉了。——意译本注

[2] 梅尔齐奥（Melchior Canus，1509—1560）：萨拉曼卡（Salamanca）大学神学教授。以1563年出版的《论神学问题》(*De locis theologicis*）而出名。——意译本注

[3] 有了这些伟大的标尺：原文为grandibus his gradibus，意译本将其译作“大踏步地”，一般来说没有错误。但译者考虑到，这句话中有了一个代词his（这些），再加上与前文相对照，维柯有可能意指将前述大师经典作为阶梯、标准和尺度，学生可以在此基础上，并且以此为标尺，在智慧大道上大步迈进。——中译者注

[4] 卢克莱修，《物性论》，I，926；IV，1。——意译本注

[5] 观察（observationibus）：维柯在下文多次提到培根之前，已经强调指出了归纳方法的可靠性。——意译本注

其他医家的要言，但在这方面，到目前为止，两千多年的荣耀仍仅仅归于希波克拉底一人。在法学家中，在法学术语定义这门科学里，帕比尼安[1]稳坐法学家王子之位。即使是在法学解释最为繁荣的时代，库雅斯还是能够独占鳌头，完成了一个经过推理论证的统一法学体系。这个极其宏伟的任务是由法瓦尔[2]以其作品《帕比尼安法学》开山的，此人不仅在生活上，而且在法学智慧上都是一个伟大的人。不过，或者由于困难而夭折于中途，或者由于死神的纷扰纠缠，他最终未能完成这个任务。神学家们要在基督教的原则和训示的基础上创建道德哲学体系。关于这个任务，帕拉维奇尼乌斯主教[3]曾以勇敢而高尚的心灵尝试过。对同样的问题，帕斯卡当然有过最具智慧的思索，[4]只可惜零碎散乱。马勒布朗士[5]在同样的探索中也有所不足。看看培根的《论学术的价值和进展》[6]这部书吧，除少数瑕疵外，它是一部永远值得尊敬和放在案边的巨著；然后你们可以想想看，在科学领域中，至今还有多少东西尚待修正、增补和发现！

你们千万不要让那嫉妒或卑怯的喧嚣在不小心之间欺骗了你们，就是说，在这个幸运至极的时代，在学问研究中能够一次完成的成

---

[1] 帕比尼安（Aemilius Papinianus）：2世纪末3世纪初的法学家，曾担任过大区长官，被后来的援引法列为五大法学家之一。其主要著作有：《问题》（*Quaestiones*）、《解答》（*Responsa*）、《定义》（*Definitiones*）、《关于通奸》（*De adulteriis*）等。特别因为他在法的分类学方面的贡献而被称为“市民法的学园和法学的聚宝盆”。——中译者注

[2] 参见本书第162页注释[279]。——中译者注

[3] 帕拉维奇尼乌斯（Sfortia Pallavicinius，1607—1667）：罗马圣教团中较有影响的耶稣会会长。他曾经尝试在他的《论善》（*Del bene*，1644）这部巨著中系统整理基督教伦理学。维柯还曾经称颂他的演讲艺术。——意译本注

[4] 这里指帕斯卡（1623—1662）的《思想录》。他从笛卡尔的伦理学出发，为了批驳并超越它。——意译本注

[5] 马勒布朗士（Malebranchius，1638—1715）：他在秩序（ordine）这个观念的基础上创建了他的伦理学，欲找寻一个能够使偶因论和笛卡尔的思维之物（res cogitans）和广延之物（res extensa）之间，或者说精神和身体之间尚未解决的冲突相协调的体系。对此，维柯在《论意大利最古老的智慧》第六章也曾经讨论过。——意译本注

[6] 以热心提倡人类知识的无限进展的培根的名义，这篇晚期演讲和《论我们时代的研究方法》直接相联系，不过这里并没有提到对培根的批评以及其中的问题。——意译本注

就，已经绝对地、整个地、完美地完成了，因而再也没有任何需要探究的了。这只是由那些只具有卑微精神的学者所散播的一种荒谬的噪音。

因为世界直到现在还很年轻。[1] 虽然在不到七百年时间里，野蛮统治达四百年之久，[2] 但什么新东西没被创造呢？有什么新技术，有什么新科学没被发现呢？[3] 指南针、帆船、望远镜、托利切里(Torricellus）的温度计、玻意耳（Boylis）的气泵、血液循环、显微镜、阿拉伯蒸馏器、阿拉伯数字、无穷量、黑色火药、大炮、圆顶教堂、亚麻纸、钟表，任何一个都是完美无缺的，也是古人毫无所知的。还有新的船舰技术和航海技术，这导致了新大陆的开辟，以及地理学方面多么神奇的发展！新的天文观测，新的纪年法，新的宇宙学，新的机械发现，新的物理发现，新的医学体系，新的解剖学，新的药物学（盖仑曾极欲实现它)，新的几何学方法（数学计算已经大大加快)，新的战争艺术，新的建筑学，书籍印刷之便利使得书籍如此便宜，以至于量多为患。从这个角度看来，人类的创造力和天赋怎么可能一下子消耗殆尽，以至于绝望地说不可能再创造出同样伟大的东西呢？

不要放弃你们的精神，高贵的听众们，尚有无数成就等待我们去完成，而且或许比我们所提到过的更好，更伟大。因为在自然的伟大胸怀，在艺术的伟大殿堂，尚有对人类有益的无限财富向我们

[1] 原文是 Mundus enim iuvenescit adhuc。这回响着培根的名言："世纪的古老就是世界的年轻"（antiquitas saeculi est iuventus mundi）。(《论学术的价值和进展》, I, in *Works*, cit., vol.I, p.458）。《复兴与革命》(E.Garin, *Rinascite e rivoluzioni*）一书中提到坎帕内拉（Campanella）1632 年 8 月 5 日给伽利略的信中说："古代真理、新世界、新星球、新体系、新民族等的这种崭新性就是新世纪的原则。"见伽利略，《著作集》(*Le opere*, ed. naz. a cura di A.Favaro, Firenze, Barbèra, 1890—1909, vol.XIV, p.367.)。——意译本注

[2] 从年代学的准确性上来讲，关于这一点在维柯的其他著作中找不到准确的对应之处。从公元1000 年这个关键点开始，野蛮时代一直延续到 15 世纪，应该说维柯的这种夸张的历史时间表是业已经过人文历史编纂学研究修正过的，但在维柯这里又被颠倒过来，在其人类进步过程的思想中取得了独特的含义。——意译本注

[3] 关于这个技术发明的回顾，参见本书《论我们时代的研究方法》第二章。——中译者注

敞开，然而直到现在我们仍然对它们视而不见，因为直到现在，人类的英雄心灵尚未给予其应有的注意。伟大的亚历山大，当他留足埃及时，仅仅以其伟大的一瞥，就看到了一个海峡的重要性。这个海峡分隔红海和地中海，使尼罗河通过它流入地中海，并且将亚洲和非洲连在一起；他断定这里值得以他的名字来创建一个城市，即亚历山大城。这个城市后来以其商业著称于非洲、亚洲、欧洲，以及整个地中海和印度洋。崇高的伽利略，通过观察金星类似新月的镰形形状，构造出令人惊叹的宇宙体系。笛卡尔观察到石头自下而上的抛物运动，构思出了新的物理学体系。哥伦布感觉到来自大西洋的风吹到他脸上，然后，他根据亚里士多德的一个理论，即风由大地而生，猜到海洋的那边就是陆地，从而发现了新世界。伟大的格劳秀斯仅仅极其关注李维的一个论点，即“存在有某种战争与和平法”[1]，然后就写出了他的令人景仰的巨著《战争与和平法》。如果抛开其中个别观点，[2]可以毫不歪曲地说，这部书实在是无与伦比。

有了这些清晰有力的论证，有了这些极其伟大的范例，为伟大美好而生的青年学子们，以英雄心灵并继之以高尚的精神投身于学问研究中去吧；你们要培育完整的智慧，完善人类的整全理性，遵循你们心灵的近乎神圣的本性；为上帝而燃烧吧，以此使你们圆满；以崇高的精神去聆听、阅读、辛勤劳作；要经得起千辛万苦，只有忍辱负重，方能有充分权利证明，你们是那至大至善的上帝的神圣子孙；而现在，你们要以那些英雄为榜样，极大地促进和增长人类的福利。不消说，由于对于人类大同社会的巨大功德，财富、权力、荣誉、能力等都会在你们的国家接踵而来。当这些东西不再到来时，你们不要停止你们的脚步；当它们来到你面前时，也要像塞内卡一

---

[1] 原文是 sunt quaedam pacis et belli iura。更准确地说应该是：sunt et belli，sicut paci，iura，意思相近，即存在着战争法，正如存在着和平法。(参见李维，V，27，6。)——意译本注

[2] 如果抛弃其中个别观点：这句谨慎的插入语以及后来的肯定，都是为了在赞扬格劳秀斯的同时，避免招致称颂“无神论作家”的批评。维柯曾打算为此书写注，后因同样的原因而放弃。参见维柯，《自传》。——意译本注

样，用公正而不骄傲的精神去接受它们；当失去它们时，不要灰心丧气，将它们归还于那愚蠢而无常的命运；最后你们还要满足于那神圣而永恒的福泽，因为那至大至善的上帝，正如我们开头所说，他命令我们要热爱整个人类，并且挑选你们当中那出类拔萃者，以展现他在世上的荣耀。

图书在版编目(CIP)数据

大学开学典礼演讲集/(意)维柯著;张小勇译
.—上海:上海人民出版社,2019
(维柯著作集)
ISBN 978-7-208-15860-3

Ⅰ.①大… Ⅱ.①维… ②张… Ⅲ.①人文主义教育思想-意大利-近代-文集 Ⅳ.①G40-02

中国版本图书馆 CIP 数据核字(2019)第 093288 号

责任编辑 王笑潇 任俊萍
封面设计 陈 楠

维柯著作集
大学开学典礼演讲集
[意]维柯 著
张小勇 译

出　　版 上海人民出版社
(200001 上海福建中路 193 号)
发　　行 上海人民出版社发行中心
印　　刷 江阴金马印刷有限公司
开　　本 635×965 1/16
印　　张 17.25
插　　页 5
字　　数 219,000
版　　次 2019 年 8 月第 1 版
印　　次 2019 年 8 月第 1 次印刷
ISBN 978-7-208-15860-3/G·1970
定　　价 75.00 元

本书主要根据 *Opere filosofiche*，testi，versioni e note a cura di Paolo Cristofolini, Sansoni Editore，1990 翻译